KB125919

환경수도

기타큐슈시

녹색도시로 소생시키기 위한 실천과정

나가타 가쓰야 감수 | 기타큐슈시 환경수도연구회 엮음

김진범 · 진영환 옮김 | 국토연구원 기획

한울
아카데미

이 도서의 국립중앙도서관 출판시도서목록(CIP)은 e-CIP홈페이지(http://www.nl.go.kr/ecip)에
서 이용하실 수 있습니다. (CIP제어번호 : CIP2009003322)

環境首都 北九州市

綠の街を蘇らせた實踐對策

永田勝也 監修 | 北九州市環境首都研究會 編著

日刊工業新聞社

창조적 도시재생 시리즈를 내며

삶의 질보다는 경제성장이 우선시되던 시절이 있었습니다. 함께 가는 것은 더디고 품이 많이 드니, 힘을 모아 효율적으로 문제를 해결하는 방식을 선호했습니다.

그러나 이제는 알고 있습니다. 우리가 이루고자 하는 경제성장은 국토 발전과 환경보전, 국민의 삶의 질 향상을 위해 함께 추구해야 할 목표라는 것을 말입니다.

이러한 인식의 변화가 도시재생 분야에서 나타나기 시작했습니다. 정부도 시민과 지역이 주체가 되는 도시의 재생과 발전을 정책적으로 지원하고 있고, 창조적 도시재생을 통해 쇠퇴된 구시가지의 문제를 해결하고 경제 활성화와 문화·사회·복지·복지기반을 강화하려는 노력이 선진국을 중심으로 공간계획의 핵심적 패러다임이 되고 있습니다.

국토연구원에서 기획한 '창조적 도시재생 시리즈'는 창조적인 방법으로 우리 이웃, 우리 동네, 우리 도시, 우리 지역을 살기 좋은 공간으로 만들어가는 노력이 담긴 이야기들입니다.

부디 이 시리즈물이 쇠퇴하는 도시를 살려내고 아름다운 국토를 만들어가는 데 참고자료로 널리 활용되기를 기대합니다.

2009년 10월

국토연구원장 박 양 호

머리말

  이 책은 기타큐슈시가 반세기에 걸쳐 실천한 환경정책의 기록을 시장을 비롯해 제일선에서 실무를 담당하고 있는 시 공무원과 NPO 등이 공동으로 정리한 것이다.

  기타큐슈시의 환경정책은 크게 네 시기로 구분할 수 있다.

  먼저 제1기는 1960년에서 1980년까지의 '공해극복' 시대다. 일본의 근대화와 공업화를 이끈 기타큐슈시가 공해를 인식하고, 여성들의 시민운동을 계기로 산·관·학·민의 파트너십을 형성하여 공해를 극복한 시기를 말한다. 다양한 분야의 이해관계자가 참여한 이 정책은 '기타큐슈 방식'이라 불리며, 그 후 환경정책 확대·발전의 기초가 되었다. 특히 여성운동은 이후 '아시아의 환경과 여성'이라는 관점에서 독특한 시민활동으로 계승되었다.

  제2기는 1980년부터의 '국제협력' 시대다. 같은 해 지역경제계를 중심으로 설립된 (재)기타큐슈 국제연수협회[현 (재)국제기술협력협회]는 철강을 중심으로 축적된 생산기술 및 이와 관련한 환경기술을 토대로 개발도상국의 경제개발에 협력하려는 조직이다. 설립 이래 30년이 지난 지금까지 4,000명이 넘는 연수생을 받아들였고, 세계 여러 나라와 기술협력을 추진하고 있으며, 그 활동은 일본에서는 전례가 없을 정도다. 아울러 일본에서는 처음으로 지자체가 제안한 사업이 정부개발원조라는 조건으로 실시된 중국 다롄시(大連市) 및 동남아시아 여러 도시와의 다양한 환경협력사업은 기타큐슈시의 독자적인 지역정책으로서, 이와 관련해 다수의 국제적인 상을 수상했다.

제3기는 1990년대 중반부터 시작된 '자원 순환형 사회 대응'의 시대다. 1997년 정식으로 출발한 에코타운사업은 현재 일본 최대의 시설 집적지를 자랑하고 있다. 시행착오를 반복한 10년은 정맥산업이라는 새로운 영역에 대한 도전의 역사였다. 아울러 세계적인 과제인 PCB 폐기물의 처리와 관련해 일본 최초로 광역처리시설의 입지계획에서부터 가동 후 현재에 이르기까지의 과정을 보여주는데, 이는 일반적으로 '혐오시설'이라 불리는 공공시설의 입지를 행정과 시민이 어떻게 수용할 것인가라는 문제에 대해 많은 시사점을 던져주고 있다. 또한 정령지정도시에서 시작된 가정 음식물 쓰레기 유료화 정책은 대규모의 감량 효과로 연결되었으며, 그 원동력은 '시민과의 협동'이었다.

제4기는 2000년 이후의 '지속가능한 도시 만들기' 시대다. 2004년 가을 '세계의 환경수도'를 지향하는 목표를 설정하고 시민과 함께 '환경 그랜드 디자인'을 작성했다. 이것은 협의의 환경정책에 머물지 않고 경제적·사회적인 측면을 통합한 지속가능한 도시 만들기의 지향을 그 내용으로 한다. 환경 부하가 낮은 제품과 서비스를 시장에 내놓는 '에코프리미엄 추진 사업', 정령시[1]로서는 맨 처음으로 풍요로운 자연과 도시와의 공생을 지향하는 '자연환경보전 기본계획', 지구온난화 대책에서 본격적인 저탄소 사회를 향한 도시구조의 전환 정책 등 현장에서의 실천분야는 시간이 지날수록 확대되고 있다. 아울러 일본에서도 유수의 질과 양을 자랑하는 환경교육시설 집적지와 역사가 깊은 환경교육 프로그램은 한층 그 수준을 향상할 필요가 있다.

---

1) 정식 명칭은 정령지정도시이며, 인구 50만 이상의 지방자치단체 중 정부가 정하는 도시다. 정령시로 지정된 도시에는 소속된 광역자치단체인 도도부현이 관할하는 생활·복지 관련 사무 중 일부가 이양된다(역자 주).

전후의 환경문제는 산업공해에서 도시생활형 공해, 자연환경 문제, 폐기물 문제, 그리고 지구환경 문제로 점차 그 중심 과제가 바뀌고 있다. 각 도시와 지자체는 때로는 조직을 강화하거나 창의적인 발상으로 독자적인 정책을 전개했고 한편으론 시민과 기업 등 다양한 이해당사자와의 협력을 추진해왔다. 우리는 각 지역의 우수 실천사례를 서로 배우면서 각각의 대응 능력을 증진할 필요가 있다.

이 책이 환경정책에 관심 있는 행정 관계자, 기업 관계자, NPO, 그리고 무엇보다도 국민 한 사람 한 사람이 환경행동의 실천으로 연결하는 데 조금이나마 보탬이 되었으면 하는 바람이다.

2008년 4월

감수 나가타 가쓰야

차례

제1장

시민의 용기 있는 행동이 기적을 이루었다
잿빛 도시에서 물과 녹음의 환경도시로

1. 시민의 기적 · 조그만 행동이 공해를 극복

(1) 시민의 힘으로 실현한 극적인 공해극복

기타큐슈시는 일찍이 잿빛 도시로 불렸다. 그런데 지금은 물과 녹음이 있는 환경도시로 회생되고 있다. 다음 4개의 사진을 보면 믿을 수 있을 것이다. 하지만 사실 기타큐슈시의 극적인 환경 개선은 시민의 조그만 행동에서 비롯된 것이었다.

기타큐슈시는 치쿠호(筑豊) 지방의 풍부한 석탄을 토대로 1870년대부터 일본 근대공업의 선도 도시로 두각을 나타냈지만, 한편으로는 일찍부터 '공해'의 그늘이 서서히 드리워져 왔다. 특히 1901년 관영 야하타(八幡) 제철소가 완공되면서, 기타큐슈 지역은 일본의 4대 공업지대 가운데 하나로 발전하는 동시에 심각한 공해문제에 직면하게 되었다.

1937년 도바타(戶畑)시 나카바루(中原) 지역에 발전소가 건설되면서 공해는 구체적인 모습으로 시민에게 밀어닥쳤고, 점차 생활을 위협하게 되었다.

1960년대의 공해(환경오염)　　　　회생된 맑은 하늘과 아름다운 바다

사진1-1 공해와 그 극복

　당시 이 일대는 공장이 집적해 있는 현재의 모습은 상상할 수 없을 정도로 아름다운 바다에, 백사청송(白沙靑松)이라는 어구가 딱 들어맞는 수심이 얕고 조용한 해안이었다고 한다. 그러한 바다가 매립되어 공업용지로 쓰이고, 다수의 공장이 조업을 시작했다. 그리고 심각한 사태가 벌어졌다. 밖에 널기만 하면 더러워지는 빨래, 악화되는 건강. 어떻게 해서든 이 오염된 환경을 개선하고 싶다는 생각이 커져갔다. 공장이 들어선 지 10년 남짓, 나카바루 부인회 회원들이 드디어 일어서고야 말았다.

　먼저 부인회는 지역의 4개 장소에서 시트와 와이셔츠를 말리면서 공장과의 인과관계를 조사했다. 연이어 수집되는 데이터, 빈번한 집회, 지속적인 의논의 중심에는 발전소 간부의 부인들이 있었다고 한다. 그들은 조사 결과를 시청과 시의회에 들고 가 이를 회사 측에 건네줄 것을 시장에게 약속 받았고, 1951년에는 발전소에 집진기가 설치되었다. 이렇게 해서 세계적으로도 보기 드문 여성의 힘에 의한 공해극복의 첫걸음이 기록되었다.

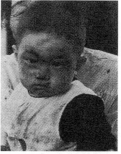

사진1-2 기와지붕에 쌓인 매진(煤塵)과 검은 연기로 더러워진 어린이

하지만 공업지대의 '발전'과 공해의 심각함은 멈추지 않았다. 1963년
에는 인접한 지역에 산로쿠(三六) 부인회가 결성되었다. 이들은 빈 과자
상자를 마당에 설치해 낙진량을 측정하거나 대학교수들과 학습모임을
개최하는 등 적극적인 활동을 전개했고, 1965년에는 도바타부인회협의
회로 통합되면서 구 전체를 대표하는 모임으로 발전했다.

당시 독자적으로 제작된 8mm 영화 <맑은 하늘을 원해요>는 관람
객들의 마음을 뒤흔들었고, 공해의 무서움과 함께 이에 의연하게 대항해
온 부인회의 고군분투하는 모습을 전달했다.

이 부인회 활동은 면면히 계승되어, 1980년에는 시의 공해방지대책심
의회에 대표를 파견할 정도로 성장했다. 이러한 시민의 용기 있는 행동
이 오늘날 '세계의 환경수도·기타큐슈시'의 근간인 셈이다.

2. 이렇게 해서 공해는 극복되었다

(1) 산 · 관 · 학이 시민에게 협력

한편 공해극복에는 행정·기업·대학의 협력도 중요했다. 1960년 당시

기타큐슈시의 공해는 매우 심각하여 일본 최악의 대기오염(강하 매진 108 톤/월/km²)을 기록했고, 대장균도 살 수 없는 '죽음의 바다 도카이 만(洞海湾)' 등으로 실로 절망적인 상황이었다.

그런 와중에 기타큐슈시는 시민의 요청을 바탕으로 조례를 제정하고, 법률보다 엄격한 기준을 설정하는 등 감시·규제 체제를 강화했다. 또한 하수도·녹지 등의 환경기초시설도 정비했다. 한편 기업은 행정과 공해방지협정을 체결하여 생산 공정의 개선과 공해방지설비의 설치 등을 추진했고, 아울러 대학도 공해 분야의 연구를 추진하고 시민 집회에 참여했다. 즉, 기타큐슈시의 공해반대운동은 '산·관·학'이 공동으로 '민'에 협력한, 세계에서도 매우 드문 사례다. 그 결과 1980년대 초반 수질과 대기의 질이 크게 개선되었다.

이 사례에서 배울 점은 지방자치단체의 중요성이다. 즉, 지방이 주도하는 것이 중요하며, 환경문제의 현장을 담당하는 지방자치단체가 구체적인 행동을 취하지 않으면 아무것도 변하지 않는다는 것이다. 이와 더불어 그 지역의 여러 기업과 대학, 시민단체 등과의 파트너십이 무엇보다 중요하다는 점이다.

예를 들어 주요 기업과 관청으로 구성된 '대기오염방지연락협의회'에서는 실효성 있는 공해대책이 철저하게 논의되어 실행으로 옮겨졌다. 또한 시민이 문제를 제기하고 기업과 관청이 이를 실천하는 방식으로 전개되었고, 이를 뒷받침했던 것은 공해문제에 대한 시민들의 높은 이해도였다. 다시 말해 '교육(인재 육성)'이 제대로 이루어졌기 때문이다. 제도적으로는 공해방지계획·조례, 현장 검사, 공해방지협정 등 일본의 각 지자체에서 추진된 것과 더불어 일본에서는 유일하게 후쿠오카현 지사의 공해규제 권한이 기타큐슈시 시장에게 위양되었고, 원인자 부담에 따라 도카이 만의 유해 침전물의 준설 등 기타큐슈시가 독자적으로 추진한 정책도 많다.

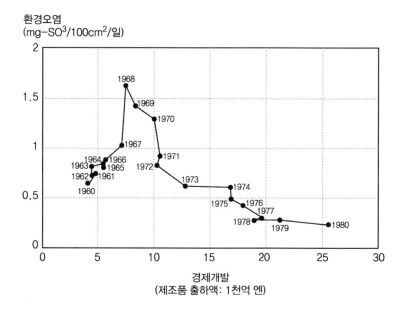

그림 1-1 기타큐슈시의 환경 쿠즈네츠 곡선

(2) 환경보전이냐 경제개발이냐

지방자치단체는 시민의 복지 향상이 사명이며, 환경보전과 경제개발을 동시에 추진하지 않으면 안 된다. 부서 간의 비협력적이고 수직적인 행정은 통용되지 않는다. 공해대책을 통해 환경이 개선되었다고 해도, 산업이 쇠퇴하거나 기술이 유출되면 지역경제는 파산한다. 기타큐슈시의 사례는 이러한 어려운 문제를 해결해 소위 '윈-윈(Win-Win)'을 실천한 사례다.

그림 1-1은 기타큐슈시의 이른바 '환경 쿠즈네츠 곡선'[1]이다. 초기에

---

1) '환경 쿠즈네츠 곡선(Environmental Kuznets Curve)'이란 1971년 노벨 경제학상을 수상한 사이먼 쿠즈네츠(Simon Kuznets)가 제시한 이론이다. 이 이론은 경제개

는 경제발전과 더불어 환경도 악화되지만, 1968년 이후에는 역으로 경제발전과 함께 환경이 개선되고 있다. 이렇게 성공하게 된 중요한 요인 가운데 하나가 청정생산(CP: cleaner production)이다. 청정생산이란 배기가스와 배수의 처리[소위 종말처리(end of pipe) 기술]가 아닌, 사용 원재료와 생산 과정 등 모든 관점에서 생산 공정 전체를 개선해 효율성이 높은 (환경부하가 적은) 방식을 말한다. 가령 시내의 S기업은 이 청정생산을 통해 생산효율을 높여 비용을 절감하는 동시에 오염물질을 75%까지 대폭적으로 감소하는 데 성공했다.

이러한 공해극복 경험을 바탕으로 이후 기타큐슈시의 환경정책은 환경문제 관련 국제협력과 에코타운사업, 그리고 세계의 환경수도 만들기로 계승되고 발전해갔다.

3. 새로운 환경정책으로 도전은 계속된다

(1) 글로벌500의 수상을 계기로

기타큐슈시는 공해극복 과정에서 우수한 사람과 재화, 기술, 노하우, 산·학·민·관의 파트너십 등 다수의 재산과 경험을 지역에 축적하고 있다. 1980년에는 민간 주도로 기타큐슈 국제연수협회(KITA, 그 후 기타큐슈 국제기술협력협회로 명칭을 변경)를 설립해 개발도상국 기술자를 대상으로 연수를 시작했다. 1990년에는 유엔 환경계획으로부터 '글로벌500'을 수상했다.

발 초기 단계에는 환경이 오염되다가 경제가 성장해 소득이 일정 수준을 넘어서면 오히려 오염이 줄고 환경이 깨끗해진다고 주장하고 있다(역자 주).

솔직히 말하자면 당시 기타큐슈시 입장에서 공해문제는 '지나간 과거의 이야기'였다. 하지만 이 상의 수상을 계기로 '공해극복의 경험을 이대로 끝내기에는 아깝다. 향후 도시 만들기에 무언가 활용할 수 없을까? 공해문제는 일단락되었지만 이제부터는 더욱더 지구 규모의 다양한 환경문제에 대응하지 않으면 안 된다. 지역전략으로서 무언가 비전을 만들 수 있지 않을까……' 하는 고민에 빠지게 되었다. 이러한 생각이 오늘날 국내외에서 유명해진 '환경 국제협력' 또는 '기타큐슈 에코타운' 등의 현실적인 정책으로 전개되었다.

(2) 지방자치단체의 외교 · 환경 국제협력

환경 국제협력은 이를테면 '지자체 외교'라고 할 수 있다. 급속한 경제발전으로 심각해지고 있는 개발도상국의 환경 개선에 협력함으로써 지구 규모의 환경문제 해결에 기여하는 한편 도시 간 관계의 심화를 통해 '경제교류'로 발전시킬 수 있다면, 기타큐슈시의 인재 활용과 경제진흥으로도 연결될 수 있다는 발상이다.

특히 우호 도시인 중국 다롄과의 협력의 경우 일본에서는 처음으로 지자체 간 협력이 본격적인 ODA[2)로 발전했으며, 지금은 국제협력기구(JICA)와 국제협력은행(JIBC) 등의 '지자체 연계·참가' 프로그램으로 정착되고 있다. 하지만 당시는 담당자가 외무성과 JICA에 상담하러 가도 "시청이 ODA와 어떤 관계가 있습니까?"라면서 아예 상대도 해주지 않던 시절이었다. 기타큐슈시는 지자체 ODA의 선도주자로서 길을 닦았

---

2) Official Development Assistance의 약자로서 한국에서는 '공적개발원조', 일본에서는 '정부개발보조' 등으로 번역된다. ODA는 선진국의 정부나 정부기관이 경제발전과 복지증진을 주목적으로 하여 개발도상국 또는 국제기구에 공여하는 자금 등을 원조하거나 출자하는 것을 의미한다(역자 주).

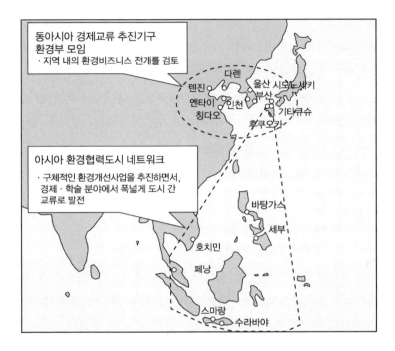

그림 1-2 환경 국제협력 도시 네트워크

동아시아 경제교류 추진기구
환경부 모임
· 지역 내의 환경비즈니스 전개를 검토

다롄
톈진
옌타이 인천
칭다오
울산 시모노세키
부산
기타큐슈
후쿠오카

아시아 환경협력도시 네트워크
· 구체적인 환경개선사업을 추진하면서,
경제 · 학술 분야에서 폭넓게 도시 간
교류로 발전

바탕가스
세부
호치민
페낭
스마랑 수라바야

지만, 이러한 체계를 처음으로 구축했던 당시의 고생은 만만치 않았다.

또한 1990년대 후반부터는 환황해 지역의 일·중·한 10개 도시, 나아
가 동남아시아의 각 도시와 네트워크를 구축하여 환경협력의 고리를 넓
히고 있다.

(3) 폐기물과 정면으로 대응하는 지역정책—에코타운사업

기타큐슈시의 환경정책에서 가장 널리 알려진 것 가운데 하나는 '에
코타운'이다. 이 사업은 폐기물 처리라는 소극적인 환경대책을 적극적인
산업진흥정책으로 전환하려는 것이다. 그리고 환경산업의 진흥을 통해
환경정책 그 자체도 자립적으로 진전시키려는, 이를테면 '환경과 경제의

선순환'을 실현하고자 하는 정책이다. 일반적으로 지자체의 장은 다른 지역으로부터의 폐기물 반입에 매우 부정적이다. 심지어 금지하는 지자체도 있다. 필자는 폐기물을 귀중한 자원이자 보물이라고 생각하고 지역 진흥을 위해 활용하려고 생각하고 있었다.

1995년 젊은 관리직을 모아 때로는 아침을 함께하고 때로는 밤늦게까지 논의하면서 '환경산업'의 가능성을 모색하고 있었다. 학습모임의 결과 당시 통산성에 정책을 제안하게 되었고, 1997년에는 전국 최초로 기타큐슈시에서 에코타운사업이 시작되었다.

에코타운사업의 주요 의의는 환경정책으로서 순환형 사회에 공헌한다는 점과 폐기물 처리를 산업정책으로서 자립시키려 한다는 점 등을 들 수 있지만, 무엇보다 혐오시설이라 불리는 폐기물 관련 시설에 긍정적인 이미지를 부여했다는 사회적인 효과를 꼽을 수 있다. 첫 번째 시설인 페트병 리사이클 시설의 입지와 관련해 지역의 경제 관련 유지들이 시외의 쓰레기를 들여오지 말라며 반대했는데, 이때 필자가 직접 설득했던 경험이 있다.

현재 기타큐슈시는 일본의 다른 사업지구를 압도할 정도로 최대 규모의 환경 관련 산업이 집적하고 있지만, 여기까지 오는 데는 산전수전의 과정이 있었으며 현재도 많은 과제를 안고 있는 것이 사실이다. 그 중 두 가지를 소개해본다.

(4) **삼위일체 방식**

하나는 삼위일체 방식이라 불리는 '교육·기초연구', '기술·실증연구', '사업화' 등의 '환경산업진흥전략'이다.

에코타운에서 자동차로 15분 거리에 위치한 '기타큐슈 학술연구도시' 에서는 다양한 관점에서 환경 분야의 교육·연구, 인재 육성 등이 실시되고 있다. 이로써 에코타운 현장에서는 정맥3)기술 분야를 중심으로 실증적인 기술개발·연구를 추진하여 나아가 사업화까지 한다는, 세계적으로도 전례 없는 절호의 여건을 마련할 수 있었다. 아울러 기타큐슈 에코타운이 성공하게 된 배경에는 무엇보다 당시 후쿠오카대학(福岡大學) 교수였던 하나시마 마사타카(花嶋正孝) 선생을 비롯해 많은 분들의 아낌없는 노력이 있었다. 어떤 프로젝트라도 결국은 '사람'이라는 요소가 가장 중요함을 보여준다.

(5) 독특한 조직

다른 하나는 '원 스톱 서비스'이다. 행정의 악습 중 하나로, 폐기물 관련 시설의 입지를 결정하는 절차에서 '이것은 환경국, 이것은 경제국, 이것은 항만국' 등이라며 다른 부서에 책임을 전가하는 경우가 허다했다. 그래서 사업자에게 매우 성가신 절차를 간편하고 효율적으로 처리하기 위해 통합창구를 설치했다. 이것이 1999년 환경국에 설치된 '환경산업정책실'이다. 아울러 이 조직은 법률·경제·토목·기계·전기·화학 등 다양한 전문직종, 나아가 중소기업 진단사와 무역회사 출신 등 다양한 직원으로 구성되어 민간사업자와 진지하게 협동할 수 있는 체계를 구축했다.

독특한 조직 설치의 연장으로 2000년에는 '환경국제협력실'을, 2005년에는 '환경수도추진실'을 각각 신설했다. 이러한 조직은 아마 일본 전국에서도 기타큐슈시가 유일할 것이다. 이 조직들은 기업활동과 시민생활의 관점에서 '조직을 꼬챙이'에 끼워 단결된 힘을 발휘하고자 했다.

---

3) 자연에서 채취한 자원을 가공하여 유용한 재화를 생산하는 산업을 동물의 순환계에 비유해 '동맥산업'이라 한다. 그리고 이들 산업이 배출한 불용품과 폐기물 등을 수집하여 이것을 사회와 자연의 물질 순환과정에 재투입하는 산업을 '정맥산업'이라 부르고 있다(역자 주).

그림 1-3 **기타큐슈시의 환경산업진흥 전략**

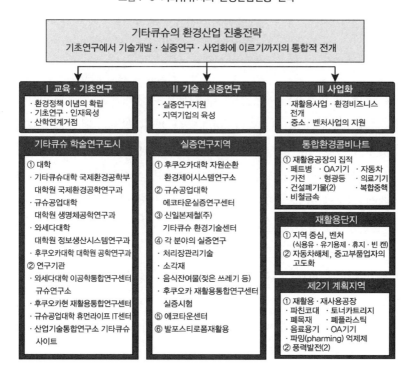

기타큐슈의 환경산업 진흥전략
기초연구에서 기술개발 · 실증연구 · 사업화에 이르기까지의 통합적 전개

I 교육 · 기초연구	II 기술 · 실증연구	III 사업화
· 환경정책 이념의 확립	· 실증연구지원	· 재활용사업 · 환경비즈니스
· 기초연구 · 인재육성	· 지역기업의 육성	전개
· 산학연계거점		· 중소 · 벤처사업의 지원

기타큐슈 학술연구도시	실증연구지역	통합환경콤비나트
① 대학	① 후쿠오카대학 자원순환	① 재활용공장의 집적
· 기타큐슈대학 국제환경공학부	환경제어시스템연구소	· 페트병 · OA기기 · 자동차
대학원 국제환경공학연구과	② 규슈공업대학	· 가전 · 형광등 · 의료기기
· 규슈공업대학	에코타운실증연구센터	· 건설폐기물(2) · 복합중핵
대학원 생명체공학연구과	③ 신일본제철(주)	· 비철금속
· 와세다대학	기타큐슈 환경기술센터	
대학원 정보생산시스템연구과	④ 각 분야의 실증연구	**재활용단지**
· 후쿠오카대학 대학원 공학연구과	· 처리장관리기술	① 지역 중심, 벤처
② 연구기관	· 소각재	(식용유 · 유기용제 · 휴지 · 빈 캔)
· 와세다대학 이공학통합연구센터	· 음식잔여물(젖은 쓰레기 등)	② 자동차해체, 중고부품업자의
규슈연구소	· 후쿠오카 재활용통합연구센터	고도화
· 후쿠오카현 재활용통합연구센터	실증시험	
· 규슈공업대학 휴먼라이프 IT센터	⑤ 에코타운센터	**제2기 계획지역**
· 산업기술통합연구소 기타큐슈	⑥ 발포스티로품재활용	① 재활용 · 재사용공장
사이트		· 파친코대 · 토너카트리지
		· 폐목재 · 폐플라스틱
		· 음료용기 · OA기기
		· 파밍(pharming) 억제제
		② 풍력발전(2)

기타큐슈 에코타운은 재활용을 중심으로 소위 순환형 사회의 하류 쪽에서 시작했지만, 그 후 에코프로덕트, 에코서비스, 에코콤비나트, 환경경영 등 이를테면 상류 쪽의 사업에도 힘을 쏟고 있다.

(6) **부(負)의 자산을 미래에 떠넘기지 않는다―PCB의 처리**

기타큐슈시의 환경정책은 광역적으로 전개한다는 점이 특징인데, PCB의 처리도 그 가운데 하나다.

2000년 가을 환경성의 열성적인 직원 한 사람이 필자를 찾아왔다. 그는 필자에게 호소했다.

PCB[4]를 기타큐슈시에서 처리해주었으면 좋겠다. 이대로 방치한다면 언젠가 큰일 나겠다. 우리 세대의 부의 유산은 우리 세대의 손으로 처리하지 않으면 안 된다.

그 직원이 바로 나중에 환경성 대신관방(총무국에 해당) 폐기물·리사이클 대책부장이 된 요시다 히데토(由田秀人) 씨다. 필자는 환경도시 기타큐슈시의 시장이자 한 사람의 정치가로서, 그 정열적인 이야기에 귀 기울였고 PCB 처리의 필요성을 이해했지만, 이렇게 대답했다. "이것은 나 혼자서 결정할 사항이 아니다. 시민의 이해와 협력이 필수적이다. 아울러 안전성 확보를 위해 충분한 조치가 필요하다. 이러한 과정을 밟고 난후 의사를 결정하고 싶다."

다음 해인 2001년 2월 일본을 대표하는 전문가로 구성된 안전성검토위원회가 개최되었고 동시에 시민설명회가 시작되었으며, 담당 직원에게는 매우 과혹한 업무를 떠안겼다. 그 후 100회가 넘는 설명회 등을 거쳐 2001년 10월 PCB 처리시설의 설치 제안 수용을 공식적으로 결정했다.

상세한 과정은 제4장에서 소개하겠지만, 이 사업의 특징은 철저한 정보공개와 설명책임이었다. 이 경험은 나중에 가정에서 발생한 쓰레기 수집제도를 대폭 수정하는 데도 활용되었다(제2장 참조).

필자는 처리시설의 설치를 수용하기까지 다양한 시민의 목소리와 방송매체의 보도내용을 접하면서, '리스크 커뮤니케이션'의 의의와 중요성을 배울 수 있었다. 나아가 PCB 처리에 적극적으로 공헌했다는 점을 평가받아 2007년 환경대신 표창을 수상하기도 했다. 하지만 이것은 바

---

4) Polychlorinated Biphenyl의 약자로서 플라스틱이나 염료를 제조하는 데 사용되었던 합성 화학물질 가운데 하나다. 생체에 대한 독성이 높으며 지방조직에 축적되기 쉽다. 발암성이 있으며 피부·내장 장애, 호르몬 이상 등을 유발할 가능성이 높은 것으로 알려져 있다(역자 주).

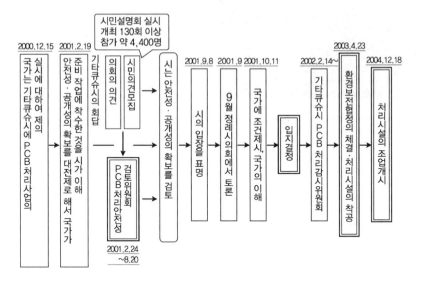

그림 1-4 PCB 처리사업을 수용하기까지의 과정

로 환경정책의 개척자인 기타큐슈시 공무원의 실천과 처리시설을 수용한 시민의 양식 및 용기에 대한 평가라고 인식하고 있다.

4. 세계 속에서 느끼고 생각한다

(1) 두 개의 정상회담에 참가하다

필자는 재임 중 두 개의 유엔 정상회담(1992년 리우 정상회담, 2002년 요하네스버그 정상회담)에 출석했다. 이 두 정상회담에서 느낀 점은 '세계의 환경정책은 지속가능한 개발을 추진한다는 점에서 일치하며, 아울러 그 정책의 범위가 상당히 넓다는 것'이었다. 빈곤문제에서 여성문제까지 모두 환경회의에서 논의되었던 것이다. 개발도상국에서는 공해문제, 지구환경 문제, 사회적인 환경문제가 동시에 진행되고 있다는 사실, 아울

러 두 번째 정상회담이 개최되기까지 10년 동안 NGO의 역할과 행동력이 비약적으로 증대되었다는 것을 통감했다.

한편 기타큐슈시의 환경정책이 상당 부분 세계에서 통용될 수 있음을 확신했다. 그 근거는 우선 리우 정상회담에서 '유엔지방자치단체표창'을 수상했다는 점이다. 이 표창은 "공해극복과 환경 국제협력의 적극적인 추진(From sea of death to international environmental leadership)"을 높이 평가한 결과였다. 이때 세계의 12개 도시가 상을 수상했는데, 쿠리치바(브라질), 레스터(영국), 자르브뤼켄(독일), 멕시코시티(멕시코) 등 커뮤니티 개선, 에너지 이용 개선, 오염규제 등 환경보전에서 성과를 올리고 있는 선진적인 활동을 추진한 지자체들이 다수 포함되었다.

요하네스버그 정상회담에서는 '청정한 환경을 위한 기타큐슈 이니셔티브'가 정상회담의 합의문서에 명기되었다. 제11장에서 소개하겠지만, '기타큐슈 이니셔티브'란 기타큐슈시의 공해극복과 국제협력의 경험을 아시아 태평양 지역에서 공유하여 환경 개선의 모델로서 제시하려는 것으로 지구환경의 개선활동을 지역에서 실천하고 촉진하는 것이다.

요하네스버그 정상회담에는 기타큐슈시의 시민과 NGO, 대학교수 등 다양한 사람들이 참가했으며, 현재 그들은 기타큐슈시의 '지속가능한 사회' 만들기를 주도하는 담당자로 성장했다.

또한 요하네스버그에 머무르는 동안 '지구 정상회담 2002 지속가능한 개발 표창'을 수상했다. 수상 사유는 리우 정상회담 이후 에코타운으로 대표되는 순환형 사회의 건설을 위한 실천을 지속하고 있다는 것이었다. 기타큐슈시의 환경정책이 지속가능한 사회를 구현하려는 세계적인

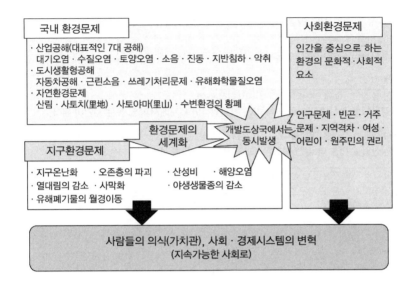

그림1-5 우리를 둘러싼 환경문제

국내 환경문제
· 산업공해(대표적인 7대 공해)
  대기오염 · 수질오염 · 토양오염 · 소음 · 진동 · 지반침하 · 악취
· 도시생활형공해
  자동차공해 · 근린소음 · 쓰레기처리문제 · 유해화학물질오염
· 자연환경문제
  산림 · 사토치(里地) · 사토야마(里山) · 수변환경의 황폐

환경문제의 세계화

지구환경문제
· 지구온난화   · 오존층의 파괴   · 산성비   · 해양오염
· 열대림의 감소 · 사막화   · 야생생물종의 감소
· 유해폐기물의 월경이동

사회환경문제
인간을 중심으로 하는
환경의 문화적·사회적
요소

개발도상국에서는 동시발생

인구문제 · 빈곤 · 거주
문제 · 지역격차 · 여성 ·
어린이 · 원주민의 권리

사람들의 의식(가치관), 사회 · 경제시스템의 변혁
(지속가능한 사회로)

움직임과 보조를 맞추고 있다는 것을 다시 한 번 실감했다.

5. 세계의 환경수도로 도약

(1) '환경'은 모든 가치보다 위에 있다

"기타큐슈시는 향후 무엇을 지역 브랜드로 키울 것인가?"라고 자문자답했을 때 "세계 수준에 가장 근접하고 있는 것은 '환경정책'이 아닌가? 환경을 최상위의 가치로 자리매김하여 정말로 살기 좋은 도시 만들기를 추진하자"라고 생각했다. 이것이 '세계의 환경수도'로의 첫걸음이었다.
2004년 '시민 모두가 공유할 수 있는 이념은 무엇인가'를 논의하기 위해 시민·NPO·기업·대학 등 지역의 다양한 주체들이 참가하는 '환경수도 창조회의'를 설치했다. 그 후 7개월간의 다양한 논의를 거쳐 1,000

그림 1-6 환경수도 그랜드 디자인: 3개의 축

인간과 지구, 그리고 미래 세대의 기타큐슈 시민의 약속

〈기본이념〉
진정한 풍요로움이 넘치는 도시를 만들고, 미래 세대에게 넘겨준다.

〈3개의 근간〉
| ·함께 살고, 함께 만든다. | ··· 사회적 측면
환경문제를 자신의 과제로 인식하고, 환경의식이 세계에서 제일 높은 시민이 된다.

| ·환경에서 경제를 개척한다. | ··· 경제적 측면
환경산업을 한층 더 발전시켜 환경과 경제의 선순환을 통해 지속가능한 사회를 만든다.

| ·도시의 지속가능성을 높인다. | ··· 환경적 측면
환경부하가 낮은 도시구조로 전환하고, 풍요로운 자연환경을 활용하여 매력 있는
도시구조를 만든다.

건이 넘는 시민들의 의견이 모였다.

사진 1-4 그랜드 디자인 수립 과정

이러한 시민들의 의견을 집약해
탄생한 것이 '환경수도 그랜드 디
자인'이다. 이 그랜드 디자인은 사
회·경제·환경 등 각 분야에서의 지
속가능성을 의식한 것이었고, 아울
러 지금까지 축적해온 기타큐슈시
환경정책의 역사를 감안한 것이었
다. 구체적으로 '시민환경행동 10원칙'이 만들어졌고, 약 250개의 프로
젝트가 제안되었다. 이것이 바로 미래 세대에게 계승될 기타큐슈시 환경
정책의 집대성이라 할 수 있다.

(2) 환경수도는 멀지 않다

환경수도 그랜드 디자인을 완성하여 이를 실천하는 과정에서 세계의

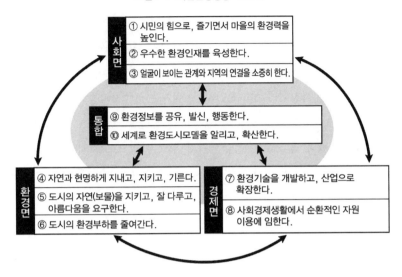

그림 1-7 **시민환경행동 10원칙**

사회면
① 시민의 힘으로, 즐기면서 마을의 환경력을 높인다.
② 우수한 환경인재를 육성한다.
③ 얼굴이 보이는 관계와 지역의 연결을 소중히 한다.

통합
⑨ 환경정보를 공유, 발신, 행동한다.
⑩ 세계로 환경도시모델을 알리고, 확산한다.

환경면
④ 자연과 현명하게 지내고, 지키고, 기른다.
⑤ 도시의 자연(보물)을 지키고, 잘 다루고, 아름다움을 요구한다.
⑥ 도시의 환경부하를 줄여간다.

경제면
⑦ 환경기술을 개발하고, 산업으로 확장한다.
⑧ 사회경제생활에서 순환적인 자원 이용에 임한다.

'환경수도'로 불리는 것이 과연 어떤 것일지 모두가 눈으로 확인하고 싶어 했다. 2004년 가을, 공모를 통해 모집한 시민을 포함해 총 40명이 프라이부르크(독일)와 피렌체(이탈리아)를 방문했다. 독일 국내 콘테스트에서 환경수도로 선정된 프라이부르크에서는 시민환경 세미나를 개최해 양 지역 시민들의 경험을 발표했다. 프라이브루크의 시민들은 시민, NPO, 기업, 대학, 행정이 함께 협력하여 작성한(합의한) 기타큐슈시 그랜드 디자인의 완성도(영문으로 작성하여 배포)와 기타큐슈시의 시민과 행정이 하나가 되어 활동하고 있는 모습에 놀라움을 금치 못했다.

피렌체는 필자가 기타큐슈시의 재생계획으로 작성한 '르네상스' 구상의 발상지이기도 하다. 이곳에서는 토스카나 지방의 유명한 '슬로 푸드'도 경험했다.

시찰 마지막 날 밤 레스토랑에서 모든 참가자의 감상을 듣는 시간을 마련했다. 놀랍게도 공통점은 '세계의 환경수도는 멀지 않다'는 것이었다. 무언가 선진적인 것이 있지 않을까 하고 기대하면서 참여한 방문단이었지만, 모두가 느낀 것은 '자신들의 마을 기타큐슈'의 좋은 점이었다. 이제 기타큐슈시는 '세계의 환경수도'를 선언해도 무방하다고 생각한다.

환경문제에 대한 기타큐슈시의 대응방식은 '공해'라는 부의 자산을 제거한다는 대증요법에서부터 환경수도 그랜드 디자인 사업의 실천 내용을 축적해가는 과정이라 할 수 있지만, 필자는 늘 '지역정책'을 머릿속에 넣고 부서 이기주의에서 탈피해 환경문제 전반을 감안하고 중시하면서 이를 추진해왔다. 앞으로는 지금까지의 노력 이상으로 지역정책(欲窮千里目更上一層樓, 천리 끝 다 보고파 다시금 누각을 오르노라)이 필요할 것이다.

공해의 도시에서 환경수도로 개발 트러스트의 발상
다케우치 가즈히코(武內和彦) 도쿄대학 교수

기타큐슈시의 공해 역사는 1951년에 태어난 나의 어릴 적 기억과 겹친다. 내 고향 와카야마시(和歌山市)에도 대규모 제철소가 입지해 있어 매연을 하늘 높이 내뿜고 있었다. 공기가 탁해져도, 연기로 빨래가 더러워져도, 제철소를 향해 불만을 털어놓는 사람은 없었다. 우리 집을 포함하여 대부분의 주민들은 제철소 덕분에 생계를 이어가고 있었기 때문이다. 오히려 연기가 길게 뻗친 풍경을 경제성장과 번영의 증거로 생각하는 풍조가 있었다. 어린 시절 학교에서 '오사카는 연기의 도시'라고 배웠던 기억이 있다. 물론 그 당시는 그것이 긍정적으로 받아들여졌기 때문이다.

어머니가 보관하고 있던 나의 초등학교 2학년 때의 교과서에는 '연기로 덮인 야하타(八幡) 마을'이라는 제목의 권두 사진이 게재되어 있었다. 그리고 본문에는 "굉음을 내면서 움직이는 기계 소리, 밤하늘을 붉게 물들이고 끊임없이 타오르는 용광로의 풍경 등 모두 활기차기만 합니다. 야하타는 철강의 도시로 불립니다"라고 쓰여 있다. 부녀회의 설립이 기타큐슈시의 공해극복과 환경 개선의 첫걸음이 되었다는 점은 기타큐슈시를 방문하면서 알게 되었지만, 개인적인 체험에 비추어보아도 그것이 얼마나 용기 있는 일인지 상상하기란 어렵지 않다.

스에요시 고이치(末吉興一)가 시장으로 취임했을 당시 기타큐슈시의 도시 환경은 실제와는 전혀 다르게 평가되고 있었다. 환경 개선으로 대기와 수질 오염 등이 공해가 심각해지기 이전보다 훨씬 낮은 수준에 머물고 있었는데도 당시 일본에서는 여전히 '죽음의 도카이 만'이라는 이미지가 늘 따라다녔기 때문이다. 그것을 불식시킨 것은 스에요시 시장이 추진한 적극적인 환경정책의 전개였다. 그 결과 지금 기타큐슈시는 환경 분야에서 가장 앞서가고 있는 도시라는 평가가 정착되고 있다.

이 기타큐슈시의 환경정책을 전개하는 과정에는 나도 참가한 경험이 있다. 1990년대 중반 건설성이 추진한 환경공생도시모델사업에 기타큐슈시가 응모했고, 나는 심사위원으로 기타큐슈시를 방문했다. 비슷한 시기에 국토청의 토지환경모델사업을 기타큐슈시에서 실시했고, 나는 이 사업의 부회장에 취임했다. 이들 사업은 도시계획, 토지정책 분야에서 도시환경을 개선하려 했던 선구적인 시도였다. 히비키나다(響灘)에서 시가지로 불어오는 바람을 대기환경 개선에 활용하기 위해 하천변에 '바람 길'을 확보한다는 당시의 제안은 열섬(heat island) 대책으로서 다시 한 번 각광을 받고 있다.

아울러 기타큐슈시의 정책 가운데 중요한 것은 전국의 지자체보다 앞서 환경 지자체 외교를 전개하고 있다는 점이다. 공해극복의 귀중한 경험을 공해로 고통 받는 근린 국가의 지자체에 대한 환경기술협력에 활용한다는 시도도 기타큐슈시가 다롄시 등에서 선구적으로 추진하고 있다. 중국을 비롯하여 아시아 국가에 대한 환경기술협력의 중요성은 점점 높아지고 있지만, 협력을 유효화하기 위해서는 장기간에 걸친 교류를 통한 신뢰관계의 구축이 무엇보다 중요하다. 이런 점에서 기타큐슈시가 정부와 다른 지자체의 모범이 되는 활동을 추진해온 것은 높이 평가되어야 할 것이다.

기타큐슈시는 순환형 사회의 형성이라는 측면에서도 선구적이다. PCB 처리시설의 수용과 관련해 시민과의 갈등은 이 책에서 상세히 다루고 있지만, 시민들의 이해를 끌어내고 처리시설을 유치할 수 있었던 것은 환경문제의 해결이라는 점에서 중대한 성과였다. 또한 에코타운사업을 비롯한 폐기물 처리를 적극적으로 순환형 산업의 육성으로 연결한다는 방책은 공해극복을 환경도시라는 브랜드로 연결해온 기타큐슈시만의 방식으로 높이 평가할 만하다. 앞으로는 에코타운사업의 전개에 그치지 않고 기타큐슈시 전체를 순환형 사회로 개편하는 정책의 전개를 기대해본다.

한편 기타큐슈시에도 문제가 없는 것이 아니다. 정부의 21세기 환경입국 전략에 따르면 지속가능한 사회를 저탄소 사회, 순환형 사회, 자연공생형 사회가 융합된 사회로 보고 있다. 이 점에서 기타큐슈시는 비교적 늦어지고 있는 저탄소 사회 만들기와 자연공생형 사회 만들기를 향후 적극적으로 추진하고, 세 가지 사회상을 유기적으로 통합한 지속가능한 도시 만들기 비전을 제시해야 한다. 아울러 도시의 역사성과 문화성을 활용한 정서적이고 매력적인 도시 만들기도 중요한 과제다. 환경수도라는 목표는 절반 정도 달성했을 뿐이다. 방심하지 말고 환경수도에 대한 도전을 지속하기 바란다.

제2장 **100만 인의 쓰레기 전쟁**
총배출량을 감소하라

1. 기타큐슈시 방식의 쓰레기 전쟁

(1) 거리에는 녹색 모자가

2006년은 무척 더운 여름이었다. 그해 7월에 기타큐슈시를 찾아온 사람이라면 '무슨 일이냐'고 생각했을 것이다. 녹색 모자를 쓰고 황색 완장을 찬 사람이 여기저기 서 있었다. 이는 새로운 가정 쓰레기 수집제도로서 1만 3,000명이 넘는 시민과 시 직원이 협동으로 추진하고 있는 '조조(早朝) 쓰레기 배출 매너 업 운동'의 풍경이다.

(2) 그렇게까지 했습니까

최근 대도시들 가운데 가정 쓰레기의 유료화를 검토하는 지자체가 늘고 있다.

필자가 소속된 부서에도 지자체와 의회, 방송사 등의 시찰과 문의가 많아지고 있으며, 우리 시의 쓰레기 감량화·자원화 정책을 설명하면,

사진 2-1 조조 쓰레기 배출 매너 업 운동

'그렇게까지 했습니까'라며 놀라는 경우가 적지 않다. 그 가운데는 당혹
스러운 표정을 감추지 못하는 경우도 있다.

그 이유를 이해하기 위해서는 통찰력이 필요하다. '기타큐슈시가 했
던 시책이라면, 우리 시도 실시해야 한다는 의견이 나올지도 모른다. 이
야기를 들으면 상당히 힘들 것 같다. 과연 시민들의 협력을 얻을 수 있
을까?' 담당자라면 아마 이렇게 생각할 것이다.

그렇다면 실제 정책을 담당했던 사람으로서 감상을 말해보면, 확실히
힘든 일이었다. 휴일도 없고, 작업은 심야까지 이어지는 경우가 흔했다.
하지만 실시해서 좋았다고 생각한다. 이번 장에서는 시가 가정 쓰레기
수집제도를 보완할 때 어떻게 생각하고 추진했는지 담당자의 눈높이에
서 소개하고자 한다.

(3) 쓰레기 처리 능력에는 여유가 있지만

우리 시는 지금까지 '쓰레기 전쟁'과 '쓰레기 비상사태'를 선언한 적
이 없다. 소각장과 최종처리장 등의 계획적인 정비 등을 통해 장기적이
고 안정적인 쓰레기 처리 체계를 구축해왔기 때문에 심각한 사태에 빠지
는 경우는 없었다. 시민들 사이에서는 '배출한 쓰레기는 시청이 처리하
는 것'이라는 인식이 장기간 지속되었다.

표2-1 쓰레기 감량화·자원화 촉진 시책의 과정

연도	주요 쓰레기 감량·리사이클 시책
1992	음식물 쓰레기 비료화 기기 조성제도 시작
1993	캔·병 분리수집 시작
1994	폐휴지 집단 자원 회수 장려금 제도 시작, 내구 소비재 폐품의 유료화
1997	페트병 분리수집 시작
1998	*가정 쓰레기 유료지정봉지 제도, 폐휴지 회수용 보관창고 무상 임대제도 시작
2000	종이 팩·흰색 플라스틱 그릇 근거지 회수, 전기식 음식물 쓰레기 처리기 구입 조성제도 시작
2002	형광등·플라스틱 근거지 회수, 베어낸 나뭇가지 재활용사업, 폐식용유 재활용사업, 지역 음식물 쓰레기 비료화 사업 시작
2004	폐휴지 집단 자원 회수 장려금제도의 수정
2006	*가정 쓰레기 수집제도 수정 가정 쓰레기 유료지정봉지 요금 개정, 자원화 유료지정봉지 도입, 소규모 금속 근거지역 회수, 시 공통 비닐봉지 사용 안하기 포인트 사업 시작
2007	플라스틱제 용기 포장 분리수집 시작

하지만 처리 능력에 여유가 있다는 이유로 안심하고만 있었던 것은 아니다. 1993년 이후 쓰레기 처리의 기본 이념을 '처리중시형'에서 '리사이클형'으로 전환했다. 그 후 지구 규모에서의 자원 고갈, 폐기물 문제의 심각화 등을 감안해 '리사이클형'에서 '순환형', 즉 발생 억제, 재사용, 재생이용 등 3R1)과 그린 구입에 이르기까지 종합적인 시책으로 발전시켜왔다.

이러한 시책을 위한 대전환이 1998년 7월 유료지정봉지 도입이었다. 이는 정령시 가운데서도 발군의 속도로 빠른 것이었으며 2006년 7월에는 제도를 보완(인상)했다.

유료화는 경제적인 인센티브의 활용이라는 점에서 환경정책으로서 의의가 크지만, 결국 그 부담은 고스란히 시민들에게 돌아가는 정책이다.

---

1) Reduce, Reuse, Recycle의 약자(역자 주).

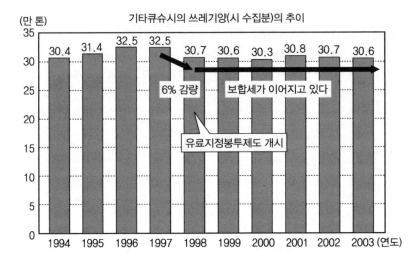

그림 2-1 최초의 유료화와 쓰레기 감량 효과

기타큐슈시의 쓰레기양(시 수집분)의 추이

(만 톤)

6% 감량

보합세가 이어지고 있다

유료지정봉투제도 개시

1994 1995 1996 1997 1998 1999 2000 2001 2002 2003 (연도)

가격 인상에 대한 시민들의 반발은 솔직한 감정이었다. 쓰레기 처리 능력에 여유가 있는 상황에서 과감하게 유료화하고 가격 인상을 결정한 것은 상당한 각오가 필요한 결단이었다.

2. 가정 쓰레기 수집제도의 수정은 왜 필요했는가

(1) 최초의 가정 쓰레기 유료화

1998년의 유료화 목적은 먼저 행·재정 개혁의 일환이자, 아울러 자원화·감량화의 촉진, 쓰레기 수집장의 미관 유지, 쓰레기 수집 작업의 안정성·효율성 확보 등에 있었다.

쓰레기봉투는 대형(45리터=15엔/장), 소형(30리터=12엔/장), 초소형(20리터=8엔/장) 등 세 종류로 제작했다. 가격은 봉투의 제조·유통경비를 확보하고 가능한 시민의 부담을 경감한다는 관점에서 설정했다.

기타큐슈시는 그때까지는 한 가구당 연간 100장의 쓰레기봉투를 무료로 배포하고 있었다. 따라서 이 새로운 제도는 시민에게 무료에서 비용 부담이라는 180도의 전환을 의미했다. 이 때문에 제도 도입에 앞서 시민설명회, 홍보, '시범 봉투'의 전 세대 배포, 지역 주민 1만 명과 시 공무원 2,000명의 협력을 통한 조기 지도 등 세부적인 대책을 마련했다. 그 결과 '결정한 것은 지킨다'는 기타큐슈시민의 시민의식과 맞물려 쓰레기봉투 배출 협조율은 초기부터 99%를 넘었다. 불법투기나 슈퍼마켓의 쓰레기 용기에 가정 쓰레기를 투입하는 것 등은 제도 변경 직후를 제외하고는 그렇게 큰 문제가 되지 않았다.

유료지정봉투제도를 도입한 후 약 6%, 2만 톤이라는 쓰레기 감량을 실현했고, 일정한 효과를 얻을 수 있었다. 쓰레기 배출량의 증가를 막을 수 있었고, 감량 효과는 현재 멈춤세를 유지하고 있다.

(2) 이대로 좋은가

쓰레기 행정을 둘러싼 상황은 변화가 빠르고 잠시 숨을 고르는 여유조차 허용되지 않는다.

2002년 11월 전문가, 언론기관, 시민단체, 사업자단체, NPO 등 다양한 분야의 위원으로 구성된 '기타큐슈 쓰레기 처리 기본방향 검토 위원회'[위원장: 아사노 나오히토(淺野直人) 당시 후쿠오카대학 법학부장]를 설치했다. 검토위원회 7회 개최, 9회에 걸친 각종 단체와의 의견 교환, 8개월 간의 공개토론을 거쳐, 2003년 7월 제안이 이루어졌다. 그 내용을 살펴보면 다음과 같다.

① 쓰레기 배출자로서의 '책임의 자각과 실행'

② '경제적인 수단을 활용한 유인책의 활용'과 '형평성의 확보'
③ '각 주체의 연계를 통한 추진체계'의 확립

이 세 가지를 기본적인 틀로 하여 '사업장 쓰레기'와 '가정 쓰레기' 두 분야에 대한 다수의 구체적인 대책이 마련되었다.

제안이 있은 후 2004년 10월에는 시가 경영하는 쓰레기 공장에 반입하는 수수료의 개정, 재활용 가능한 종이류와 목재의 공장 반입 금지(종이류·목재는 민간 재활용 업자에게 유도하고, 시 공장에 반입할 수 있는 것은 재활용 업자가 발행하는 재활용 불가 증명서의 제시가 필요) 등 사업장 쓰레기의 감량화·자원화 대책을 실시했다. 남은 과제는 가정 쓰레기의 자원화·감량화였다.

(3) 가정 쓰레기 현황

기타큐슈시의 시민 한 사람이 하루에 배출하는 가정 쓰레기의 양은 2003년 약 705g으로 전국 평균보다 약 15% 많았다.

우리 시의 가정 쓰레기 현황과 과제를 정리해보니 다음과 같은 상황이었다.

① 가정 쓰레기 양은 멈춤세

1998년 유료지정봉투제도를 도입한 후 일정한 감량 효과를 유지해왔지만, 그 후 멈춤세를 유지해 그 이상의 감량 효과를 기대하는 것은 곤란했다.

② 자원화 가능한 물건이 버려지고 있는 실태

가정 쓰레기 가운데 신문·잡지·종이상자가 중량 기준으로 약 18% 포함되어 있었으며, 캔·병·페트병의 약 30%, 종이팩·플라스틱 용기의 약 90%가 버려지고 있었다.

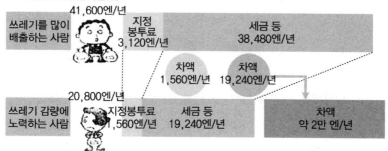

그림 2-2 쓰레기를 많이 배출하는 사람에게 보다 많은 세금이 쓰이고 있는 현황

1회의 쓰레기 배출에서 세금 등으로 부담하는 금액은 185엔의 차이가 있지만, 연간으로 환산하면…

쓰레기를 많이 배출하는 사람
41,600엔/년
지정봉투료 3,120엔/년
세금 등 38,480엔/년

차액 1,560엔/년
차액 19,240엔/년

쓰레기 감량에 노력하는 사람
20,800엔/년
지정봉투료 1,560엔/년
세금 등 19,240엔/년
차액 약 2만 엔/년

쓰레기를 많이 배출하는 사람에게 약 2만 엔의, 보다 많은 세금이 사용된다.

1회에 1봉투 다르다는 것만으로 이렇게 차이가 난다.

비용부담이 공평하지 않다.

③ 세금 투입에 대한 불공평성

우리 시의 유료지정봉투 대형(45리터) 1장의 쓰레기를 처리하는 데 드는 경비는 약 200엔이다. 한편 쓰레기 처리 수수료(유료지정봉투 요금)의 시민 부담은 15엔으로 차액인 185엔은 세금으로 충당하고 있었다.

물론 가족 구성 등 개별 사정에 따라 쓰레기 배출량은 다르지만, 쓰레기를 수집하는 날(우리 시는 주 2회 수집) 두 개의 봉투를 배출하는 가정과 쓰레기 감량에 힘써 1개의 봉투만 배출하는 가정을 비교하면, 두 개의 봉투를 배출하는 가정에 연간 약 2만 엔의 세금을 쓰는 셈이 된다. 이것은 불공평하게 세금이 쓰이는 것과 같다.

④ 리사이클에도 경비가 소요된다

무료로 수집하고 있는 캔·병·페트병은 판매수익을 빼고서도 1개 봉투(45리터)로 환산하면 약 90엔의 처리비용이 든다. 아울러 마시다 남은 음료와 이물질 등의 처리비용도 추가로 발생한다.

⑤ 장래에 걸쳐 지속적으로 경비 필요

장래 새로운 소각공장과 최종처리장의 건설, 재활용 대책 등에 사용될 많은 경비가 필요하다.

(4) 국가가 제시하는 방향성

2003년 3월에 수립된 '순환형 사회 형성 추진 기본계획'에서는 국민 한 사람당 하루에 가정에서 배출하는 쓰레기 양을 약 20% 줄인다는 목표를 설정했다.

아울러 '폐기물처리법에서 정한 기본 방침(2005년 5월)'에 "일반폐기물의 유료화를 추진해야 한다"고 명기하여, 그 요금 수준에 대해서는 중앙환경심의회에서 "실제로 감량 효과를 얻을 수 있는 수준으로 설정하는 것이 필요하다"라는 취지의 의견서(2005년 2월)가 제출되었다(2007년 6월 환경성 폐기물대책과는 전국의 기초지자체를 대상으로 '일반폐기물처리유료화 안내서'를 공표했다).

3. 제도 보완의 방향

(1) 제도 보완의 관점과 목표

2006년 5월 보완한 제도의 원안이 공개되었다. 기본적인 관점은 다음의 네 가지 사항이다.

① 쓰레기 자원화·감량화 촉진 강화
② 부담의 형평성 확보

③ 배출자로서 시민에게 일정한 책임의 분담

④ 쓰레기 처리와 재활용에 다액의 비용 소요

목표는 '가정 쓰레기 20% 감량'(비교 대상 연도: 2003년)과 '시 전체의 일반폐기물 재활용 비율 25%'였다.

(2) 유료화만으로 쓰레기는 줄지 않는다

유료화만으로 시민의 의식 개혁이 일어나고 감량화·자원화를 달성할 수 있을 정도로 문제가 단순하지만은 않다. 하지만 유료화는 리필 제품 (사용하던 용기에 내용물만 교환하는 제품)을 선택하고 꼭 필요한 만큼만 음식 재료를 구입해 낭비를 없애는 등 생활양식을 한 걸음씩 바꾸어가기 위한 커다란 계기가 될 수 있는 정책이다. 중요한 것은 유료화와 병행해 실제로 시민이 감량화·자원화에 동참할 수 있도록 하는 소위 '정책 융합'이다.

이를 위해 우리 시에서는 '분리·리사이클 정책의 충실', '수수료 개정을 통한 감량 의식의 향상'이라는 두 가지 정책을 동시에 추진하기로 했다. 아울러 대량의 재활용에서 탈피하기 위해 자원화 쓰레기를 포함한 일반폐기물의 총배출량을 억제하는 자원화 쓰레기에 대한 유료화를 도입하기로 했다. 구체적인 내용은 다음과 같다.

① 분리 · 재활용 정책의 충실

o 종이 회수 체계의 확충·강화

o 플라스틱 제품 용기의 분리 수집 실시

※ 시민과 의회의 요청에 따라 '소형 금속류'의 근거지 회수(일정한 장소에서 회수하는 방식)를 추가

② 수수료의 개정을 통한 감량의식의 향상
o 가정 쓰레기 유료지정봉투 요금 개정(60엔/45리터 → 현행 15엔)
o 자원화 쓰레기의 유료지정봉투제도 도입(15엔/20리터 → 현행 무료)

(3) 요금 설정 방법

'가정 쓰레기'의 새로운 수수료는 이미 유료화를 실시하고 있는 전국
지자체의 금액과 실시 중인 분리·리사이클 시책, 그 감량 효과 등을 분
석해 평균 20%의 감량 효과가 기대되는 금액으로 설정했다. 한편 자원
화 쓰레기는 분리 배출을 유도하기 위해 실질적으로는 가정 쓰레기의
반액 수준으로 결정했다.

4. 연일 계속된 시민설명회

(1) 시민설명회의 준비

'싸움' 전에는 용의주도한 준비가 필요하다.
실은 제도를 보완한 원안을 공개하기 반년 전인 2005년 12월경부터
부서 내부에서는 철저한 논의를 거쳐 시민설명회용 예상 질의·답변서를
작성하기 시작했다. 또 모든 가정에 배포하는 환경정보지인 ≪가에루
프레스(かえるプレス)≫에 쓰레기의 현황과 과제, 처리비용, 이번 제도
보완의 취지·내용 등의 원안을 알렸다.
5월 말 시민설명회가 시작되었다. 시청이 개최하는 설명회는 일반적
으로 시청이 장소와 시간을 정해 주민 참여를 유도하는 방법이 대부분이
다. 우리 시에서는 더 많은 시민에게 직접 시의 생각을 설명하고 시민의

사진 2-2 시민설명회 　　　　　 사진 2-3 분리 배출 기초 강좌

생생한 목소리를 듣기 위해 출장 방식의 설명회를 개최했다. '참가자가
한 사람이라도, 토·일요일과 공휴일에도, 희망시간·지정장소로 찾아 뵙
겠습니다'가 기본 방침이었다.

(2) 언제라도, 어디라도, 한 사람이라도

설명회는 주민자치모임, 부녀회, 노인회, 학교, 기업 등을 대상으로 개
최되었다. 주민자치위원회의 정례 모임 등에서 시간을 할애 받아 설명회
를 연 경우도 있다.

설명회장에는 비디오·파워포인트 등의 기자재, 설명용 팸플릿, 실물
플라스틱 용기 등을 붙인 패널을 가지고 갔다. 주민자치모임에 배포한
비디오테이프는 4,500개에 이른다.

"플라스틱 용기의 분리방식을 잘 모르겠다"는 질문에 대해서는 '분리
배출 기초 강좌'라는 제목으로, 플라스틱제 용기와 포장, 세면기, 장남감
등의 실물을 가지고 가서 실제로 분리해보는 등 퀴즈 방식으로 설명회를
개최했다.

설명회에서는 시민의 날카로운 질문과 요청사항이 제기되었다. "저는
담당자가 아니라서"라는 답변은 허용되지 않았다. 따라서 공무원들은
사전 학습모임에 열중했다.

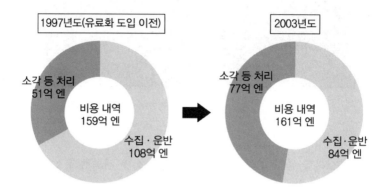

그림 2-3 쓰레기 처리 · 재활용에 소요되는 경비

1997년도(유료화 도입 이전)

소각 등 처리
51억 엔

비용 내역
159억 엔

수집 · 운반
108억 엔

2003년도

소각 등 처리
77억 엔

비용 내역
161억 엔

수집 · 운반
84억 엔

　　퇴근 시간대 시청 엘리베이터에서는 손수 만든 패널을 들고 설명회 장소로 떠나는 환경국 직원의 모습을 매일 접할 수 있었다. 나중에 들은 얘기지만, 그 모습을 본 다른 국의 직원과 시의회 의원들이 '환경국은 열심히들 하고 있군' 하고 느꼈다고 한다.

　　시의 제안은 지금보다 네 배의 인상을 수용해 달라는 것이었다. 험한 목소리도 나왔다. 한편에서는 "부담은 늘어나지만 일상적으로 쓰레기 감량에 주의하고 있기 때문에 그렇게 부담감은 없다", "조금만 고민하면 쓰레기는 줄일 수 있다, 부담도 덜할 수 있다", "많은 쓰레기를 내는 사람에게 다액의 세금을 사용하는 것은 불공평하다", "시민에게 부담을 떠넘기지만 말고, 시도 비용절감에 노력해야 한다" 등 다양한 의견이 제시되었다.

(3) 놀랍게도 하루에 집 한 채분

　　설명회가 개최되는 가운데 술렁거리는 순간이 있었다. "가정 쓰레기를 처리하는 데 실은 하루에 약 2,600엔이 소요되고 있습니다"라고 설명했을 때다. 회의장 한쪽에서 "그건 집 한 채를 태우고 있는 것과 같지

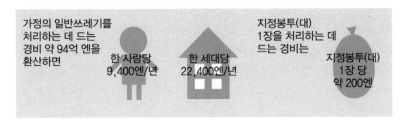

그림 2-4 쓰레기 처리 · 재활용에 소요되는 경비

가정의 일반쓰레기를
처리하는 데 드는
경비 약 94억 엔을
환산하면

한 사람당
9,400엔/년

한 세대당
22,400엔/년

지정봉투(대)
1장을 처리하는 데
드는 경비는

지정봉투(대)
1장 당
약 200엔

않느냐"라는 소리가 들렸다.

쓰레기 처리경비는 매년 홍보지인 ≪가에루 프레스≫를 통해 소개하고 있다. 2003년도의 쓰레기 처리·재활용 경비의 총액은 약 161억 엔이었다. 이 가운데 가정 쓰레기에 약 94억 엔, 한 사람당 연간 9,400억 엔, 하루에 2,600엔, 봉투 한 개에 200엔이 들었다. 2003년도는 새로운 공장의 건설, 다이옥신 대책 공사를 위한 소각 등의 경비로 약 26억 엔이 늘어났다. 한편 경비의 절반을 차지하는 수집 운반에 대해서는 위탁화의 추진으로 약 24억 엔의 경비를 줄였다(2003년까지 시 직영업무 비율을 70%에서 50%로 수정했으며, 나아가 2007년도의 비율은 30%로 저하됨).

설명회의 술렁거림을 생각하니, 시민에게 배포하는 홍보지의 질을 개선할 필요가 있다고 실감했다.

이렇게 해서 조례 개정을 위해 의회가 열리는 2005년 12월까지 설명회 개최 횟수는 500회를 넘기고 있었다.

(4) 의회에서의 승인

6개월에 이르는 시민설명회와 논의 끝에 최종안을 정리하게 되었다. 수수료의 경우 "개정의 취지는 이해되지만 부담액을 조금 낮추어 달라"는 시민과 의회의 강력한 의견을 수용하고, 목표달성이 가능하다고 생각

표 2-2 가정 쓰레기 유료지정봉투(각 10장/세트)

개정 전(1998.7~2006.6)		개정 후(2006.7~)	
대형(45리터)	15엔/장	대형(45리터)	50엔/장
소형(30리터)	12엔/장	중형(30리터)	33엔/장
초소형(20리터)	8엔/장	소형(20리터)	22엔/장
		초소형(10리터)	11엔/장

표 2-3 자원화 쓰레기 유료지정봉투(각 10장/세트)

캔·병용(25리터)	12엔/장
페트병용(25리터)	12엔/장
플라스틱 용기용	소형(25리터) 12엔/장
	※대형(45리터) 20엔/장

※ 실시 후 시민 요망에 따라 추가

되는 수수료 수준 등을 종합적으로 판단해 최종적으로는 당초 원안보다 약 20% 감액한 내용을 제안했다. 또한 소형 금속류의 근거지역 회수도 새롭게 추가했다. 제안한 내용은 가결되었고, 다음 해인 2006년 7월부터 실시하기로 결정되었다.

5. 드디어 새로운 제도가 시작되다

(1) 다양한 매체와 수단을 총동원하여 홍보

제도의 실시가 결정되고 난 후에는 시민에게 알리기 위해 공공시설에 포스터 게시, 대학 교문에서 안내지 배포 등 생각할 수 있는 모든 수단을 사용했다. 예산은 한정되어 있었으나, 역시 TV와 라디오를 활용한

사진 2-4 대학 교문 앞에서의 안내
서 배포

사진 2-5 쓰레기 수집차 홍보

광고의 효과는 절대적이었다.

의회에서 가결되고 난 후에도 '후반전'이라는 생각으로 오로지 시민
설명회에 힘썼다.

새로운 제도가 실시되기까지 남은 시간은 1개월. 시내 약 42만 전 세
대에 '시범 봉투 세트'가 배포되기 시작했다.

이번 사업의 주무 담당과는 계획과였다. 전화 상담에 대응하기 위해
회선도 4회선 증설했고, 과장 이하 18명이 매달렸다. 기존에도 요금 개
정에 관한 불만·요청 등 다수의 문의가 있었지만, 배포를 시작한 후 약
1개월 동안에는 아침 7시부터 밤 10시까지 시민들의 문의전화로 회선이
끊긴 상태가 지속되었다. 대부분의 문의내용은 '아직 시범 봉투 세트가
도착하지 않았다'는 것이었지만, 유료화에 대한 근본적인 의견, 시정 전
반에 관한 불만 등 2시간을 넘기는 통화도 있었다.

전화가 불통되면서 불만은 한층 고조되었다. 시민에게 상당한 폐를 끼
치고 말았다. 지금 돌이켜보면 전화회선을 더 증설해 통합 대응체계를
준비했어야 한다고 생각되지만, 시민설명회가 이뤄졌던 이 시기의 문의
에 답하려면 매우 높은 수준의 지식이 요구되었다. 따라서 대응 인력을
늘리는 것만으로 처리할 수 있는 상황은 아니었다고 생각한다.

환경국 내부의 다른 과에도 상당히 많은 전화가 걸려왔지만, 모든 과

·가정 쓰레기봉투(30리터, 중형) 10장
·'캔·병', '페트병', '플라스틱 용기'의 자원
화 쓰레기용 봉투 각 5장
·분리대사전(가정에서 주로 배출되는 쓰레
기 약 850개 품목을 가나다순으로 게재한
일반쓰레기·자원화쓰레기의 배출 방법 매
뉴얼. 전체 36쪽. 일본어·영어·중국어·한
국어판이 있다)
·주민자치모임 가입을 홍보하는 안내서 등

사진 2-6 시범 봉투 세트(분리대사전은 필
자가 만든 것이다)

가 시민설명회를 담당하고 있었기 때문에 기본적인 대응에는 문제가 없
었다. 폭풍과도 같았던 1개월이었지만, 새로운 제도가 시행된 7월에 들
어서면서 여기저기서 걸려오는 전화도 급격히 진정되었다.

그리고 당시 시민설명회는 누계 1,300회를 넘기고 있었다.

(2) 새벽 쓰레기 배출하기 매너 업 운동의 준비

새로운 제도의 조기 정착을 목적으로 1만 3,000명이 넘는 시민과 시
직원(1,552명)이 협력하여 '쓰레기 배출 매너 업 운동'(아침 6시 30분부터
8시 30분)을 10일에 걸쳐 실시했다. 참가자는 총 10만 명에 달했다. 이
활동의 상징은 앞서 소개한 녹색 모자다.

매너 업 운동은 자원봉사활동으로 실시되었다. 시민협력위원은 쓰레
기 배출장소 3~4개소당 한 명씩을 목표로 주민자치모임에서 선임해주
도록 의뢰했다.

시 직원은 모든 부서에서 모집하여 국장급에서 말단직원까지 참가했
다. 시청 전체가 참여하는 활동이었기 때문에 사전준비 작업에는 상당한

노력이 필요했고, 최종적인 직원설명회에 필요한 자료, 물품(지도와 모자 등) 등을 봉투에 넣는 작업이 완료된 것은 당일 새벽녘이었다.

(3) 자원봉사자도 필사적

매너 업 운동에 참가한 대다수 시 직원은 환경국 소속이 아니었다. 하지만 이들은 시민협력위원에게 구체적인 운동 내용을 설명해야 했고, 매너 업 운동 기간에는 현장에서 직접 시민을 교육하는 입장에 놓였다. 이 때문에 사전 연수를 실시했지만, '이러한 경우에는 어떻게 설명하면 좋은가'라는 문의가 운동 실시 직전까지 쇄도했다.

시 직원의 최초 업무는 시민협력위원에게 모자·완장·교육 매뉴얼 등을 사전에 배포하는 것이었다. 협력위원의 집을 차례로 방문해 업무내용과 이번 제도 개선의 취지 등을 설명했다. 이번에는 시민협력위원들도 지역에서 시민에게 설명하는 입장에 서게 되므로 방문한 시 직원 가운데는 이들의 질문 공세에 시달린 직원도 있었다.

무더운 7월이 다가왔다. 사업은 문제없이 거의 원활하게 전개되었다. 시민협력위원 한 사람 한 사람이 높은 책임감을 가지고 협력해주었다. 새로운 수집제도를 충분히 이해하고 서로 얼굴을 아는 관계를 활용해 각각의 쓰레기 배출장소에서 매우 열심히 이웃에게 설명했다는 점은 상당한 효과가 있었다. 또한 거리에 녹색 모자를 쓴 시민이 서 있었던 것은 시각적으로도 효과가 컸다. 덕분에 제도 도입 초기부터 새로운 지정 봉투에 대한 협조율은 99%를 넘겼다. 특히 주택가는 완벽했다.

(4) 쓰레기 앞 회의

매너 업 운동은 새로운 제도로의 원활한 이행뿐 아니라 부수적인 효과

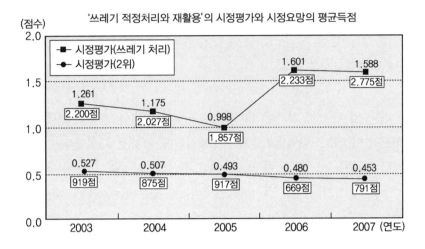

그림 2-5 시정 평가

'쓰레기 적정처리와 재활용'의 시정평가와 시정요망의 평균득점

(점수)

- 시정평가(쓰레기 처리)
- 시정평가(2위)

2003: 1.261 [2,200점], 0.527 [919점]
2004: 1.175 [2,027점], 0.507 [875점]
2005: 0.998 [1,857점], 0.493 [917점]
2006: 1.601 [2,233점], 0.480 [669점]
2007: 1.588 [2,775점], 0.453 [791점]

(연도)

도 낮았다. 기간 중 쓰레기 배출장소에서는 시민협력위원, 시 직원, 쓰레기를 배출하러 나온 일반 시민 간에 '쓰레기 앞 회의'가 매일 개최되었다.

나중에 실시한 설문조사에서도 "시민과의 대화를 통해 쓰레기에 대한 것뿐 아니라 시정에 대한 현장의 목소리를 들을 수 있어, 앞으로의 업무에도 매우 가치 있는 경험이었다"라는 시 직원들의 의견이 많았다. 이러한 점에서 이 회의가 시 직원 의식 개혁의 계기가 되었음을 알 수 있었다. 아울러 지역에서는 일상생활에서 얼굴을 마주할 기회가 적었던 사람과의 대화가 열리고, 지역커뮤니티의 육성 및 자치활동에 대한 자극이 되어 지역의 결속력이 높아졌다는 의견이 많았다.

(5) 시민은 결국 어떻게 받아들였는가

매년 실시하는 시민 3,000인 의식조사에서는 '쓰레기의 적정 처리와 재활용'이 15년간 연속 1위를 차지하고 있었지만, 제도 개정 후의 조사

그림 2-6 자원화 쓰레기를 포함한 가정 쓰레기 배출량의 변화

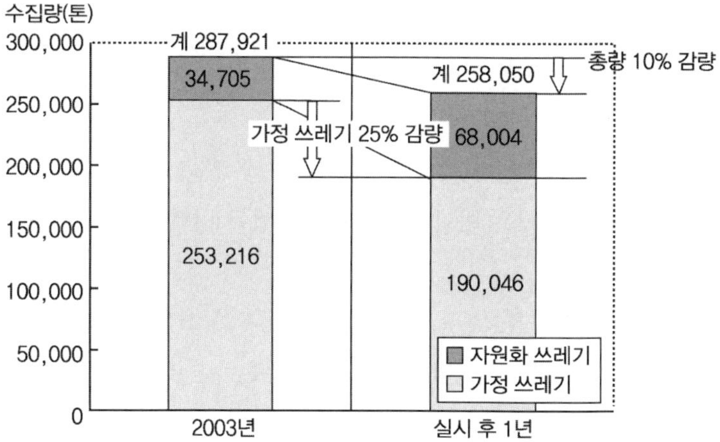

에서는 과거의 최고 득점을 갱신했다. 지나고 나서 보니 대다수의 시민이 새로운 제도를 긍정적으로 받아들였다고 생각된다.

6. 유료화로 쓰레기는 줄었는가

(1) 25%의 쓰레기 감량을 달성

제도를 개선하고 난 후 1년간의 실적을 살펴보면 그림 2-6과 같다. 가정 쓰레기 양은 기준 연도 대비 25%가 줄었고, 자원화 쓰레기를 포함한 총량도 10%나 감소했다. 한편 종이류의 집단회수량은 약 70% 증가했다. 물론 이것은 유료화만의 효과가 아니라 재활용의 충실·확충 시책, 시민의 이해·협력·계발 등 시책의 복합적인 효과일 것이다.

다만, 최근 플라스틱 용기의 분리 봉투에 부적합한 쓰레기가 점차 증가하는 등 제도를 악용하는 사례가 발생하고 있다. 지속적으로 시민과의

협력 작업을 전개하지 않으면 안 될 것이다.

(2) 유료화냐 분리냐?

이번 조사에서는 "유료화하기 전에 철저한 분리(분리대상물을 늘린다)가 먼저지 않느냐"라는 의견이 많았다. 이 점에 대해 우리 시의 생각은 다음과 같다.

재활용은 자원의 유효활용, 쓰레기 감량으로 한 걸음 전진하는 정책이지만, 비용이나 노력도 더 필요하다. 재활용을 하면 무조건 좋다는 면죄부는 오히려 '대량 재활용'을 유발할 우려가 있다. 순환형 사회를 지향하기 위해서는 대량 재활용을 보완하여 자원화 쓰레기를 포함한 쓰레기의 총배출량을 억제하는 것이 가장 중요하다.

쓰레기 분리에서는 '시민의 이해', '재활용 기술의 확립과 재생품의 수요', '비용을 포함한 효율성' 등 세 가지 사항을 고려해야 하며, 단순히 분리 종류를 늘린다고 해서 좋은 것은 아니다. 아울러 행정이 모든 쓰레기를 회수한다는 것을 전제하는 것이 아니라, 시민과 사업자의 자주적인 노력을 적극적으로 활용하는 것이 지역커뮤니티를 지탱하고 행정비용을 줄이는 것으로 연결된다.

자원화 쓰레기의 분리 종류를 늘리면 '소각하는 쓰레기 양'은 분명히 감소하지만, 자원화 쓰레기를 포함한 총배출량이 반드시 감소하는 것은 아니다. 총배출량을 억제하기 위해서는 경제적인 인센티브, 즉 감량 효과를 기대할 수 있는 일정 수준의 유료화가 유효하다고 생각한다.

(3) 시민·NPO·사업자와의 연계를 통한 배출 억제 활동

시민설명회에서는 "사업자에게 과잉 포장의 폐지 등을 요구해야 한

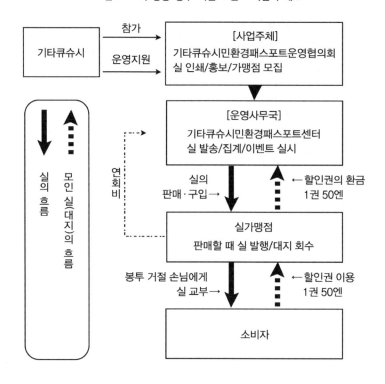

그림 2-7 시 공통 봉투 거절 포인트 사업의 개요

다"는 의견이 많이 제기되었다. 시민·NPO·사업자·행정으로 구성된 '기타큐슈 그린 컨슈머(green cosummer) 추진위원회'에서 이를 검토하여, 봉투를 사용하지 않는 소매점 등의 모든 참가사업자에게 포인트를 축적해 할인권으로 사용할 수 있는 '기타큐슈시 공통 봉투 거절 포인트 사업'을 2006년 12월부터 시작했다. 2007년 말을 기준으로 슈퍼마켓, 백화점, 가전제품 판매점 등 약 280개 점포가 참가하고 있으며 봉투 거절 비율도 당초의 약 9%에서 19%로 상승하고 있다.

① 참가사업자는 실(seal)을 구입: 실은 1포인트(2.5엔)와 0.5포인트

(1.25엔) 등 두 종류

② 봉투 제공을 거절한 손님에게 실을 배포

③ 20포인트 분의 실이 모이면 참가사업점 공통 할인권으로 이용 가능

④ 할인권은 전액 청산

7. 시민의 눈높이에서 평가

(1) 시민의 눈높이

'시민의 눈높이에서.' 이는 시청에게 늘 요구되는 자세다. 우리는 어른부터 어린아이까지 주민들의 일상생활과 직결되는 '쓰레기'라는 업무를 담당하고 있다. 당연히 늘 '시민의 눈높이에서, 알기 쉽게'를 명심하고 있다. 예를 들어 전 세대에 배포하는 정보지인 ≪가에루 프레스≫는 글자를 크게 하고 그림을 많이 사용하고 있다. 하지만 이번 업무에서 '명심하는 시늉만 내는' 것에 지나지 않았다는 것을 깨닫게 한 사건이 발생했다.

설명용 팸플릿에 "소매점 등의 봉투는 플라스틱 용기로 분류해주십시오. 신문의 자원회수에 협력을 부탁드립니다"라는 그림을 실었다. 하지만 "음식물 쓰레기를 버릴 때 국물, 냄새, 까마귀 등의 문제를 해결하기 위해 신문지와 봉투로 싸서 배출해서는 안 되는가"라는 시민들의 질문이 상당수 있었다. 새로운 제도가 실시된 직후인 9월 긴급히 ≪가에루 프레스 특별호≫를 전 세대에 배포해 "음식물 쓰레기를 배출할 때는 현행대로 해도 괜찮습니다"라고 알렸지만, 이렇게 해석되리라고는 상상도 하지 못했다. 이는 독해력이 부족한 것이 결코 아니다. 규칙을 지키고자 하는 기타큐슈시민의 높은 의식 수준에 감사하면서, 동시에 시민들이 그

렇게까지 해석할 수 있다는 점에서 새삼 '시민의 눈높이'에 대해 깊이 생각하게 되었던 사건이었다.

(2) 시민 참가 평가위원회

이번 제도 개선을 계기로 감량과 분리·재활용 상황, 비용 등의 정보를 관계자와 공유해 향후의 시책으로 연결하기 위해 '가정 쓰레기 감량·리사이클 평가 위원회'를 설치했다.

위원회는 전문가(4명), 시민단체(3명), 사업자(4명), 환경NPO·환경활동을 실천하고 있는 시민(5명), 공모시민(6명) 등 총 22명(이 가운데 여성위원 12명)으로 구성되었다. 위원회의 회의는 공개되며, 자료·의사록도 홈페이지에서 공개하고 있다.

위원회에서는 "시민은 행정이 이것저것 해주기를 요구만 해도 되는가. 시에 요구하는 것에는 우리의 세금이 사용된다는 것을 생각할 필요가 있다", "쓰레기를 줄이는 것은 시민·행정·지구환경 등 누구에게나 이익이 되는, 본래는 윈-윈(win-win)하는 전략일 것이다", "시민의 심금을 울리는, 마음을 북돋는 정책이 필요하다" 등의 의견이 개진되고 있다.

기타큐슈시의 '쓰레기 전쟁'은 100만 시민의 높은 의식 수준으로 급속히 전개되고 있다. 하지만 장래를 내다보면 아직도 과제는 많다. 시민의 눈높이를 소중히 하면서도, 대의적인 관점을 잊지 않고 앞으로도 노력할 것이다.

마개를 단단히 닫을 것, 그리고 적당량의 자원 순환
사카이 신이치(酒井伸一) 도쿄대학 교수

1. 다양한 쓰레기 전쟁

기타큐슈시는 장기간에 걸쳐 추진해온 가정 쓰레기 유료화를 '100만 인 쓰레기 전쟁'으로 부르고 있다. 쓰레기 전쟁으로 말하자면, 도쿄도 고토(江東)구의 쓰레기 전쟁이 유명하다. 다른 구에서 발생한 쓰레기를 고토구에 매립하는 것을 거절하는 형태에서 발생해 지역 간 분쟁으로 이어진 한 형태이기도 하다. 2007년 말 이탈리아 나폴리에서 매립지와 소각시설 건설 분쟁으로 인한 수집거부로 거리에 쓰레기가 넘쳐난다는 보도가 있었는데, 이것도 유사한 사례다. 이처럼 소각시설 및 매립지 입지 분쟁은 세계의 모든 곳에서 일어나고 있는 문제이자, 그러한 입지 분쟁의 귀착점에는 바야흐로 쓰레기 전쟁이라 불러도 좋은 사회적인 상황이 발생하고 있는 것이다. 이러한 쓰레기 전쟁에 대해 기타큐슈시는 소각공장과 최종처분장의 설치로 심각한 사태에 빠지지는 않았지만, 정령시 중에서 가장 먼저 추진한 가정 쓰레기 유료화와 그 후의 요금 인상을 둘러싼 상황은 쓰레기 전쟁이라고 불리고 있다. 이것은 쓰레기 문제를 계기로 발생한 사회의 생산구조 및 소비구조에 대한 반성과 그 개혁에 대한 사회의 이해 조정이라는 의미에서 길고 긴 사회교섭이 시작된다는 의미로 이해할 수 있다.

2. 마개를 닫기 위한 방안: 쓰레기 유료화

쓰레기 유료화 제도를 세계적으로 조망해보면, 미국에서는 6,000개가 넘는 지자체에서 도입되었고 전 인구의 20%가 이 제도의 적용을 받는다고 한다. 과거 쓰레기 처리는 대다수의 지자체에서 정액유료제였지만, 쓰레기 감량에는 그다지 효과가 없었던 것 같다. 한편 처리비용은 시설고도화의 요구와 새로운 시설 확보의 곤란으로 폭등했고, 배출 억제와 재활용을 통한 쓰레기 감량을 달성하기 위한 방법으로서 쓰레기 유료화가 주목받기 시작했다. 유럽연합과 한국에서도 폐기물 관리 시책으로서 쓰레기 유료화 제도가 운용되고 있다.

한편 환경성의 조사에 따르면, 일본에서 쓰레기 유료화를 도입한 지자체의 수는 2003년 기준 가연 쓰레기의 경우 954개 지자체(약 30%)가 도입하고 있으며, 이들 지자체의 인구는 약 1,800만 명(약 14%)이다. 상당수의 지자체가 도입하고 있지만, 대도시에서 쓰레기 유료화를 시행하는 도시는 기타큐슈시, 후쿠오카시, 교토시 등 일부에 지나지 않는다.

3. 쓰레기 유료화와 3R과의 관계

쓰레기 유료화는 주로 소각·매립되는 쓰레기에 대해 쓰레기 처리비용의 일부 또는 전부를 쓰레기 배출자가 세금과는 별도로 쓰레기 처리 수수료로서 부담하는 제도다. 이때 발생할 수 있는 회피 행동으로는 ① 감소(reduce), ② 재이용(reuse), ③ 재활용(recycle), ④ 불법투기·자가 소각 등을 들 수 있다. 감소는 가장 우선적으로 고려되어야 할 행동으로 처리 쓰레기양의 감소에서 끝나지 않고, 제품설계의 수정 등을 통해 생산 과정에서 천연자원 투입량 감소로 파급되는 것이 기대되는 방법이다. 재이용은 유리병의 재이용으로 대표되는데, 광의로는 대여 제품의 이용 등도 중요한 재이용 행동으로 생각해야 한다. 재활용에는 배출량이 대략 파악되는 지역, 주민이 자발적으로 행하는 자원회수(주로 종이)와 지자체가 추진하는 용기포장류 등의 자원화 쓰레기의 분리 회수 이외에 가정에서의 음식물 쓰레기와 목재(정원수의 가지치기로 발생한 것 등) 쓰레기의 퇴비화 등이 있다. 한편 유료화를 시행하게 되면 불법투기·자가 소각이 염려된다. 다만, 최근에는 자가 소각이 배기가스 문제로 억제되고 있으며, 아울러 불법투기도 감시 체계가 강화되고 있다.

4. 기타큐슈의 선견지명

쓰레기 유료화의 효과는 쓰레기 감량만이 아니라는 것을 알 수 있다. 기타큐슈시는 인구가 많은 정령시 가운데에서도 매우 이른 시기인 1998년부터 이 제도를 시행하고 있다. 선견지명과 부단한 노력에 대해 경의를 표하는 바다. 10년 앞의 문제를 예견하고 선견적인 정책을 도입하는 것은 간단한 것 같으면서도 쉬운 일은 아니다. 온난화 문제, 고령화 문제, 연금 문제 등 그 어느 것이든 신중하게 검토해보면 문제들이 예상되는데 거기에 선견적으로 대응하는 것이 그리 간단하지만은 않았을 것이다. 이처럼 쓰레기 배출 억제를 위한 투명하고 종합적인 실천의지가 지자체에 요구된다.

제3장　**자원 순환형 체계를 만들다**

순환형 사회에 도전하는 에코타운

1. 기타큐슈의 에코타운으로의 발자취

기타큐슈시 와카마쓰(若松)구 히비키나
다(響灘) 지구를 방문했을 때 한눈에 들어
오는 것은 지름 약 70m짜리의 거대한 날
개 3개가 달린 10기의 풍차군이다. 풍차가
해양을 향해 돌아가는 모습은 장엄하고,

사진 3-1 풍력발전시설

히비키나다 지구의 상징적인 존재로서 관광명소로도 자리매김하고 있다.

이 지구의 한편에 기타큐슈 에코타운사업의 근거지역이 있다. 매일 많
은 시찰자로 붐비며, 최근에는 해외 시찰자가 급증하고 있다. 10년 전에
시작해 지금도 진화하고 있는 기타큐슈 에코타운사업은 미지의 세계에
도전하는 정열과 지역의 힘을 총집결한 프로젝트다.

(1) 에코타운사업이란

일반적으로 에코타운사업이라고 하면 그 이미지를 떠올리기 쉽지 않

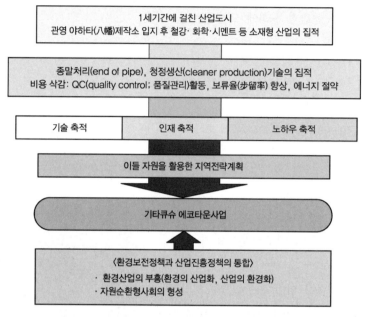

1. 종말처리(end of pipe)란 공장 내부 또는 사업장 내부에서 발생한 유해물질을 최종적으로 외부에 배출하지 않는 방식을 말한다.
2. 청정생산이란 1992년 지구정상회의의 '어젠다21(Agenda 21)'에서 제시된 개념. 종래의 공해대책은 오염배출구에서의 방지·처리가 중심이고 이것을 종말처리 기술이라 부른다. 이에 비해 청정생산은 원료의 채취에서 제품의 생산과 폐기 및 재이용 등 전 과정에서 환경부하를 경감하려는 개별 기술과 시스템 관리방법을 포함한 대응 방식을 뜻한다.
3. 보류율이란 '제품생산량/재료소비량'을 뜻한다(이상 역자 주).

은데, 에코타운사업은 경제산업성과 환경성이 공동으로 추진하고 있는 국가사업이다.[1]

---

1) 자원 순환형 사회의 구축을 위해 지역의 산업집적을 활용한 '환경산업의 진흥'과 '폐기물의 발생 억제·재활용'의 추진을 통해 지방자치단체가 주체가 되어 산·학·관

그러나 이 사업의 주체는 어디까지나 지방자치단체와 민간기업이다. 국가는 선진적인 사업에 보조금을 교부하고 환경산업의 입지를 지원하는 입장에 있다. 이러한 점에서 에코타운사업은 각 지자체가 민간기업과 협력해 지역의 에코타운계획을 수립하여 국가의 승인을 받도록 하고 있으며 현재 승인된 곳은 전국 26개 지역이다.

(2) 마을만들기 관점에서 환경산업을 창출

우리 시는 1980년대 이후 공해극복의 과정에서 축적된 기술과 경험을 활용해 환경 국제협력사업을 적극적으로 전개하고 있지만, 1990년대에 들어서면서 다음 단계를 위한 새로운 환경정책을 모색하고 있었다. 와카마쓰구 히비키나다 지구는 2,000ha에 달하는 광대한 매립지였는데 1996년에 수립된 히비키개발 기본계획에서 '선진적인 환경과 에너지산업·기술근거지'라는 구상 아래 재활용·재자원화 산업의 유도·육성과 환경 관련 연구실증 근거지의 구축을 목표 가운데 하나로 설정했다. 여기서 기타큐슈 에코타운의 원형을 엿볼 수 있다.

아울러 시청과 민간기업이 함께 학습모임을 거듭하면서, 환경보전정책과 산업진흥정책을 통합한 기타큐슈시의 독자적인 지역정책으로서 기타큐슈 에코타운사업이 시작된 것은 1997년이었다.

2. 일본 최대의 제로 에미션 에어리어

기타큐슈 에코타운사업은 와카마쓰구 히가시나다 지구를 중심으로 전

과 연계하면서 선진적인 환경조화형 사회 만들기를 지향하는 사업이다.

개되고 있으며, 그 핵심은 리사이클 기술 및 폐기물 처리기술의 실증연
구를 수행하고 있는 실증연구지역과 재활용 공장이 입지해 있는 종합환
경 콤비나트다.

(1) 일본 유일의 실증연구지역

사진 3-2 실증연구지역 전경

실증연구지역은 기업·대학 등이
최첨단 폐기물 처리기술을 비롯해
자원 리사이클, 신에너지 등 환경
관련 기술을 폭넓게 실증적으로
연구하는 장소이다.

이 지역은 기타큐슈시가 상수
도, 하수도, 도로 등 인프라를 정
비한 용지를 확보하여 저렴한 임대료로 실증용지를 제공하는 곳이다. 통
상 3~5년마다 시설이 대체되고 있지만, 그 중에는 항구적으로 입지해
있는 연구시설도 있다.

실증연구지역에는 '기타큐슈시 에코타운센터'도 있다. 에코타운에 입
지하는 시설에 대한 견학, 에코타운사업과 시내 기업의 환경사업에 대한
소개·전시, 환경학습과 연구활동 지원 등의 역할를 담당하며 순환형 사
회에 대한 시민의 이해를 돕기 위한 근거시설이다.

(2) 에코타운의 핵심지역─종합환경 콤비나트

종합환경 콤비나트에서는 다종다양한 재활용사업이 비즈니스사업으로
추진되고 있다. 각 사업들은 상호 연계해 제로 에미션(zero emission)형 환경
산업단지로 형성되고 있다. 아울러 이 단지의 인접지역에는 시내 중소기

업을 대상으로 하는 임대형 '히비키(響) 재활용단지'가 조성되어, 개별 기업의 창의적인 기술을 토대로 하는 재활용사업이 전개되고 있다.

사진3-3 종합환경 콤비나트

(3) 사업 하나하나가 고생의 연속

지금에 와서야 많은 기업이 입지하고 있지만, 전례가 없는 사업들뿐이었기 때문에 개별 사업을 시작하는 단계에서는 고생의 연속이었다.

공장이 가동한 후에도 고민거리가 없어지지는 않았다. 중소기업과 협동조합의 사업에서는 경영체제가 좀처럼 안정되지 못해 나중에는 유력 기업에 경영 참가를 요청하는 사례도 있었다. 사업 시작 직후 그때까지 과점 상태였던 인근 지역의 기업이 처리 단가를 낮추어 경쟁을 걸어온 경우도 있었다. 충분한 시장조사를 실시했는데도 예상외로 원료를 조달하지 못한 사업도 있었다.

개별 사업을 추진하는 데 중요한 것은 무엇보다 민간사업자를 중심으로 하는 관계자들의 생활을 건 '열정'이었지만, 담당 공무원으로서도 귀중한 경험이었다.

(4) 경쟁자를 압도하는 사업의 집적과 그 효과

일본에는 에코타운사업을 추진하는 지역이 26개가 있으며, 각 지역은 고유의 자원을 활용하는 형태이지만, 기타큐슈 에코타운사업의 사업 수는 다른 지역을 압도하고 있다.

최근 10년간 총투자액은 약 610억 엔(민간: 431억 엔, 국가 등: 117억 엔, 시: 62억 엔. PCB 처리사업은 제외)이고, 2007년 말 시점에서의 고용은

표 3-1 기타큐슈 에코타운사업 일람

준공년월	사업명	기업명
1998.7	페트병 재활용사업	니시니혼 페트보틀 리사이클(주) [西日本ペットボトルリサイクル(株)]
1999.4	OA기기 재활용사업	(주)리사이클테크 [(株)リサイクルテック]
2000.2	자동차 재활용사업	니시니혼 오토리사이클(주) [西日本オートリサイクル(株)]
2000.4	가전제품 재활용사업	니시니혼 가전 리사이클(주) [西日本家電リサイクル(株)]
2001.10	형광관 재활용사업	(주)J·Relights[(株)ジェイ·リライツ]
2001.10	비지·음식찌꺼기 재활용 사업	기타큐슈 식품 리사이클 협동조합 (北九州食品リサイクル協同組合)
2001.11	발포스틸 재활용사업	니시니혼 발포 스티로폼 리사이클(주) [西日本發泡スチロールリサイクル(株)]
2002.2	식용유 재활용사업	규슈·야마구치유지사업협동조합 (九州·山口油脂事業協同組合)
2002.4	세정액·유기용제 재활용 사업	다카노흥산(주)[高野興産(株)]
2002.4	자동차 재활용사업	기타큐슈 ELV협동조합 [北九州ELV協同組合]
2002.7	종이 재활용사업	(주)니시니혼 페이퍼 리사이클 [(株)西日本ペーパーリサイクル]
2002.7	건설혼합폐기물 재활용 사업	나카야마리사이클산업(주) [中山リサイクル産業(株)]
2002.9	의료용구 재활용사업	아소광산(주)기타큐슈사업소(에코노베이트 히비키)[麻生鉱山(株)北九州事業所(エコノ ベイト 響)]
2002.11	파칭코틀 재활용사업	(주)Yuko-Repro[(株)ユーコーリプロ]
2002.11	건설혼합폐기물 재활용 사업	(주)히비키에코사이트[(株)響エコサイト]
2003.3	풍력발전사업	(주)NS윈드파워히비키 [(株)エヌエスウィングパワーひびき]
2003.4	빈 캔 재활용사업	(주)기타큐슈 캔리사이클 스테이션

		[(株)北九州空き缶リサイクルステーション]
2003.5	폐목재·프라스틱 재활용사업	(주)에코우드(Eco Wood)[(株)エコウッド]
2003.10	음료용기 재활용사업	코카콜라웨스트홀딩(주)[コカコーラウエストホールディング(株)]
2005.4	복합중핵시설	기타큐슈 에코에너지(주) [北九州エコエナジー(株)]
2005.10	비철금속 종합재활용사업	일본자력선광(주)[日本磁力選鉱(株)]
2006.1	OA기기 재이용사업	(주)앵커네트워크서비스 [(株)アンカーネットワークサービス]
2006.11	종이 재활용사업 및 제철용 포밍(foaming) 억제제 제조사업	규슈제지(주)[九州製紙(株)]
2006.11	풍력발전사업	(주)테트라에너지히비키 [(株)テトラエナジーひびき]
2007.4	액체화분진 자원화사업	코와정광(주)[光和精鉱(株)]

약 1,000명에 이르며, 산업진흥시책이라는 관점에서도 괄목할 만한 성과를 달성하고 있다.

투자액의 70%는 민간투자이고, 시는 주로 인프라 정비 역할을 담당해왔다. 개별 사업의 운영에 대해서는 어디까지나 민간의 책임으로 맡겼던 것이 결과적으로는 재활용사업으로서의 자립화를 촉진할 수 있었다.

아울러 에코타운을 방문하는 시찰자 수는 연간 약 8만 명에 이르며, 특히 최근에는 시민뿐 아니라 시외와 해외(특히 아시아)의 시찰자가 눈에 띄게 많아지는 등 환경학습 장소로 활용되고 있다.

(5) 상호 연계와 제로 에미션형 재활용산업단지의 실현

종합환경 콤비나트에서는 동일 지역 내에 기업이 집적해 있다는 장점을 활용해 각 공장에서 발생하는 부산물을 다른 공장에서 이용하는 상호

그림 3-2 **기타큐슈 에코타운의 상호 연계**

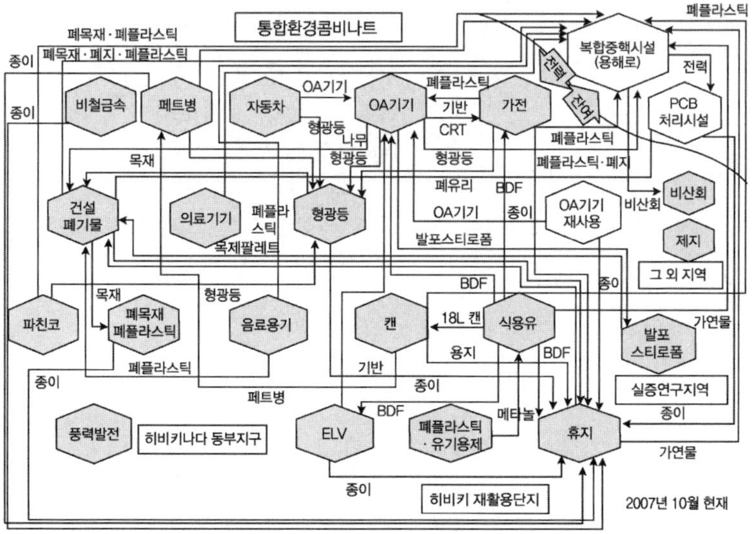

통합환경콤비나트 / 복합중핵시설(용해로) / PCB 처리시설 / 비철금속 / 페트병 / 자동차 / OA기기 / 가전 / 건설폐기물 / 의료기기 / 형광등 / OA기기 재사용 / 비산회 / 제지 / 파친코 / 폐목재 페플라스틱 / 음료용기 / 캔 / 18L 캔 / 식용유 / 발포스티로폼 / 풍력발전 / 히비키나다 동부지구 / ELV / 폐플라스틱·유기용제 / 휴지 / 실증연구지역 / 그 외 지역 / 히비키 재활용단지

(폐목재·페플라스틱, 폐목재·페지·페플라스틱, 종이, 페플라스틱, OA기기, 기반, CRT, 형광등, 나무, 목재, 목재, 형광등, 폐플라스틱·페지, 폐유리, BDF, OA기기, 발포스티로폼, 종이, 메타놀, 가연물, 용지, 기반, 페트병, 2007년 10월 현재)

연계를 강화하고 있다.

상호 연계 사례를 살펴보면 'OA기기 재활용사업에서 발생하는 복사기의 형광관을 형광관 재활용사업에서 활용', '건설혼합폐기물 재활용사업의 목재 칩(목재 찌꺼기)을 폐목재 재활용사업[데크(deck)류 제조]에서 활용', '각 공장이나 회사에서 발생하는 포장용 종이상자를 종이 재활용사업에서 활용'하는 등 실로 다양하다.

또한 2005년 4월 에코타운의 골키퍼라 할 수 있는 복합중핵시설[자동차의 파쇄(破碎) 찌꺼기(Shredder Dust)[2]와 에코타운 사업자 등에게서 발생하는, 최종적으로는 재활용할 수 없는 폐기물을 액체화·감량화하고, 이때 발생하는 에너지를 회수하여 에코타운 사업자에게 전력을 공급하는 시설]이 조업을 시작해

---

2) 파쇄 찌꺼기란 가전제품이나 자동차를 파쇄(破碎)하여 금속 등을 회수한 후 산업 폐기물로 버려지는 플라스틱·유리·고무 등 파편의 혼합물을 뜻한다(역자 주).

세계적으로도 유례가 없는 제로 에미션형 환경산업단지가 완공되었다.

(6) 사업에 반드시 필요한 주민 이해

에코타운에 입지하는 재활용 공장의 원재료는 대부분 폐기물이고 주민의 입장에서 보면 혐오시설이라는 인상을 지울 수 없을 것이다. 주민의 '불안감', '불신감', '불쾌감'을 불식시키기 위해서는 제대로 설명책임(accountability)[3]을 다하고, 모든 정보를 공개하는 것이 필요하다.

이를 위해 에코타운사업을 인정할 경우에는 시설의 공개를 조건으로 하며 각 기업은 견학하는 사람들을 수용할 수 있는 체제를 갖추고 있다. 주민은 재활용 공장을 직접 찾아가 폐기물이 제대로 재활용되는 것을 실제로 봄으로써 '안전·안심'을 실감할 수 있다.

에코타운사업을 지역에 제대로 뿌리내리기 위해서는 '이 사업에는 어떤 위험이 있는가', '그것은 어느 정도인가' 등의 정보를 시민과 당사자가 공유하는 소위 리스크 커뮤니케이션(risk communication)이 중요하다. '언제', '어디서', '누구에게나' 설명한다는 자세는 앞으로도 지속되어야 한다.

3. 에코타운사업의 강력한 파트너

에코타운사업 추진의 원동력은 많은 기업 관계자, 전문가, 행정 직원 등의 뜨거운 열정이었다. 특히 몇몇 프로젝트에 관여해온 '신닛테쓰(新日

---

3) 설명책임이란 정부·기업·단체 등 사회에 영향을 미치는 조직에서 권한을 행사하는 자가 주주와 종사자 등 직접적인 관계를 가진 자뿐만 아니라 소비자, 거래업자, 은행, 지역주민 등 간접적인 관계를 가진 모든 사람과 조직에게 그 활동과 권한행사의 예정, 내용, 결과 등을 보고할 필요가 있다는 개념이다(역자 주).

鐵) 야하타제철소'와 '니시니혼(西日本) 페트보틀 리사이클' 등 민간기업의 협력은 반드시 필요했다. 몇 가지 사례를 소개하겠다.

(1) 뜻을 가진 '사람'과의 만남이 이끌어낸 사업

닛테쓰(日鐵)운수(주) 상임이사 가와사키 준이치(川崎順一)

당시 야하타제철소 총무부 개발기획그룹 부장

사진 3-4 와카마쓰구 히비키나다 지구

야하타제철소는 관영 시대에서 신닛테쓰로, 그리고 공해에서 구조조정 시대를 거쳐 현재에 이르기까지 그때그때 사람과 상품, 자본이라는 경영자원을 지역에 투입해왔다. 기타큐슈의 탄생과 발전, 쇠퇴와 재생과정에 크게 관여해왔던 것이다.

1989년 스에요시 시장은 '르네상스 구상'이라는 도시 만들기를 발표했다. 그리고 2,000ha의 광대한 히비키나다 매립지의 활용 방안을 논의하기 위해 규슈대학의 야다(矢田) 교수를 좌장으로 하고 산·학·관의 관계자로 구성된 모임을 설치했다. 아울러 1994년 6월, 필자는 '유휴지의 활용, 기업유치, 고용창출'이라는 사명을 위해 '무언가 새로운 프로젝트를 발굴하라'는 임무를 맡게 되었다.

도심계획을 담당해온 필자는 갑자기 '지역개발 담당'을 맡아 무엇을 어떻게 하면 좋을지 전혀 알지 못한 채, 당시 언론의 주목을 받고 있던 '환경문제'를 공부하기 위해 교토대학 우에다(植田) 교수의 강연회와 후쿠오카대학 하나시마 교수가 좌장을 맡고 있는 연구모임에 옵서버로 출석했다. 한편 야하타제철소 관련 기업을 돌아보고, 산업폐기물 처리현장과 소각로 제작현장 등을 견학했다. 또한 세계의 환경 비즈니스 관련 정보를 수집하고 있던 미쓰이물산(三井物産)(주)과의 연구모임도 시작했다.

그 후 쓰레기 문제는 지역의 행정이 어떻게 생각하느냐가 핵심이라는 점을 깨닫고, 기타큐슈시 기획국장에게 학습모임의 개최를 제안했다 (1995년 1월). 시청에서도 "반드시 추진합시다"라며 승낙했고, 같은 해 3월부터 관민 합동의 학습모임이 시작되었다. 민간 구성원은 신닛테쓰 야하타, 신닛테쓰엔지니어링 사업본부, 미쓰이물산, 히비키나다개발(ひ びき灘開發) 등 4개 기업, 그리고 행정에서는 기획국·환경국·경제국·항 만국·도시계획국 등이 참여했다.

논의된 핵심적인 사항은 '제철소가 지닌 잠재력(토지·기술·인재·설비기 반·신용 등)을 어떻게 활용할 것인가', '주민 합의를 이루어낼 수 있을까', '투자규모, 고용규모는 어느 정도일까', '사업주체는 누구이며, 사업의 계속성은 어떻게 확보할 것인가' 등이었다. 민간이 해야 할 일, 할 수 있는 일, 행정이 할 수 있는 일, 하지 않으면 안 될 일 등 입장이 서로 다른 주체가 한 책상에 모여 신중하게 논의했다. 이러한 과정을 거쳐 학 습모임의 성과물로 작성한 책자가 그 후 에코타운 플랜의 원형이 되었다.

1995년 6월에는 「용기포장리사이클법」이 제정되었다. 신닛테쓰는 제 철업을 하면서도 페트병 재활용사업을 구체화하기 위해 본격적으로 검 토작업에 착수했다. 한편 시청에서는 에코타운을 국고보조 대상사업으 로 지정해달라고 국가(통산성·후생성)에 요청했다.

(2) 난산(難産)이었던 출발

당초부터 스틸캔 재활용을 적극적으로 실시해온 신닛테쓰에서는 그간 경험한 바가 없던 이 사업에 투자(약 16억 엔)하는 데 반대하는 의견도 있었다. 우여곡절 끝에 후쿠다(福田)와 만타니(萬谷) 양 야하타제철소 소

장의 지원에 의해 1997년 4월 최초의 사업인 '니시니혼(西日本) 페트보틀 리사이클(주)'가 탄생했다. 초대 사장으로는 현재의 가나코기 (鹿子木) 씨가 발탁되었다. 아무것도 없던 불모지에 역사적인 한 페이지를 기록한 페트병 재활용 공장은 1998년 7월부터 본격적으로 가동되었다.

이 시기 후쿠오카대학의 하나시마 연구소(현 후쿠오카대학 자원 순환·환경제어시스템연구소)의 유치에 대해서도 병행하여 검토가 이루어졌다. 사내에서는 문제가 되었지만, 나 자신의 판단으로 토지를 무료로 제공한다는 결단을 내렸다. 이 판단은 하나시마 교수의 지도를 받고 있던 기업들이 하나둘씩 연구시설을 설치하는 결과를 낳았다.

4. 선도 프로젝트: 페트병 재활용사업

페트병 재활용사업은 1998년 7월에 조업을 시작했다. 운영주체인 니시니혼 페트보틀 리사이클(주)는 신닛테쓰제철(주), 미쓰이물산(주) 등의 출자로 설립되었으며 우리 시도 5% 출자하고 있다. 기타큐슈 에코타운에서 시가 출자하는 사업은 이 사업이 유일하다.

(1) 모든 것은 무(無)에서 출발했다

니시니혼 페트보틀 리사이클(주) 대표이사 사장

가나코기 기미하루(鹿子木公春)

1997년 3월, 오로지 철강에만 몰두해왔던 나에게 '광대한 히비키나다의 땅을 환경 메카로'라는 사령(辭令)이 떨어졌다. 기타큐슈 와카마쓰의 활성화 구상과 「용기포장리사이클법(용리법)」의 시행 시

사진 3-6 니시니혼 페트보틀 리사이클 주식회사

기가 맞아떨어져, 1997년 4월 니시니혼 페트보틀 리사이클(주)를 설립했다. 나로서는 '환경사업'이라는 생소한 분야에 첫발을 내딛는 새로운 인생의 시작이었다. 그리고 모든 것은 무(無)에서 출발했다.

최초의 과제는 원료의 입하였다. 유감스럽게도 「용리법」이 시행된 지 1년이 지났지만, 지자체의 분리수집은 여전히 실마리를 찾고 있던 단계였기 때문에 우리 회사와 기타큐슈시 직원들과의 2인 3각 경기가 시작되었다. 기타큐슈지역의 모든 광역자치단체를 비롯해 많은 지자체를 정력적으로 방문했는데, 인구비율로 보면 기타큐슈 전체의 50%가 넘는 지역을 돌아다닌 셈이었다. 「용리법」과 페트병 재활용을 설명하고 분리수집을 추진해줄 것을 의뢰했지만, 지자체의 관심은 적었다. "페트병은 작업복으로 다시 태어납니다. 시민 여러분이 수집한 페트병은 지자체의 작업복으로 다시 돌아옵니다", "엥, 페트병이 섬유로 된다는 것입니까?", "분리 따위 귀찮아서……" 이런 반응들 뿐이었다.

다음 일은 지자체와 시민 모두가 견학할 수 있는 공장을 건설하는 것이었다. 많은 시민을 수용하기 위해 견학실을 설계하고, 견학하는 사람을 위해 자비로 비디오를 제작했다. 당시에는 이곳에 정말로 시민들이 와줄까 하는 불안감이 있었지만, 지금은 우리 공장이 기타큐슈 에코타운의 모범이 되고 있다고 자부한다.

다음으로는 사업의 원활한 추진과 경영 안정이 가장 중요한 과제였다. 모든 것이 고생의 연속이었지만, "기타큐슈에서 길러진 인재의 종합력

과 네트워크, 행정의 지도·이해, 무엇보다 이 프로젝트에 결집된 사람들 모두의 '뜨거운 열정'에 힘입어, 커다란 성과를 올릴 수 있었다"라고 생각한다.

지역 모든 분들과의 교류도 소중하게 여기고 있다. 직원을 도심에 투입해 쓰레기를 줍게 하거나, 가급적 고객 접대는 와카마쓰에서 하고, 지역의 꽃가게와 협력해 새들이 지저귀는 소리를 들을 수 있는 에코타운을 만들기 위해 회사 부지에 나무를 심고, 다른 에코타운 사업자와 방재연락협의회를 조직하는 등 새로운 도전은 시행착오의 연속이었다.

우리 회사는 기타큐슈 에코타운의 1번 타자로서 어떻게 해서든 출루하는 것을 목표로 사업을 추진해왔다. 우리 회사가 진출할 당시에는 인기척도 없고 여기저기서 들개를 볼 수 있었던 이곳이 지금은 재활용기업이 전국에서 가장 많이 집적하는 지역으로 변했고, 외국에서도 많은 사람들이 방문하게 되었다. 그리고 창업한 지 10년이라는 세월이 흘러 2007년도에는 환경대신의 표창장을 수상했다.

「용리법」은 일본의 다른 리사이클 관련 법률의 모범이 되었기 때문에 사회 시스템과 제도상의 다양한 과제도 우리 회사의 몫이 되어버렸다. 정부와 국가의 심의회, 나아가 산업계 등에 문제를 제기하고 개선안을 제안하는 활동에도 기타큐슈시와 함께 힘을 쏟아왔다. 앞으로도 지역 행정과의 2인 3각 경기는 계속될 것이다.

5. 온리 원의 보고

기타큐슈 에코타운에서는 '일본 처음', '일본 유일'의 사업이 경쟁적으로 전개되고 있다. 그 가운데 몇 가지를 소개해본다.

(1) 일본 최초, 파쇄 방식의 폐차 리사이클─니시니혼 오토 리사이클(주)

니시니혼 오토 리사이클(주)는 철 찌꺼기 재활용사업을 장기간 추진 해왔던 요시카와(吉川)공업(주)를 중 심으로 설립된 폐차 재활용 전문 기 업이다. 1993년 요시카와공업은 폐차를 효율적이고 고품질로 재활 용하기 위해 새로운 해체 기술을 개 발하는 연구개발에 착수했다. 시행

사진 3-7 니시니혼 오토 리사이클 공장 내부

착오 끝에 파쇄처리가 불필요한 해체 방법을 개발했다. 그 후 미쓰이물산, 신니혼제철(新日本製鐵), 규슈메탈산업(九州メタル産業), 닛테쓰운수(日鐵運 輸)가 출자한 니시니혼 오토 리사이클 주식회사가 설립되었다.

이 회사의 특징은 각 공정을 8~9분, 차 한 대를 약 45분 만에 처리할 수 있는 60m의 해체 라인에 있다. 일본 최초로 사람의 손으로 정밀하게 해체하는 이 방식을 도입하여, 99% 이상의 재활용률을 자랑하고 있다. 해체공정에서 구리류[전기배선의 다발(wire harness) 등]는 철저하게 회수되 고, 최종 공정에서 압축된다. 이렇게 생산된 고품질의 프레스는 신니혼 제철의 전로(轉爐, 철 등을 녹이는 가마)에 투입되어 철로 재생된다. 아울러 그 일부는 자동차 강판으로 '수평적으로 재활용'된다.

파쇄 찌꺼기를 발생시키지 않는 해체방식에 대해 「자동차리사이클법」 제31조는 '전부 재생 자원화 이용'으로 규정하고 있다. 이는 니시니혼 오토 리사이클 방식이 모델이 된 사례이다.

또한 자동차 회사들로부터 일본 내 5,000여 개의 해체업체 가운데 유 일하게 특A(최고 등급)라는 평가를 받았다. 도요타, 닛산, 혼다 등의 업체 들과 기술협력을 추진하고 있으며, 해체작업과 관련한 이 회사의 자료는

신차를 디자인할 때 '해체하기 쉬운 설계', '해체하기 쉬운 재료'의 개발에 활용되고 있다.

(2) 모든 가전업체를 취급하는 유일한 기업─니시니혼 가전 리사이클㈜

사진 3-8 니시니혼 가전 리사이클(TV 해체 라인)

니시니혼 가전(家電) 리사이클㈜는 2001년에 시행된 「가전리사이클법」에 근거하여 수명이 다 된 에어컨·TV·냉장고·세탁기 등 이른바 가전 4개 품목을 고도로 분해·선별하여 고품질의 재생 원료를 생산함과 동시에 프레온 가스를 회수하고 적정하게 처리하고 있다.

「가전리사이클법」에서는 제조회사를 A·B 두 개의 그룹으로 구분해 리사이클을 전개하고 있지만, 이 회사는 가전제품 관련 상위 8개 회사가 출자하고 있고, 전국에서 유일하게 모든 제조업체의 가전 4개 품목을 취급할 수 있다.

(3) 음식물 쓰레기 혁명─규슈공업대학 에코타운 실증연구센터

규슈공업대학의 시라이 요시히토(白井義人) 교수를 중심으로 하는 연구팀은 1998년 실증연구지역에서 문부과학성(구과학기술청)의 연구 위탁사업으로 '도시 쓰레기 바이오 매스 플라스틱화 기술 실증연구'를 수행했다. 이는 '생분해(生分解, 미생물을 이용한 분해)', '탄소 중립(carbon neutral)[4]'이라는 특징을 지니며, 도시에서 많이 발생하는 식품폐기물(음식물 쓰레기)을 화석자원의 대체물로서 바이오 매스 플라스틱[폴리 유산(乳

酸)]으로 재활용한다는 획기적인 기술이다.

화석연료 사용량과 이산화탄소 배출량을 줄일 수 있는 바이오 매스 플라스틱은 최근 크게 주목받고 있다. 시라이 교수는 일찍이 음식물 쓰레기에서 바이오 매스 플라스틱을 만들고, 그것을 다시 재활용하는 내용의 연구를 추진해왔다.

지역과 밀접한 활동을 지속하고 있는 시라이 교수는 대학이라는 틀을 벗어나 활동 영역을 넓히기 위해 NPO법인을 설립하고 바이오 매스 플라스틱의 순환 시스템 구축을 목표로 연구하고 있다. 최근에는 이미 제품화된 바이오 매스 플라스틱 컵을 후쿠오카 돔에서 활용하는 등 보급·계몽하는 사업을 전개하며, 사용한 컵을 회수해 재제품화하는 일에도 몰두하고 있다.

그 외에도 중소기업이 공동으로 자동차를 재활용하는 '기타큐슈 ELV(End-Of-Life Vehicles) 협동조합', 종이 재활용사업과 제철용 재료를 제조하는 '기타큐슈 제지(주)', 액체화분진을 자원화는 '코와정광(光和精鉱)(주)' 등 기타큐슈 에코타운은 온리 원(only one) 기업의 보고(寶庫)로 자리매김하고 있다.

6. 경쟁시대에서 이기기 위해

(1) 기타큐슈 에코타운 성공의 열쇠

기타큐슈 에코타운사업은 우리 시만이 보유하고 있는 아이디어와 노

---

4) 상품 따위를 생산하거나 일련의 인위적인 활동으로 배출된 탄소(carbon)와 흡수되는 탄소가 동일(neural)한 양이라는 개념이다(역자 주).

표 3-2 기타큐슈 에코타운사업의 요점

구분	사례 등
행정의 보육 능력 (행정력)	· 원 스톱 서비스='환경산업정책실'의 설치 · 행정절차의 신속화, 입구·출구 지원, 주민 대응, 기업과의 협력체계
인재의 투입	· 각 기업: 장인기업·제철 OB, '창의적인' 인재 · 대학: 행동하는 리더 · 행정: 폐기물 행정의 우수한 인재
정보공개와 설명책임	· 전 시설의 공개, PCB 처리시설 입지 관련 공개 토론
민간이 사업주체	· 제3섹터가 아닌 민간이 경영하도록 하여 사업 책임을 명확화
종합적인 지역정책으로 추진	· 산업진흥정책·고용정책의 병행, 부처 수평적인 지원, 기초연구·실증연구·사업화 등 통합 운영
광역적인 폐기물 반입	· 사업의 전제, 시민의 이해
초기 단계에서 산·학·관 학습모임 시작	· 1990~1992년 구상 수립 · 1994~1996년 기본계획 수립 · 1997년 에코타운 승인
관리형 처분장의 존재	· 적정하게 처리할 수 있는 골키퍼, 지역 내 완결
공해극복 자산의 활용	· 산·학·관의 네트워크, 기술의 축적
우수한 지역조건	· 공업도시, 임해지역, 교통의 요충, 대기업 존재, 광대한 토지 등

력의 결집이지만, 사업 초기 단계에서부터 강력한 산·학·관의 연계와 역할 분담을 통해 어려움을 하나둘 극복해왔다. 지금까지의 사업 추진상의 요점을 정리하면 표 3-2와 같다.

(2) 전환기를 맞이하고 있는 에코타운사업

이렇게 10년 동안 추진해온 기타큐슈 에코타운사업이지만, 최근 사회·경제 정세의 급격한 변화로 많은 과제에 직면하고 있다.

이미 각종 「리사이클법」에 대응한 사업은 포화상태에 이르렀고, 기존

사업 간의 경쟁이 격화되고 있다. 아울러 원재료인 폐기물의 해외 유출도 발생하고 있어 안정적인 원재료 확보로 고민하는 기업이 늘고 있다.

한편 리사이클 기술은 다양하고 기술혁신도 매우 빠르며, 사업화된 기술은 벌써부터 진부화될 우려가 있다. 해외 수출 증가에 따른 원료가격의 급등도 발생해 환경산업은 장기적인 경영전략을 짜기 힘든 상황에 처해 있다.

이렇게 심각한 경쟁시대에 돌입하고 있는 지금이야말로 더욱더 환경산업의 진흥을 목표로 '기초연구', '실증연구', '사업화' 등의 사업을 한층 강화·연계해 종합적으로 전개하는 것이 중요해졌다.

아울러 향후의 키워드는 '고도화, 고부가가치', '지역자원의 활용'이라야 할 것이다. 가령 기타큐슈시는 학술연구도시라는 지식 인프라를 최대한 활용하여 신기술의 도입을 모색하기 위해 2006년 '3R 기술고도화 연구모임'을 발족시켰다. 구체적인 주제별로 위원회를 설치하여 연구·정보교환을 추진하고 있다.

현재 특히 중점추진 중인 사항으로는 '희소금속·희소자원의 재활용', '도시형 바이오 매스(음식물 쓰레기)의 활용', '처리 곤란한 폐기물의 무해화·재활용' 등이 있으며, 이들 분야의 신규사업을 창출하기 위해 노력하고 있다.

(3) 음식물 쓰레기에서 바이오 에탄올을 제조

다음 단계를 향한 시책 가운데 하나로 바이오 매스 관련 사업을 소개해본다. 바이오 디젤 연료(BDF)와 바이오 에탄올 등 바이오 연료가 최근 세계적으로 각광받고 있으며, 특히 바이오 에탄올에 대해서는 일본에서도 다양한 실증과 사업이 추진되고 있다.

우리 시의 에탄올 실험사업은 2005년에 신에너지·산업기술종합개발기구(NEDO)로부터 승인받은 신닛테쓰엔지니어링이 사업주체가 되어 실시하고 있다.

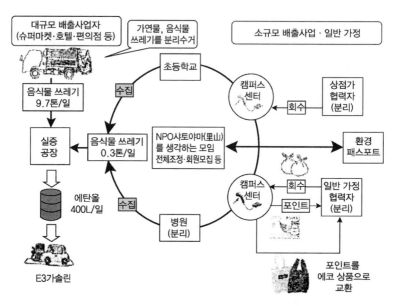

그림 3-3 식품폐기물 에탄올화 실험사업 흐름

이 실험에서는 일본에서 유일하게 음식물 쓰레기를 원료로 사용하고 있다. 2007년도부터 슈퍼마켓 등의 대규모 배출자, 상점가, 초등학교, 병원, 일반 가정에서의 분리수집을 시범적으로 실시한 후 본격적으로 운전을 시작했다. 또한 단순히 에탄올을 제조하는 것만이 아니라 음식물 쓰레기를 운반하는 수집·운반업자는 2층으로 구분된 쓰레기 수집차를 개발하기도 했다.

현재 10톤의 음식물 쓰레기로 약 400리터의 에탄올을 제조할 수 있는 것으로 확인된다. 향후 에탄올의 품질을 확인한 후 E3 가솔린(에탄올 3% 혼합 가솔린)으로 시의 공용차량 등을 이용해 주행실험을 추진할 예정이다.

(4) 폐기물을 활용한 바이오 매스의 가능성

국내의 에탄올 제조에 어떤 원료를 사용하든지 해외에서 대규모로 재배

된 저렴한 곡물을 원료로 하는 에탄올과 비교하면, 생산 비용이 높고 가격 경쟁력이 없다는 것이 중요한 과제이며 아직도 시행착오 단계에 있다.

국가는 운송용 연료로서 바이오 매스에서 생산되는 원료를 교토의정서의 목표 달성 연도인 2010년도까지 원유로 환산하여 50만 킬로리터를 도입하도록 하고 있다. 하지만 이 양을 국산 바이오 매스 연료로 충당하는 것은 사실상 불가능하며, 그 대부분은 수입에 의존할 수밖에 없다. 그러나 우리 시에서 추진하는 음식물 쓰레기로 에탄올을 제조하는 실증실험은 대도시라는 지역 특성을 활용한 도시형 바이오 매스의 유효 활용, 아울러 식재료인 곡물이 아닌 폐기물의 유효 활용이라는 점에서 매우 의미가 있고, 향후 실험 결과가 기대된다.

(5) 다음 단계로

기타큐슈 에코타운사업은 1997년 7월 '기타큐슈 에코타운 플랜'의 첫 번째 사업으로 승인받은 후 급속히 전개되어 2002년 8월에는 제2기 계획을 수립했다. 또한 2004년 10월에는 대상 지역을 시 전역으로 확대했다.

재활용산업도 창출시대에서 경쟁시대로 접어들었고, 지역 간 경쟁에서 이기기 위해서는 좀 더 경쟁력 있는 산업으로 자립하지 않으면 안 된다. 이를 위해 우리 시의 강점인 소재를 중심으로 하는 장인산업이라는 기반 위에서 새로운 비전을 작성할 필요가 있다.

앞서 말한 바이오 에탄올을 비롯해 환경소재와 신에너지 관련 사업이 이미 상당수 추진되고 있다. 향후 동맥·정맥을 불문하고 환경부하가 낮은 재료 및 에너지의 창출 근거지로서 사업을 전개할 필요가 있다.

환경수도로서 지속하기 위해
구스다 데쓰야(楠田哲也) 기타큐슈시립대학 대학원 교수

일반적으로 말해 공해로부터의 해방과 환경 수복은 마이너스(−)의 환경 상태를 '제로(0)'로 돌리는 행위, 환경창조는 제로(0)의 환경상태를 플러스(+)로 전환하는 것이다. 기타큐슈시의 공해로부터의 해방은 전자에 해당되며 시바(柴)천에서의 수변환경을 비롯한 환경창조는 후자에 해당한다. 이때 후자의 환경창조는 공해로부터의 해방과는 전혀 다른 발상을 필요로 한다. 아울러 지속성이 높은 순환형 사회를 구축하기 위해서는 이와는 완전히 다른 발상이 요구되고 있다. 지혜를 모으고 인재를 투입하여 풀기 어려운 문제를 해결해온 기타큐슈시의 노력에는 탄복하지 않을 수 없다.

기타큐슈시는 메이지(明治) 시대의 부국강병, 제2차 세계대전 후 경사(傾斜) 생산방식5)이라는 국가사업에 협력해왔지만, 산업구조와 에너지원의 전환으로 사회 조류에 뒤처지면서 종래의 중공업도시로부터의 전환이 요구되었다. 세계의 역사가 말해주듯이 전환하지 않고 방치하면 피폐한 사회로 남게 되기 때문에 이로부터 탈피하는 것을 행정목적으로 하여 전환을 위한 고도의 전략을 개발한 것은 높이 평가할 만하다.

환경의 창조와 피폐한 사회의 방지라는 의지가 자원 고갈이라는 1972년 로마클럽의 제안을 배경으로 에코타운이라는 발상을 이끌어냈다고 할 수 있다. '모든 폐기물을 다른 산업 분야의 원료로 활용하여 최종적으로 폐기물을 제로 에미션하는 것'을 목표로 자원 순환형 사회의 구축을 모색한다는 발상은 새로운 산업을 창출함과 동시에 고갈성 자원의 절약을 강구하는 것이고, 1997년 기타큐슈 에코타운의 발족은 환경정책과 산업진흥정책을 통합한 독자적인 지역정책으로서의 새로운 도전이었다.

오토마(乙間) 교수의 해석(≪폐기물학회지≫, Vol. 18, No. 6, 2007)에 따르면 현재 에코타운은 1개월당 폐기물 총수입량 약 2만 1,800톤 가운데 시내에서 3,500톤, 시외에서 1만 8,300톤이 수입되며, 재자원화율은 74%, 열회수분을 포함하면 94%에 이른다. 총체적으로 본다면 재자원화에 성공하고 있지만, 에코타운 내부에서의 재이용률은 20% 정도이고, 수입총량의 1%만이 에코타운 내부에서 상호 연계되고 있다.

따라서 역내 순환을 위한 시스템의 확대가 필요하다. 이를 위해서는 이미 에코콤비나트 구상이 제시되었다. 이 구상에서는 콤비나트의 원점인 시스템화된 에너지, 재료, 물의 순환적인 고효율 이용을 산업지역으로서 달성할 뿐 아니라 민생용을 포함해 상호 효율적으로 이용하여, 산업에는 경제 경쟁력의 강화를, 시민에게는 폐기물과 이산화탄소의 감소를, 지역 전체로서는 산업과 커뮤니티, 자연이 공생하는 도시의 창조를 제시하고 있다. 이를 위해 이미 정보공유를 위한 포털 사이트도 개설되었다. 자원·에너지 이용의 '지역 최적화'를 통해 다음 과제를 위해 관계자가 일치단결하고 있는 것은 믿음직스럽지만, 지금 필요한 것은 목표를 향한 좀 더 전략적인 행동이다. 페트병 회수에서 볼 수 있듯이 국제적인 무역구조가 지역의 자원 순환이용 구조에 크게 영향을 미치는 현실에 대응할 수 있는 시스템 구축, 미래를 위한 희소 자원의 선택적 회수·축적의 강화, 고용 감소를 초래하지 않는 기기류의 보수관리를 철저히 하여 장기간 이용할 수 있는 시스템 마련, 자원 소비 그 자체를 낮추어도 만족도가 높은 문화의 구축, 자원 소비가 적은 도시구조로의 전환, 효율적인 국제·지역 운송 시스템 구축 등의 과제도 산적해 있다.

이들 과제를 해결하기 위해서는 자원 순환의 관점에서 산·관·학·민의 연계를 통해 사회 물질순환의 근본적인 조정을 가능하게 하는 설계이론의 개발, 이용소재의 전환, 생산 공정의 개선, 이용방법의 개혁, 폐기 후 재이용방식의 확립 등이 필요하다. 기타큐슈 학술연구도시의 이공계열뿐 아니라 기타큐슈시립대학 문과계열의 두뇌 집단을 적극적으로 이용하는 체계를 강화하고 국·공·사립대학 연계 대학원 등을 통해 조직을 강화하는 등 인재를 유효하게 활용, 육성하는 것이 요구된다. 적어도 기타큐슈시립대학에는 이를 위한 창구가 필요하다.

기타큐슈시는 '환경수도'의 지속을 행정목표로 표방하고 있다. '환경수도'는 일본어로서의 의미는 애매하지만, 영어로는 'Environmental Capital of Sustainable Society'로 좀 더 명확하다. 진정한 지속형 도시의 리더로서 향후 기타큐슈시에 기대하는 바가 크다.

---

5) 경사생산방식(priority production system)이란 제2차 세계대전 후 경제 부흥을 위해 입안·실행된 경제정책으로, 기간산업에 중점적으로 자원을 배분하여 다른 산업에 파급효과가 미치도록 하는 정책을 뜻한다(역자 주).

제4장　**PCB 처리사업 추진 전략**

부(負)의 유산을 미래에 떠넘기지 마라

1. 꿈의 물질의 전략

"목숨이 걸려 있다!" 기타큐슈시가 PCB 처리시설의 유치 방침을 발표한 2001년 9월, 시에 항의하러 온 시민단체로부터 쏟아진 말이다. 그런데도 우리 시는 일본에서 처음으로 PCB 폐기물의 광역적인 처리시설을 유치했다.

(1) 가네미 기름병 사건으로 인한 생산 중지

PCB(Poly chlorinated biphenyls, 폴리염화비닐)는 불연성·절연성·안정성 등의 특징으로 꿈의 물질로까지 불렸다. 30년 전까지 전기기기용의 절연유, 감압 복사지(no carbon paper), 열매체 등에 이용되었다.

하지만 1968년 가네미(カネミ) 기름병 사건이 발생했다. 이는 기타큐슈시내의 공장에서 제조된 라이스 오일(rice oil, 쌀겨로 짠 기름)을 섭취한 사람에게 심한 여드름 등의 증상이 나타난 것으로, 이러한 피부 장해 이외에도 간장 장해, 손발 저림 등 많은 증상이 나타났다. 또한 기름병 환자의 산모에게서 피부에 멜라닌 색소가 다량 침착(沈着)한 '거무스름한

아기'가 태어난 사례도 있었는데, 이는 산모를 경유해 유아에게 옮는 것뿐 아니라 태반을 경유해서 이행된다는 것도 밝혀졌다.

당시 원인은 라이스 오일의 탈착 공정에서 열(熱)매체로 쓰인 PCB가 제품에 혼입되었기 때문인 것으로 알려졌다. 그 후 PCB의 다른 형태인 코프라나 PCB[1])와 PCB를 가열할 때 발생하는 PCDF[폴리염화디벤조퓨란(Dibenzo-furan)] 등의 다이옥신류도 혼입된 것이 판명되었다. 현재 원인은 코프라나 PCB와 디벤조퓨란 등과의 복합적인 영향인 것으로 알려지고 있다.

이 사건을 계기로 1972년 PCB의 생산·판매의 중지, 회수, 보관 등의 행정지도가 이루어졌고, 1974년에는 「화학물질 심사 및 제조 등의 규제에 관한 법률(화심법)」에 의거해 제조, 수입, 사용이 원칙적으로 금지되었다. 아울러 사용이 끝난 것은 적절하게 보관하도록 의무화되었다.

2. PCB 처리 관련 역사

(1) 분실 및 유출 우려

PCB를 함유한 폐기물은 일부 대형 사업체를 제외하면 처리시설의 정비가 늦어져 30년간 보관되어왔다. 장기 보관에 따른 분실과 불법투기, 화재 등의 가능성이 높아졌다. 예를 들어 PCB 제조업체였던 가네카(鐘淵)화학[효고현 다카사고시(兵庫縣高砂市) 소재]은 보관 중이던 PCB 5,500톤을 1987년부터 1988년에 걸쳐 소각처리했다. 그 후 1994년 한신아와

---

1) 코프라나 PCB는 다이옥신과 화학구조가 유사하며, 다이옥신의 10분의 1에서 1만분의 1까지의 독성을 지닌 것으로 알려지고 있다. 변압기의 절연재, 윤활유 등에 이용되는 PCB에 포함되거나, 쓰레기 소각장에서도 일부 발생하여 어패류 등에 축적되는 경우도 있다(역자 주).

지(阪神淡路) 대지진이 발생했는데, 만약 처리가 끝나지 않았더라면 붕괴 등으로 인해 세토(瀬戶) 내해로 유출될 우려도 있었다.

한편 PCB를 적절하게 처리하기 위해 고온 소각시설의 설치가 전국 39개소에서 검토되었지만, 어느 곳도 관계자의 이해를 얻지 못한 채 좌절되고 말았다. 이 기간 동안 비닐공장의 폐업과 회사의 도산, 인사이동에 따른 부적절한 인계인수 등으로 변압기와 축전기 등 전기기기의 분실이 염려되었다. 1992년 후생성(현 환경성)의 조사에 따르면 당초 사용을 신고하도록 규정된 전기기기 가운데 7%가 분실된 것으로 판명되었다.

아울러 2000년 홋카이도(北海道)와 도쿄 등 각지에서는 학교 교실에 설치된 형광등 조명기구의 부품인 안정기가 수명이 다하여 파손되면서 내부의 PCB가 학생들의 몸을 덮는 사건이 발생했다.

또한 PCB의 처리는 국제적으로도 요구되었으며, 2001년에 채택된 '잔류성 유기 오염물질에 관한 스톡홀름 조약(POPs 조약)'에 따라 2025년까지 사용을 중지하고, 2028년까지 처리를 완료하도록 의무화되었다.

한편 국민의 '소각 알레르기'에 대응하기 위해 복수의 화학처리법이 새롭게 개발되었다. 전력회사 등 대형 보관사업체 가운데에는 자사에서 처리시설을 갖춘 곳도 나타났다. 하지만 보관량이 적은 사업자와 중소기업의 PCB는 제외될 수 있다는 우려도 있었다. 국가는 이러한 배경에서 전국적인 PCB 처리 체계를 구축하게 되었다.

3. 기타큐슈시의 PCB 처리사업 유치

(1) 국가의 요청

2000년 12월 후생성 수도환경부장이 기타큐슈시장실을 찾아와 PCB

사진4-1 PCB 처리안전성검토위원회

폐기물 일괄처리시설의 입지를 요청했다.

이때 시내에도 대량의 PCB 폐기물이 있었고 시설의 필요성은 분명했지만, 다른 한편 시설의 안전성 확보와 시민의 이해 등 커다란 과제가 가로막고 있었다. 그래서 시는 이듬해 2월 와카마쓰구 히비키나다 지구에 입지를 구상하고 전문가로 구성된 안전성검토위원회를 설치했으며 이와 병행해 시민설명회를 개최했다.

안전성검토위원회에는 환경법, 폐기물, 화학물질, 의학·공중위생학, 리스크 관리 등의 분야에서 나라를 대표하는 8명의 전문가가 참가했다.

위원 명단

아사노 나오히토(淺野直人) 후쿠오카대학 법학부장·교수

이무라 히데부미(井村秀文) 나고야대학 대학원 교수

○코이즈미 아키라(小泉明) (주)일본의사회 부회장

사카이 노부이치(酒井伸一) 국립환경연구소 순환형 사회형성추진·폐기물
　　　연구센터장

타나베 신수케(田辺信介) 에히메(愛媛)대학 연안환경과학연구센터 교수

나가타 가쓰야(永田勝也) 와세다대학 이공학부 교수

하나시마 마사타카(花嶋正孝) 후쿠오카대학 자원 순환·환경제어시스템연
　　　구소장

모리타 마사토시(森田昌敏) 국립환경연구소 총괄연구관

(○: 위원장, 경칭 생략, 가나다순, 직위는 당시 기준)

안전성검토위원회는 2001년 2월에서 8월까지 약 반년에 걸쳐 총 6회

개최되었다.

위원회는 공개적으로 추진키로 했기 때문에 회의록은 물론이고 위원회 자료도 전부 시의 홈페이지에 공개했으며 희망하는 시민에게는 인쇄물을 배포했다. 이 홈페이지는 현재도 열람 가능하므로 관심 있는 사람은 열람할 수 있다(http://www.city.kitakyushu.jp/, 첫 화면의 검색코너에서 'PCB'를 입력하여 검색).

(2) 반년간 109회의 시민설명회

한편 안전성검토위원회와 병행해 시설이 입지하는 와카마쓰구 47개의 전 주민자치모임을 대상으로 설명회를 개최했다. 물론 시민단체 등으로부터 불만과 상담 등의 전화를 받으면 곧바로 설명하러 찾아가는 것을 원칙으로 했다. 설명자는 당시 다니 조쇼(谷上昇) 환경산업정책실 계장을 선두로 환경국 내의 부·과장으로 구성된 6개의 팀이었으며, 슬로건은 '언제, 어디서든, 누구에게나'였다.

시민에게서 제시된 의견은 안전성검토위원회에 적시에 보고했다. 위원회는 "'절대로 안전합니다'라고 말하지 말도록" 요청했다. 세상의 그 어떤 것에도 제로 리스크(zero risk)란 없기 때문이다. 당시는 이바라키현(茨城縣)·도카이촌(東海村)의 원자력 관련 시설에서 사고가 발생했던 때였다. 따라서 시설의 안전성을 강조하면 할수록 오히려 불안감과 불신감을 증폭시키는 결과를 낳는다는 것이었다. 아울러 '과학적인 지식에 근거한 정보의 제공', '안전성과 경제 효과를 똑같은 잣대로 생각하지 않는다'라는 원칙과 더불어 이해하기 쉬운 말로 설명하도록 주의했다. 반년에 걸친 설명회는 109회를 넘겼다. 그동안 담당팀의 직원은 연이은 잔업으로 휴일도 없었다. 매일같이 청사의 경비원에게서 "오늘도 여러분이 맨 마지막이네요"라는 말을 듣곤 했다.

(3) 리스크 매니지먼트의 본질

위원회에서의 논의를 바탕으로 하는 처리의 기본적인 개념은 다음 세 가지였다.

① 사전에 다양한 사고의 가능성을 검토하여 발생 가능성과 사고 발생 시 피해의 크기를 우선적으로 고려하면서 대책을 강구할 것 (=risk management).
② 사고를 방지하는 다중의 대책(=fail safe)을 마련할 것.
③ 만일 사고가 발생할 경우 피해를 최소화하는 대책을 강구할 것 (=safety net).

하지만 이러한 개념은 시민에 대해서는 어디까지나 '평계'에 지나지 않는다. '사고가 발생한다는 것이 말이 되느냐'고 질책을 받을지도 모른다. 그러한 걱정을 해소하지 못한 채 시민설명회는 전개되고 있었다.

당초 PCB에 대한 정확한 지식을 가지고 있던 사람은 많지 않았고, 과도한 공포감, 처리시설에 관한 정보 부족, 행정에 대한 막연한 불신감 등에 기인해 '어쨌든 반대'한다는 의견이 많았다. 물론 욕설을 퍼부어대는 사람들도 있었다. 하지만 다수의 시민들은 비교적 냉정하게 받아들이고 있었다. 우리 시에는 공장근무 경험자가 많기 때문에 어떤 시설에서도 무사고란 있을 수 없다는 것을 경험상 잘 알고 있었던 것이 아닐까 생각한다.

(4) 철저한 정보공개와 설명책임

PCB 처리시설 등 소위 '혐오시설'에 대해 주변 주민들은 '불안감(유해물질이 새는 것은 아닐까?)', '불신감(부적절하게 처리되고 있지 않을까?)', '불쾌감(어떻게 해서 우리 집 주변에 입지하게 되었을까?)' 등을 느끼는 것이 현실이다. 앞서 설명한 리스크 매니지먼트라는 개념은 '불안감'을 불식시키는 데 어느 정도는 유효하지만, 그 이상의 감정에는 대응할 수 없다.

따라서 '불신'을 해소하기 위해 시설의 계획단계에서부터 공개적으로 사업을 추진하여, 완성 후에는 누구나 시설을 견학할 수 있도록 했다. 아울러 시민과 전문가를 포함한 'PCB 처리 감시위원회'를 설치, 모든 시민의 감시하에 사업을 추진한다는 것을 약속함으로써 상당한 이해를 얻을 수 있었다.

하지만 '왜 기타큐슈시인가, 왜 와카마쓰구인가'라는 '불쾌감'과 관련해서는 명쾌한 대답을 하기가 매우 어려웠다. 우리로서는 어디에선가 반드시 처리하지 않으면 안 된다는 점, 장기간에 걸쳐 공업도시로 성장해 왔다는 점, 그리고 에코타운의 경험이 있는 기타큐슈시라면 안전하게 처리할 수 있다는 점 등을 들어 이해를 구할 수밖에 없었다.

(5) 주민투표를 실시하라

입지반대파는 주민투표의 실시를 주장했다.

'일반적으로 그 이익이 국민 전체(또는 지구 전체)에 미치는 사업인 경우 특정 지역에서의 주민투표라는 방법이 과연 옳은 것일까?' 쓰레기 소각공장과 처분장의 입지로 고민하던 환경국 직원들은 늘 그러한 의문을 지니고 있었다. 폐기물 처리시설은 산업과 생활을 지탱하는 중요한 인프라로서, 지역의 의견만으로 그 입지 여부를 결정하는 것은 전국적으로 시설정비가 불가능하게 될 우려가 있다.

그 시설이 환경오염원이거나 직접적인 피해를 미치는 것이라면 어쩔 수 없지만, 안정성을 충분히 확보할 수 있는 기술적인 뒷받침이 가능한

경우도 있다. 그렇다면 주민의 의견을 충분히 수렴한 후 리스크 매니지
먼트 절차를 확실하게 실천한 뒤 행정이 책임을 지고 정책 판단을 결정
하여 주민의 대표인 의회와 논의하는, 이러한 과정이 기본적인 것이 아
닐까 한다.

(6) 위원과 시민과의 의견 교환 모임

사진4-2 위원과 시민의 의견 교환 모임

안전성검토위원회는 PCB 처리
에 관한 시민의 질문에 대처하고,
시민과 위원이 과제를 함께 고민
하는 '의견 교환 모임'을 개최하기
로 했다. 2001년 5월 26일 와카마
쓰구 시민회관은 약 450명의 시민
의 열기로 가득 찼다.

먼저 시민설명회에서 수렴한 대표적인 질문에 대해 분야별로 5명의
위원들이 각자 전문적인 견해를 설명하고, 다음으로 회의에 참가한 사람
들과 질의응답 시간을 가졌다. 질의응답의 사회는 아사노(淺野) 위원이
보았고 참가자에게 손을 들 것을 부탁한 뒤 지명하는 방식을 취했다. 사
실 의견 교환 모임을 개최하기 전 주최 측은 '반대하는 시민' 대 '완강한
행정'이라는 흔히 발생하는 구도로 전개될 것이라고 염려하고 있었다.

분명 전반부에서는 불안감과 환경오염 등을 문제시하는 반대의견이
많았다. 하지만 후반부에서는 "실제로 일해본 적이 있다", "현재도 보관
하고 있으며 처리할 수 없어서 매우 곤란하다", "인재와 기술을 가진 기
타큐슈시야말로 처리해야 한다" 등의 의견이 제시되었다. 그 결과 다음
날 신문에서는 'PCB 시설에 대해 찬반 격론'이라는 제목으로 기사화되
었다.

모임이 끝난 후에는 참가한 전원에게 설문조사표를 배포하여 의견과 질문을 받았다. 나중에 위원회에서는 이에 대한 답변과 시의 방침을 함께 보고서로 정리하여 홈페이지에 게재했다.

　이 모임에서 단상에 있었던 한 위원은 "환경 분야에서 오랫동안 일을 해왔지만 이런 경험은 처음이다. 다리가 떨렸다"라며 당시의 긴장을 전했다. 또 다른 한 위원은 "나는 환경 분야의 연구자이지만, 실제로 이것을 해결했다고 말할 수 있는 사례는 매우 적다. 반드시 PCB 처리를 위한 해결책을 마련하고 싶다"고 강하게 결의하고 있었다.

(7) 학자의 발언, 언론의 자세

　이 시기 입지에 반대하는 시민단체는 '생명이 위험에 노출된다' 등의 현수막을 들고 해골 마크의 모자를 쓴 채 가두 행진을 벌였다. 또한 PCB의 위험성을 강조하는 학자를 초대한 강연회 등도 열었다. 어느 날 다이옥신 문제로 상당히 유명해진 학자가 "운반 도중에 PCB가 유출된다면 주민은 전원 이주해야 한다"라고 발언한 내용의 기사가 전국지의 지방면에 게재되었다. 이 학자에게 직접 진의를 물어봤더니 "탱크 로리로 운반하는 도중에 전복사고 등이 일어나 회수 불능이 된 경우"에 그렇다며 단서를 달았다. 실제로 그러한 운반은 거의 있을 수 없기에, 리스크 매니지먼트 관점에서 냉정한 발언을 기대했었는데 안타까웠다. 실은 학습모임이 있었던 당일에 안전성검토위원회도 개최되고 있었지만, 이 신문은 반대파의 집회만을 다루었다.

　이처럼 신문과 TV 등 언론기관의 보도가 때로는 우리를 당황하게 했다. 어느 전국지의 기사에서는 PCB의 용어해설을 "사망자 300명을 낸 가네미 기름병의 원인 물질"로 기술하고 있었다. 1968년에 인정된 환자 약 1,870명 가운데 1998년까지 306명이 사망했다는 것이다. 이는 PCB

의 독성에 대해 오해를 불러일으킬 소지가 있었다. 사실 이 기사를 읽은 한 시민이 "그렇게 맹독 물질을 취급하는 것이냐"라며 전화를 걸어오기도 했다. 이 때문에 신문사 본사에 그 취지를 전달했더니, 그 후 "인정환자는 1,867명에 지나지 않는다(이 가운데 국가가 파악한 생존자는 현재 1,347명)"라는 설명으로 바뀌었다.

(8) 유치 결정

사진 4-3 환경대신에게 유치 결정을 전달

2001년 8월 20일 안전성검토위원회는 "처리기술은 신뢰할 수 있을 정도로 충분하다"라는 결론을 내리고, '입지를 수용할 경우의 유의사항'을 담은 보고서[기타큐슈 PCB 처리 안전성검토위원회보고서(北九州PCB處理安全性檢討委員會報告書)]를 시장에게 제출했다. 보고서의 요점은 ① 기술적인 안전성 확보, ② 사업관계자 책임의 명확화, ③ 리스크 커뮤니케이션의 중요성 등 세 가지였다.

9월 6일 안전성검토위원회의 제안과 시민의 의견을 고려한 시의 방침을 시의회에 설명했다. 일부 시민들이 여전히 불안해하고 있다는 것을 부정하지 않으면서, "완전히 100% 안전하다고는 말할 수 없지만 확실하고 적절하게 처리하는 시스템 구축, 만일의 긴급사태에 대비하여 악영향을 최소한으로 억제할 수 있는 시스템 구축, 철저한 정보공개, 시민을 포함한 감시 체계의 구축 등을 통해 PCB 처리사업에서 높은 안전성을 확보할 수 있다"라고 밝히며 국가의 사업추진을 받아들이고 싶다는 내용이었다.

시의회는 처리기술과 안전성 확보, 정보공개 등 다양한 각도에서 질문을 해왔고, 9월 26일 시의회 8개 모임이 PCB 처리시설 입지와 관련한 조건 등을 담은 'PCB 처리사업에 관한 요망서'를 시장에게 제출했다.

10월 11일 시의회 의장이 함께한 자리에서 시장이 환경대신에게 유치를 위한 조건 등을 제시했고, 대신이 이를 승인함으로써 PCB 처리시설의 입지가 정식으로 결정되었다.

(9) 어업협동조합과의 협의

그런데 그 후 생각지 못했던 일이 발생했다. 입지를 결정한 후 어업협동조합 관계자로부터 "설명을 듣지 않았다"라는 이견이 제시된 것이다. 이번 시설은 처리공정의 배수를 외부로 배출하지 않기 때문에 주로 '육지'의 생활자를 대상으로 설명했을 뿐, 확실히 '바다'의 생활자에게는 설명하지 않았다.

결국 재차 설명회를 개최했다. 어업협동조합 관계자의 이해를 얻기 위해 이듬해 8월까지 약 1년에 가까운 시간이 필요했다.

(10) 리스크 케뮤니케이션의 장─긴장하는 감시위원회

유치 결정 후에는 'PCB 처리감시위원회'를 구성하는 작업에 들어갔다. 감시위원회의 정원은 12명으로 전문위원 5명, 시민위원 7명으로 구성했다. 시민위원의 공개 모집에는 54명이 응모했고, 작문심사, 면접을 거쳐 대학생을 포함한 5명이 선출되었다.

감시위원회의 설치는 안전성검토위원회의 제안을 수용한 것이었다. 감시위원회에 법적인 권한은 없지만 사업의 계획단계부터 설비설계 등의 설명을 듣고, 조업 시작 후에는 시설을 방문하거나 서류를 열람할 수 있다.

그림 4-1 감시위원회의 체계

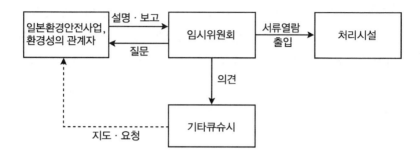

감시위원회의 의견은 행정의 지도 등을 통해 사업에 반영하도록 했다.

위원회는 2002년 2월의 첫 번째 모임을 시작으로 대략 3개월마다 개최되었고, 2007년 말까지 18회 열렸다. 당초 위원회의 활동은 사업계획에 대한 논의가 중심이었지만, 점차 간토(關東) 지구 등 민간이 소유한 처리시설에 대한 시찰도 포함되었다. 또한 시설을 준공한 후인 2004년 7월 제9회 위원회에서는 시설 내부를 시찰했다. 시설을 본격적으로 가동한 후인 2005년 3월 제11회 위원회에서는 폐기물 반입·처리 상황, 환경 모니터링 상황, 그리고 당시 발생한 후쿠오카현 세이호오키(西方沖) 지진에 대한 대응 상황 등을 논의했다.

감시위원회는 사업의 진척상황과 그때그때의 사건 등 시의적절한 관심사항을 의제로 설정하여 PCB 처리사업에 대한 리스크 매니지먼트의 장으로서 기능하고 있다.

아울러 감시위원회도 안전성검토위원회와 동일하게 모두 공개적으로 추진하고 있으며 자료와 회의록은 홈페이지에 게재하고 있다. 또한 매회 회의 결과를 실은 ≪감시위원회소식지≫를 발행해 와카마쓰구 내의 모든 세대인 약 4만 세대에 발송하고 있다.

감시위원회는 시 공무원에게, 그리고 환경성과 사업주체인 (주)일본환경안전사업(日本環境安全事業)에게 대본이 없는 '긴장되는' 장이지만, 처리가 완료될 때까지 지속적으로 개최할 것을 시민과 약속했다.

(11) 진화하는 감시위원회

감시위원회의 시민위원 중에는 기술 분야에 대해 완전히 아마추어인 사람이 많다. 하지만 구체적인 설계내용과 실무적인 기준을 이해하면서 당초 막연한 불안감에 기초했던 의견이 점차 실무적이고

사진 4-4 완성된 처리시설(제1기 사업)

발전적인 질문으로 변해갔다. 또한 위원회는 기존의 민간 처리시설을 시찰한 경험으로 '안심감'이 높아졌다고 생각하게 되었다.

시설 가동 후 처리기술에 대한 불안은 감소했지만, 구체적인 운반방법과 요금제도 도입에 따른 배출자의 저항감 등에 관한 질문이 증가했다. 또한 전문위원이 설명하는 '리스크 매니지먼트'의 개념에 대해서도 이해가 깊어졌다. 위원회의 지속이 힘이 된 것이다.

일련의 과정을 거쳐 담당 직원의 의식도 크게 변했다. 안전성검토위원회에서의 날카로운 지적과 다양한 시민들의 생생한 목소리, 아울러 감시위원회의 다양한 질문과 의견 등을 직접 듣고 회답하는 과정을 통해 일방적인 정보제공이 아닌 의견을 양방향으로 교환하는 '리스크 케뮤니케이션'의 본질이 서서히 몸에 배고 있는 것이 아닐까 생각한다.

(12) 이론과 실천의 차이

"처음부터 특정 장소를 상정하는 것이 아니라 시내의 후보지를 복수

로 제시하여 검토했어야 했다." 이것은 입지 결정 후 잠시 동안 우리
시에 조사하러 왔던 환경학자의 제안이다. 즉, '전략적 환경평가(SEA:
Strategic Environmental Assessment)'라는 측면에서 판단했을 때 이번 절
차는 의문이라는 것이었다.

일반적으로 SEA란 정책과 계획을 결정할 때 이용되는 방법이며, 시설
정비 등의 개별 사업을 대상으로 통상적인 환경영향평가를 실시하기 전
단계의 방법이다. 이를 통해 좀 더 광범위하게 환경을 배려할 수 있다는
점에서 현재 그 도입이 논의 중에 있다.

실은 우리 시에서도 당초 그 방법을 전혀 생각하지 않았던 것은 아니
며, 간단한 모의실험을 실시하기도 했었다. 하지만 이번 사례의 경우 용
도지역과 기존 산업과의 연계, 유휴지의 상황, 시가지와의 거리 등 사회
적인 조건 등을 감안했을 때 현재의 입지지역 외에는 마땅한 장소가 사
실상 없었기 때문에 SEA는 현실적으로 불가능하다고 판단했다. 역으로
처음부터 입지지역을 정한 후 검토를 추진했기 때문에, 오히려 자치구
내의 모든 주민자치모임을 대상으로 설명회를 실시하는 등 치밀하게 대
응할 수 있었던 것도 사실이다.

4. PCB 처리 현황

(1) 전국에서 시행되고 있는 PCB 처리

우리 시에 PCB 처리시설의 입지가 결정되고 난 후 아이치현(愛知縣)
도요타시(豊田市), 도쿄도(東京都), 오사카시(大阪市), 무로란시(室蘭市)에서
시설정비가 결정되었으며, 전국적으로 PCB 처리 체계가 마련되고 있다.

2004년 12월부터 본격적으로 가동되고 있는 우리 시의 PCB 처리사

표 4-1 **전국 일본환경안전사업 PCB 처리시설**

사업소	소재지	조업 시작	처리대상지구	PCB 처리 방식	능력
도요타	도요타시 호소야정 (豊田市谷町)	2005년 9월	기후(岐阜), 시즈오카(静岡), 아이치(愛知), 미에(三重)	탈염소 화분해	1.6톤/일
도쿄	도쿄도 고토구(東京都江東區)	2005년 11월	사이타마(埼玉), 치바(千葉), 도쿄(東京), 가나가와(神奈川)	수열산 화분해, 탈염소 화분해	2톤/일
오사카	오사카시 고노하나구(大阪市此花區)	2006년 10월	시가(滋賀), 교토(京都), 오사카(大阪), 효고(兵庫), 나라(奈良), 와카야마(和歌山)	촉매수 소화탈 염소화 분해	2톤/일
홋카이도	홋카이도 무로란시 (北海道室蘭市)	2008년 4월 예정	홋카이도(北海道), 아오모리(青森), 이와테(岩手), 미야기(宮城), 아키타(秋田), 야마가타(山形), 후쿠시마(福島), 이바라키(茨城), 도치기(栃木), 군마(群馬), 니이가타(新潟), 도야마(富山), 이시카와(石川), 후쿠이(福井), 야마나시(山梨), 나가노(長野)	탈염소 화분해	1.8톤/일
기타 큐슈	기타큐슈시 와카마쓰구(北九州市若松區)	2004년 12월 (2기: 2009년 3월 예정)	돗토리(鳥取), 시마네(島根), 오카야마(岡山), 히로시마(廣島), 야마구치(山口), 가가와(香川), 도쿠시마(德島), 에히메(愛媛), 고치(高知), 후쿠오카(福岡), 사가(佐賀), 나가사키(長崎), 구마모토(熊本), 오이타(大分), 미야자키(宮崎), 가고시마(鹿兒島), 오키나와(沖縄)	탈염소 화분해 (2기: 탈염소 화분해)	0.5톤/일 (2기: 1톤/일)

업은 순조롭게 추진 중이지만, 전혀 문제가 없는 것은 아니다. 2006년 9월 말 시설의 천정 일부가 떨어지는 사고가 발생했다. PCB 유출은 없

었고, 사고 자체는 경미한 것이었다. 이 때문에 당초 사업자는 외부에 발표할 필요가 없다고 판단했다. 하지만 시청은 이러한 대응이 시민과의 리스크 커뮤니케이션이라는 관점에서 볼 때 문제가 있다고 판단해 언론기관에 보도하기로 결정했다. 결과적으로 사고 내용보다는 발표가 3일 지연되었다는 점이 비판적으로 보도되었고, 다시 한 번 리스크 커뮤니케이션의 의미를 되새기게 했다.

사진 4-5 무너져 내린 천정의 상태

현재 2009년 3월 조업을 목표로 일본 서부지역 17개 현의 분량을 처리할 제2기 시설이 건설되고 있지만 향후에도 안전하고 치밀한 운전이 요구된다. 이를 위해 사업자의 대책, 행정의 검사는 물론 시민의 눈으로 감시하는 것이 중요하다.

특히 ① 사업자는 운반, 처리, 환경관리에 대한 자료와 사고 등의 사례를 신속하고 정확하게 공개해야 하며, ② 사업에 대한 시민과 언론기관의 지속적인 관심도 필요하다.

시민과 언론기관의 지속적인 관심이라는 측면에서는 반대운동을 전개한 시민단체가 중요한 역할을 담당할 수 있을 것이다. 언론기관은 사고 등의 문제가 발생하지 않는 한 PCB 처리사업을 다루지 않는다. "PCB 처리시설이 있습니까?"라고 묻는 기자도 있다. 한편 시민단체는 지금도 감시위원회의 방청에 빠지지 않고 있다. 이는 행정과 사업자가 긴장감을 놓지 못하도록 도와주며, 사업의 안전성 확보에 커다란 효과를 미치고 있다.

아무튼 관계자 간의 협력하에 PCB 처리사업이 안전하고 원활하게 추진될 수 있도록 노력하여 20세기의 부(負)의 자산이자 세계적으로 시급히 처리해야 할 PCB 문제를 해결해나갈 필요가 있다.

시 직원의 사명감과 노력이 시민의 마음을 움직였다
마쓰나가 와키(松永和紀) 과학 평론가

"저는 기타큐슈시에서 태어나 자랐고, 누나의 친구는 가네미 기름병 환자였습니다. 시민이 PCB를 무서워하는 마음을 잘 압니다. 그래서 더욱 가네미 기름병과 같은 피해가 두 번 다시 발생하지 않기 위해 기타큐슈시가, 자신이 무엇을 할 수 있을지에 대해 생각해야 합니다."

2001년 PCB 처리시설 건설과 관련해 취재를 하기 위해 시청을 방문한 나에게 당시 환경산업정책실장이었던 가키사코 히로토시(垣迫裕俊) 씨가 들려준 이야기를 지금도 생생하게 기억하고 있다.

기타큐슈시가 PCB 처리와 관련해 추진해온 리스크 커뮤니케이션은 과학적인 정보를 시민에게 알기 쉽고 정확하게 전달하고, 시민의 이해를 넓힌 모범적인 사례로서 높이 평가받고 있다. 시민이 사업 감시라는 형태로 지금도 리스크 관리에 참여하면서 커뮤니케이션은 계속되고 있다.

하지만 과학적이고 알기 쉽게 정보를 제공한다고 해서 반드시 시민이 참여하는 것은 아닌 듯하다. 기타큐슈시의 사례를 취재하면서 느낀 점은 가키사코 씨의 말에서 느껴지는 바와 같이 공무원의 사명감과 노력, 열의야말로 시민의 마음에 커다란 공감을 불러일으켰으며 리스크를 솔직하게 이야기할 수 있는 토양을 점진적으로 쌓아올렸다는 사실이다.

처음에는 가시밭길이었다고 생각한다. 전문가로 구성된 PCB 안전성검토위원회는 처음부터 "아무리 노력해도 예상치 못한 문제가 발생할 우려가 있으며 리스크는 제로가 아니다. 절대로 안전하지 않다는 것을 시민에게 전달하는 것이 중요하다"는 인식을 버리지 않았다. 하지만 시민은 리스크라는 개념에 익숙하지 않았다. 과거 이러한 시설을 건설할 경우 행정은 "절대로 안전합니다", "사고는 일으키지 않겠습니다"라고 설득하는 것이 대부분이었다. 그런데 기타큐슈시는 '절대로 안전'이라고 말하지 않았던 것이다. 시민들의 저항감은 상당했다.

더군다나 시민들은 일본 서부지역 17개 현의 PCB를 처리하는 것을 문제시했다. 시설 건설에 반대하는 사람들의 이야기를 들어보면 "기타큐슈시와 후쿠오카현의 PCB를 처리하는 것이라면 거부하지 않는다. 자기 지역의 쓰레기는 자신들이 처리해야 한다. 하지만 서부지역 17개 현에 있는 PCB를 전부 수용하는 것은 말도 안 된다. 각 현이 각자 책임을 지고 처리하면 문제가 되지 않는다"고 지적했다.

지역 주민의 감정도 잘 이해할 수 있다. 하지만 전문가가 모든 힘을 결집하여 처리하는 방식이 비용을 크게 줄이고 리스크도 적다는 것이 과학적인 사실이다. 아울러 PCB가 보관된 장소에서 처리장까지 운반하는 리스크는 각 현별로 처리하더라도 기타큐슈로 반입하는 경우도 발생한다. 그렇다면 PCB 운반용 특수차량을 제작하고 계획을 수립하여 17개 현의 보관분을 순차적으로 처리하는 것이 비용이 적게 들고 리스크도 적다.

어딘가에서 받아들여 집중적으로 처리하는 것이 좋다는 것이다. 과학적으로 생각하면, 결론을 내는 것은 그렇게 어려운 일이 아니다. 하지만 '왜 우리 마을이…'라는 주민의 저항감은 불식되지 않았다. 더군다나 사람들의 불안감은 단순하게 정리할 수 있는 것이 아니다. 사람들은 자신이 듣고 싶지 않은 정보는 적극적으로 듣지 않으려고 행동하거나, 귀에 들어와도 곧바로 잊어버리는 경향이 있다고 한다. 그렇게 해서 분열할 것만 같은 자신의 감정을 유지하는 것이다.

PCB 처리시설의 건설을 반대하는 사람들의 이야기를 들었을 때 내 나름대로는 "이런 생각도 있습니다"라고 17개 현의 PCB를 처리하는 이점 등을 설명해보았지만, 전혀 들어주지 않았다.

그렇다면 많은 시민들의 이렇게 복잡한 마음을 억지로 열고 '자신들의 역할은…'이라고 생각하는 방향으로 유도한 것은 과연 무엇이었을까?

이는 전문가의 과학적이고 알기 쉬운 설명이 아니었다. 시 공무원이 시민을 움직였다. 담당 직원은 전화와 이메일 등으로 개별 질문에 신속하게 답변하고, 오라고 하면 어떤 규모의 집회에도 달려갔다. 때로는 시민과 논의해서 확실하게 리스크를 관리하겠다는 중요성을 전달했다. 위원회 자료도 바로 공개하여 시민들도 알기 쉽게 보고서를 작성했다.

반대운동에 참여하다가 도중에 그만둔 한 시민은 나중에 나에게 "보고서와 자료를 읽고 기타큐슈에서 집중적으로 처리해야 하는 합리적인 이유를 깨달을 수 있었다. 이와 더불어 시 공무원의 열성에 이러한 사람들이라면 믿을 수 있었다"라고 말하기도 했다.

현재 전국 각지에서는 과학기술과 식품 등에 대해 국가와 지자체가 주최하는 리스크 커뮤니케이션(의견 교환 모임)이 개최되고 있다. 이들은 과학적인 정보를 알기 쉽게 전달하는 것에 심혈을 기울이고 있다. 하지만 아마 그것만으로는 부족할 것이다. 진지한 토론과 마음의 소통을 계기로 시민은 정보 수집에 발 벗고 나서고, 자기 자신의 힘으로 과학적인 판단을 끌어내야 한다. 시민은 그러한 힘을 가지고 있다. 나는 그것을 PCB 처리시설 문제를 통해 기타큐슈시민과 시 직원에게 배웠다.

제5장

우리 주변의 자연을 지키기 위해

녹지와 함께 생활한다

1. 기타큐슈시의 자연은 어디에 있는가?

(1) 도시와 이웃한 자연

우리 시의 약 40%에 해당하는 약 1만 8,000ha는 산림이다. 이것은 단순히 수치상으로뿐만 아니라 일상생활 속에서도 실감할 수 있다.

예를 들어 우리 시의 대동맥인 도시고속도로 4호선은 우리 시의 상징인 사라쿠라 산(皿倉山) 기슭을 동서로 지나고 있고, 자동차 차창 밖으로는 사라쿠라 산의 산줄기와 풍경이 펼쳐진다. 또한 도심에서 40분 정도 남쪽으로 차를 타고 가다 보면 국가 지정 천연기념물인 녹색의 초원과 카스트(Karst, 석회암 지대) 대지인 히라오(平尾) 대지가 펼쳐진다.

아울러 약 2,400ha의 농지가 평야에서 중산간 지역까지 펼쳐져 채소, 벼농사, 축산, 원예, 과수 등 지역의 특성을 활용한 다양한 농산물이 생산되고 있다. 그 중에서도 겨울 양배추 재배 면적은 규슈지역 중 최대이고, 수박 생산량은 현 내 1위, 죽순과 쑥갓의 산지로도 유명하다. 특히 '오우마(合馬) 죽순'은 기타큐슈 브랜드 농산물로서 교토를 비롯해 간사

사진5-1 사라쿠라 산 기슭을 지나는 도시고속도로 4호선

사진5-2 녹지의 초원과 카스트 대지인 히라오 대지[<봄의 채색> 사사키 교코(佐々木京子) 씨]

사진5-3 고쿠라미나미(小倉南) 구 소네 신덴(曾根新田) 지구의 논

사진5-4 와카마쓰구 아리게(有毛) 지구의 밭

이(關西) 시장에서 높은 평판을 얻고 있다.

농업은 식료 공급이라는 본래의 역할 이외에도 국토보전, 자연환경보전 등 환경보전에 공헌하는 공익적인 기능을 가지고 있다. 즉, 농업을 통해 유지되어온 자연도 있다는 것이다.

예를 들어 갯벌 배후지로 펼쳐진 논은 겨울에 날아드는 수많은 철새들이 서식하는 장소이고, 종횡으로 늘어선 수로에는 송사리 등 담수어가 생식하고 있다. 또한 광대한 밭에서는 나비 등의 곤충이 날아다닌다.

(2) 도시 속 자연―하천이 빛나고, 사람이 빛나는 시바 천

우리 시의 도심, 고쿠라기타(小倉北)구를 넉넉하게 흐르는 시바카와.

사진 5-5 시바 천의 과거(1970년대)

⇩

사진 5-6 사백어가 거슬러 오르는 시 바천

사진 5-7 시민들로 붐비는 여름의 시바 천[<여름의 하천> 가와노 사에코(河野サエ子) 씨]

갈매기가 날고, 은어와 사백어(死白魚)가 거슬러 오르며, 날씨가 좋은 주말에는 형형색색의 카누와 보트로 붐빈다.

과거 이 강은 하천 침전물과 쓰레기가 떠다니는 죽음의 강이었으며, 하천변의 건물은 모두 하천을 등지고 지어졌다. 하지만 장기간에 걸친 하수도 정비 결과 살아 있는 강으로 회생했다. 특히 1990년부터 시작한 '시바(柴) 천 나의 도시 나의 강 정비사업'으로 하천 개수와 도로·공원 등의 기반 정비가 일제히 실시되었고, 치수대책과 함께 기타큐슈시의 명소 만들기가 추진되었다.

자연을 테마로 한 10개의 다리(테마: 바다, 불, 나무, 돌, 물새, 태양 등), 폭포 및 바다 광장을 정비하여 상업시설과 일체시켜 하천·자연·환경에 대한 이해를 넓히는 체험학습시설인 '수환경관(水環境館)'을 건설하고 있

사진 5-8 살아 있는 화석인 투구게가 산란하
기 위해 찾아온 소네 갯벌

사진 5-9 소네 갯벌과 배
후지에 펼쳐진 논

사진 5-10 후쿠오카현 멸
종위기종 마도요[모리모토
요시토(森本嘉人) 씨]

사진 5-11 간몬(關門) 해
협을 건너는 직박구리 무
리[모리모토 요시토(森本
嘉人) 씨]

다. 이곳에는 하천을 직접 관찰할 수 있는 하천 관찰 유리창과 대표적인
생물을 전시한 생태수조가 있다. 다양한 생물이 서식할 수 있는 자연환
경이 도시 속에 탄생하게 되는 것이다. 지금은 하천을 향해 건물을 짓는
등 마을만들기가 실현되고 있다.

(3) 주변에 서식하고 있는 생물

우리 시는 중국 대륙 및 한반도와 가깝기 때문에 대륙 계통의 조류와
일본을 종단하는 조류가 교차하는 '철새 이동의 십자로'로 불린다. 그
가운데서도 중요한 물새 수용지역이 규슈에서 최대인 소네(曾根) 갯벌이다.
다음은 일본야생조류모임 기타큐슈 지부장인 모리모토 요시토(森本嘉

사진 5-12 구사마(朽網) 천 하구의 물
총새[모리모토 요시토(森本嘉人) 씨]

사진 5-13 가와치(河內) 저수지의 물
총새[모리모토 요시토(森本嘉人) 씨]

人) 씨에게서 들은 소중한 이야기다.

소네 갯벌과 그 배후지인 논과 초지에서 확인된 야생조류는 약 260종이다. 시내에서 확인되고 있는 새가 337종에 불과하다는 점에서 이 일대가 얼마나 많은 야생조류를 수용하고 있는지 알 수 있다.

아울러 일본에서 확인된 야생조류는 약 600종, 이 가운데 절반 가까이가 시내에서도 확인되고, 또한 멸종위기에 처해 있는 야생조류 90종 가운데 59종이 확인되고 있다. 이것은 야생조류가 생식하기 위해 필요한 갯벌과 수변, 산림과 초지 등 다양한 자연환경이 우리 시에 남아 있고, 유지되고 있다는 증거다.

아울러 20년 전에는 환상의 새라고 불리던 물총새를 지금은 주변에서도 볼 수 있다. 물총새는 밝은 청색의 등과 오렌지색의 복부 등 보석 같은 색채를 띠고 있어 '비취'라고도 불리는 야생조류다.

이 외에도 우리 시에는 식물 1,528종, 포유류 26종, 파충류 11종, 양성류 14종, 담수어류 77종 등이 확인되고 있다. 이들 종의 다양성을 측정하는 지표는 없지만, 많은 야생조류가 생식하기 위해서는 먹이가 되는 곤충과 작은 동물 등 다양한 생물이 필요하다. 또한 이들 생물이 서식하기 위해서는 이들을 떠받치는 다종다양한 식물 등이 필요하며, 다종다양한 식물 등이 생육하려면 풍부한 자연환경이 필요하다.

따라서 야생조류의 보고인 기타큐슈시는 다양한 자연환경을 기반으로
하는 도시인 셈이다.

2. 자연의 위기

(1) 희박해지는 사람의 관여

자연보호라는 말의 의미는 원래 자연에는 손을 대지 않고 자연환경을
보호한다는 의미에서 사용되었다. 하지만 현재는 다음과 같이 넓은 의미
로 쓰이고 있다.

- ○ 가능한 한 인위적인 영향을 미치지 않도록 한다.
- ○ 어느 정도의 영향은 허용하면서 한도를 넘지 않도록 주의한다.
- ○ 인위적인 행위를 더해 일정 상태를 유지한다.
- ○ 적극적으로 인위적인 행위를 더해 수복·회복을 도모한다.

국가는 장래에도 자연의 은혜를 향유할 수 있도록 '자연공생사회'를
구축하여, '지속가능한 사회'를 창조하기 위한 기본계획으로서 '제3차
생물다양성 국가전략'을 수립했다.
이 국가전략에서는 다양한 생물이 서식할 수 있는 환경을 위협하는
요인으로 세 가지 위기를 들고 있다.

- ○ 첫 번째 위기는 인간활동과 개발에 따른 위기
- ○ 두 번째 위기는 인간활동의 축소에 따른 위기
- ○ 세 번째 위기는 인간이 반입한 것에 따른 위기

표 5-1 **시내 연령별 산림 조합 작업원 수**

29세 이하	30~39세	40~49세	50~59세	60세 이상	합계
2명	3명	1명	10명	20명	36명

우리 시의 경우 특히 두 번째 위기에 직면하고 있다.

(2) 우리 시의 산림 위기

규슈 북부의 산림은 밤나무, 떡갈나무, 동백나무와 같은 상록의 산림으로 변하면서 넓은 나뭇잎이 산림 전체를 덮는 어두운 산림으로 변하고 있다. 일찍이 사람들은 산속에 들어가 연료로 쓸 나무를 적당히 벌채하여 숯을 만들고 퇴비로 쓸 낙엽을 모았으며, 그 결과 밝은 산림을 유지해왔다. 이 밝은 산림에서는 봄이 되면 다양한 식물이 꽃을 피우고, 곤충이 몰려들고, 쥐와 뱀과 야생조류도 서식할 수 있었다. 우리 시에서 가장 깊은 산인 후쿠치 산(福智山)에는 옛날의 숯가마 흔적이 남아 있고 그 주위의 산림을 벌채한 자국도 남아 있다. 그 중에서도 사람의 손으로 조림된 삼나무와 노송나무 산림의 경우에는 정기적인 관리가 필요하다.

환경성에 따르면 사람의 손으로 관리되고 있는 산림은 일반적으로 사토야마(里山)라 불리는데, 이 사토야마를 포함한 사토치 사토야마(里地里山)[1]가 전국 희소종 집중분포지역 가운데 50% 이상을 차지하고 있다. 산림과 사토야마의 위기는 생물의 위기인 것이다.

현재 우리 시에서도 산림을 관리하는 사람들이 감소하고 있으며 고령화가 진행되고 있다.

---

1) 사토치 사토야마란 산과 도시 중간에 위치하여 취락지역과 이를 둘러싸고 있는 산림, 농지, 저수지, 초원 등으로 구성된 지역을 뜻한다(역자 주).

표 5-2 시내 연령별 기간적인 농업 종사자 수(2005년)

29세 이하	30~39세	40~49세	50~59세	60세 이상	합계
36명	72명	150명	331명	1,607명	2,196명

(3) 우리 시 농업의 위기

농업도 산림과 비슷한 상황이다. 농업은 식료생산 활동이지만 그 활동 과정을 통해 논에서는 용수로에 물을 흘리고 밭에서는 흙을 갈아 부드러운 토양을 만든다.

이러한 농업활동이 봄에는 종다리가 지저귀고 나비가 춤추는 연꽃 밭, 여름에는 하루가 다르게 색깔이 짙어지는 푸른 밭, 가을에는 황금색으로 빛나는 논, 그리고 겨울에는 쥐 죽은 듯 조용한 경치 등 농촌 특유의 경관을 창출하는 것이다. 그리고 이러한 경관 속에서 생물에 필요한 다양한 서식환경을 만들어내고 있다.

식량자급률이 40% 이하로 떨어지면서 전국에서는 농업에 대한 위기의식이 증대되고 있다. 우리 시의 농업도 다양한 과제를 안고 있는데 무엇보다 농업종사자의 고령화가 진행되면서 장래에도 농업이 지속될 수 있을지 염려된다.

(4) 우리 시의 산림 위기

우리 시 산림의 약 7%인 1,386ha는 대나무 숲이다. 이 대나무 숲의 중심은 맹종죽(孟宗竹)이고, 기초자치단체 단위 중에서는 일본에서 가장 넓은 면적을 소유하고 있다 해도 과언이 아니다. 그런데 현재 이 대나무 숲이 제대로 관리되지 않아 주위의 산림이 위협받고 있다. 대나무는 땅속의 뿌리를 연장해 주위의 산림으로 확장한다. 그리고 봄 죽순은 하루에 80cm나 자라는 강력한 성장력으로 다른 수목을 능가해 잎사귀를 넓혀 햇빛을 빼앗는다. 그 결과 많은 수목을 말라 죽게 하고 있다. 대나무 뿌리는 얕고 보수력(保水力)이 약하기 때문에 산림이 본래 지닌 물을 저장하는 기능을 약화시키고, 아울러 산림을 대나무뿐인 단순한 숲으로 바꾸어버리며, 다양한 동식물이 서식할 수 있는 환경을 빼앗는다.

(5) 대나무 숲을 구하라

황폐화되고 있는 대나무 숲, 그리고 주위의 산림을 위협하는 대나무 숲을 보전하기 위해 활동하는 NPO가 있다. 바로 기타큐슈시립대학 국제환경공학부 드완커 바트(Dewancker Bart) 준교수가 이사장을 맡고 있는 'NPO법인 기타큐슈 비오톱 네트워크 연구모임(NPO法人北九州ビオトープネットワーク研究會)'이다.

바트 교수는 벨기에서 도쿄, 그리고 우리 시로 이주해왔다. 우리 시로 온 뒤에는 환경보전 활동을 하고 싶다고 고민하던 중 마을만들기에 열심인 사람들과 만났고, "환경보전 활동이라 하면 대나무 숲"이라는 말을 들은 후 활동을 시작했다. 연구모임에는 4년간 총 1,344명이 참가하여 지금은 우리 시의 대표적인 NPO로 성장했다. 바트 교수의 활동은 완전히 우연에서 시작된 것이었다.

그 계기는 단순했다. 당초 활동에 참가한 사람들은 은퇴한 세대가 중심이었지만, 지금은 회당 참가자가 늘어 여성을 포함한 젊은 세대의 참가도 눈에 띄게 증가했다. 이러한 변화는 주로 기업의 참가에 기인한 것으로 나타났다.

바트 교수의 활동은 언론을 통해 자주 소개되었고, 기업의 문의와 강연 의뢰가 있었으며, 이런 과정을 통해 기업이 참가하게 되었다고 한다. 이러한 배경에는 사회적 책임(CRS: Corporate Social Responsibility)에 대한

표 5-3 토지이용별 면적 추이

	1963년	2005년	증감
시 면적	46,563ha (1970년)	48,681ha	2,118ha 감소
논	4,844ha	1,669ha	3,175ha 감소
밭·수림지	1,235ha	445ha	790ha 감소
산림	21,485ha	18,801ha	2,684ha 감소

기업의 관심 증대를 들 수 있다. 바트 교수는 이러한 흐름은 앞으로도 가속되고, 아울러 사회적 책임 투자(SRI: Socially Responsible Investment)와 함께 환경보전 활동에 대한 참가도 가속될 것으로 생각하고 있다.

바트 교수는 "NPO가 CRS 프로그램을 제공하는 것이 바람직하다"고 말한다. 이는 향후 환경활동 전반에 걸쳐 공통적인 힌트가 될 것으로 생각된다. 또한 "사람과의 만남, 지금까지 해본 적 없는 체험, 감동 등 솔직하게 받아들일 수 있는 마음이 있으면 활동 그 자체가 즐거워진다"라는 바트 교수의 말에 깊은 인상을 받기도 했다.

(6) 우리 시의 기타 위기

우리 시의 '인간활동과 개발에 따른 위기'는 표 5-3의 토지이용 변천에 잘 나타난다.

시가 탄생한 1963년과 비교해 농지와 산림은 감소하고 연안지역의 매립 등으로 자연 해안은 줄어들었으며 결과적으로 시 면적은 증가했음을 알 수 있다.

이러한 위기에 대해서는 시민들이 궁리해 회피·저감하려는 노력이 필요하다. 우리 시에서는 1998년 국가와 현의 기준과 동등하거나 그보다 높은 수준으로 설정한 '기타큐슈시환경영향평가조례'를, 2006년에는 소규모 개발행위의 경우에도 환경을 배려하도록 하는 '기타큐슈시환경배려지침'을 수립했고 그 운용을 통해 개발에 따른 위기의 회피와 저감에 노력하고 있다.

끝으로 '인간이 반입한 것에 따른 위기'는 다른 종(種)의 수입에 따른 생태계에 대한 영향으로, 국가에서는 이러한 위기에 대응하기 위해 2004년 「외래생물법」을 제정하여 2005년 5월부터 시행하고 있다.

기타큐슈시에서는 비교적 시민들에게 널리 알려진 수입종 11종의 서식상황에 대해 조사했다. 또한 「외래생물법」의 취지를 시민에게 알리기 위해 2005년도에는 '외래생물 무엇이 문제인가'라는 주제로 시민포럼을 개최했고, 2006년도에는 블랙 배스(Black Bass), 송어(Bluegill)를 통해 생태계를 생각하는 모임을 개최했다.

그리고 2007년도에는 생각만 하고 있을 것이 아니라 할 수 있는 것부터 행동으로 옮기기 위해 '외래 물고기를 생각한다: 낚시하고, 먹어보자 외래어(外來魚)'라는 활동을 전개하고 있다.

3. 모여라 자연의 친구들

(1) 정령시 최초의 자연환경보전 기본계획

자연환경보전에 관한 시책은 광역적인 관점이 필요하기 때문에 주로 국가와 현이 관련 업무를 담당한다. 하지만 최근 대나무 숲을 포함한 사토치 사토야마 황폐 문제, 외래종에 따른 생태계 교란, 희소종의 보호·보전이라는 새로운 과제가 부각되고 있다.

이들 과제에 대해서는 지금까지의 정책 틀을 벗어나 새로운 대책과 사업이 필요하다. 기타큐슈시는 환경수도를 목표로 시에서도 자연환경 정책을 적극적으로 추진할 필요가 있다고 판단하여 2005년 정령시 최초로 기타큐슈시 자연환경보전 기본계획(이하 자연계획)을 수립했다.

(2) 시민단체·NPO와의 철저한 의견 교환

자연환경이 안고 있는 다양한 문제에 대응하기 위해서는 행정의 힘만으로는 한계가 있다. 자연계획을 수립하기 위해 구상단계에서부터 시민과 NPO, 전문가와 행정이 함께 논의하면서 작업을 추진했다.

구체적으로는 2003년 4월부터 2005년 7월까지 총 24회, 총 420명의 참가자에게서 귀중한 의견을 듣고 자연계획을 수립했다.

(3) 자연계획의 기본 이념

이 계획에서는 단순히 자연을 지키라는 식의 단일한 발상이 아니라 '건강하고 안전한 생활, 지속가능한 사회의 구축'을 실현하기 위해 '도시와 자연과의 공생'을 기본 이념으로 설정했다.

그리고 이 기본 이념을 구체화하기 위한 우리 시의 미래상을 '도시 속의 자연, 자연 속의 도시'로 설정했다. 즉, 도시 기능과 자연 기능을 모두 발휘할 수 있는 마을이다. 인공적인 것과 자연적인 것이 조화를 이루고, 그 속에서 살아가는 인간의 생활과 모든 생물의 서식과 생육이 공생할 수 있는 마을만들기를 지향하고 있다.

이러한 공생의 개념을 나타내는 표현도 다양하다. 국가에서는 제3차 생물다양성국가전략으로서 '생명과 생활을 지탱하는 생물다양성'이고, 우리 시의 경우에는 환경수도 그랜드 디자인 시민환경행동원칙인 '자연과 지혜롭게 교류하고, 지키고, 키워나간다'이다.

(4) 자연계획의 추진―모여라 자연의 친구들

계획이 수립되면서 앞으로 나아갈 방향도 보였다. 다음 과제는 구체적으로 누가 계획을 추진하느냐였다.

그 조직이 '기타큐슈시 자연환경보전 네트워크 모임(약칭 '자연네트', 2006년 5월 설립)'으로, 계획을 수립한 후 8개월이 지나서 설립되었다.

이 8개월간 자연 분야에서 실천적으로 활동하고 있는 많은 사람들에게 '자연네트'에 참가해줄 것을 호소했다. 사교적인 사람, 열정적으로 말하는 사람, 냉정한 사람, 계획을 헐뜯는 사람 등 가지각색이었다. 만나본 사람들은 각자의 분야에서 활동하고 있었으므로 당연히 각자의 신념과 생각을 바탕으로 행동했다. 따라서 '자연네트'라는 하나의 깃발 아래 모이자는 제안에 대해서는 '왜?', '무엇 때문에?', '나와는 관계없다'는 등의 분위기가 대세였던 것이 사실이다.

하지만 결과적으로는 설립 당시 24개 단체, 6개 사업자, 다수의 자연환경 서포터, 학식경험자 등이 모였다. 이처럼 참가자가 많이 모일 수 있었던 것은 자연네트의 활동내용을 단계적으로 정리했기 때문이다. 첫 번째 단계는 '우선 모이자'였다. 이 단계에서 다른 사람들을 만날 수 있었다. 두 번째 단계는 '정보교환과 연수를 통해 서로를 알자'였다. 마지막은 '가능한 것부터, 희망하는 것을 행동으로 옮기자'였다. 갑자기 무언가를 해야 한다고 하면 사람들은 모이지 않기 마련이므로 이런 단계를 설정했다.

(5) 생물다양성을 의식한 첫걸음

지금까지 추진해온 사업을 지도하고 있는 규슈치과대학의 아라이(荒井) 교수는 "이 자연계획과 자연네트는 사회 전체가 생물다양성을 의식하게 하는 첫걸음"이라고 주장한다.

생물다양성은 산소를 만들고, 물과 영양물의 순환을 촉진하며, 먹을 것과 목재, 의약품 등 삶의 기초가 되는 것을 창출하는 등 다양한 은혜를 가져다준다. 반면 그 은혜를 당연한 것으로 향유하기 때문에 생물다양성이라는 개념 자체가 사회에 침투하지 못하는 것도 사실이다.

다행히도 자연네트는 자연 분야에 관련된, 그리고 관심 있는 다양한 입장의 사람들이 모인 집단이다. 이 집단에서는 다양한 각도에서 많은 것을 생각할 수 있는 기회를 열어준다. 회원들이 모임 활동을 통해 생물 다양성이 지닌 의미를 의식함으로써 조금씩 사회 전체로 확산될 가능성을 보이고 있다.

(6) 키워라, 새로운 자연의 친구들을

자연계획의 수립, 계획을 추진하는 자연네트의 설립 등으로 자연환경을 보전하는 시의 체계가 정비되었다. 이러한 흐름을 가속시키기 위해 시는 자연환경 서포터 육성사업을 추진하고 있다.

자연환경 서포터란 소위 '자연 분야의 시민응원단'이다. 교실강의뿐 아니라 현지조사를 포함하여 연간 수십 회의 인재 육성 강좌를 개최하고 있다. 현재 159명의 자연환경 서포터를 육성하여 기존 시민단체와 함께 자연네트 활동에 참여시켜 새로운 전력으로서 활용하고 있다.

4. 자, 행동하자!

(1) 자연네트 활동 시작

자연네트는 본연의 활동 이외에도 종래의 시민단체, NPO, 시청이 추진하는 활동에 대해 메일매거진과 소식지 발행 등을 통해 협력하고 있다. 2006년도에는 회의 등을 주최하거나 협력하여 총 27회에 걸쳐 약 1,300명이 참가했다. 2007년도에는 지금까지 다음과 같은 사업을 추진하고 있다.

① 자연환경조사 실시: 메다카(めだか) 조사대, 2007

메다카조사 · 팸
플릿 겸 조사표

우리 시의 자연환경 현황을 조사하기 위해 시가 자연네트
회원의 조언을 들으면서 조사표를 작성. 조사는 자연네트
회원 이외에도 일반시민의 참여를 통해 실시.
* 정보 제공 수 68건

② 외래 물고기 문제를 생각한다: '낚시하고, 먹어보자 외래 물고기' 실시

낚시를 통해 외래 물고기
추방 활동의 실천

자연네트 회원인 (재)타카미야마리버환경재단
(タカミヤマリバー環境財団)과 협력해 낚시를
통해 다양한 의견이 분출되고 있는 외래 물고
기 문제와 관련해 생각하고 행동으로 옮김.
* 참가자 수 84인

③ 사토야마 보전방향에 대해 연구(대나무 숲 보전에 대해)

숙사 현관에서

자연네트로서 사토야마·대나무 숲의 보전 체계
를 검토하기 위해 오이타현(大分縣) 다케타시
(竹田市) '치쿠라쿠(竹樂)'에 작업 체험을 포함
한 시찰 실시
* 자연네트 회원 참가자 수 20인

(2) 향후 자연네트 활동

자연네트는 회장을 비롯한 간부, 각 위원장, 운영 스태프, 사무국(시청)
으로 구성된 운영회의를 매월 1회(세 번째 토요일) 개최하고 있다.

이 운영회의 구성원이자 제1기 자연환경 서포터로서 다양한 활동에

참가하여 땀을 흘리고 있는 미카미 쓰요시(三上剛) 씨에게 향후 활동에 대한 의견을 들었다.

2001년에 개최된 기타큐슈 박람축제는 환경문제를 몸으로 느끼고 행동하는 계기가 되었다. 많은 사람들이 미래를 생각하고 지금 무엇을 해야 하는지, 어떻게 할지 고민해보는 기회가 되었으면 한다. 원래 에코 라이프의 에코라는 말의 의미는 '생태계'다. 인간 이외의 생명에 대해서도 더욱 고민할 계획이다.

며칠 전 개최한 '낚시하고, 먹어보자 외래 물고기'는 성공이었다. 즐거운 마음으로 낚시에 참가했으며, 블랙 배스를 재료로 만든 버거도 맛있었다. 그리고 외래 물고기에 대해 생각해보는 기회가 되었다고 생각한다. 자연네트를 통해 이러한 기회를 좀 더 제공할 수 있었으면 하는 바람이다.

자연네트 공통의 행동 주제는 '기타큐슈시의 자연을 좀 더 알고, 알리자'이다. 미카미 씨와 같은 사람들을 응원하고 동료를 확대하기 위해서도 자연네트는 더욱더 열심히 하지 않으면 안 된다.

조감(鳥瞰)
오노 유이치(小野勇一) 기타큐슈시립 자연사역사박물관 관장

학은 일본으로 날아올 때 상공 3,000m 정도의 높이에서 규슈지역으로 이동한다. 그 높이에서 작은 점과 같은 면적의 이즈미(出水) 평야를 찾아 내려온다. 1만 마리에 달하는 학의 무리는, 상공에서 보면 아주 작은 한 점에 불과한 이즈미 평야를 어떻게 찾아오는 것일까. 이를 가능하게 하는 것이 경탄할 만한 새의 지각, 즉 조감이다. 한 면에 전개되는 산, 강, 논과 밭, 해안, 마을과 산림 등의 경관 속에서 적소(適所)라 할 수 있는, 또는 기억에 남은 장소를 찾아오는 것이다. 공간을 넓게 이용하는 새와 같은 짐승은 태어나면서부터 공간인지 능력을 가지고, 그 정보를 바탕으로 생활을 영위한다.

일반적으로 경관생태학에서는 다양한 공간적인 요소를 배치하는 것을 분산배치(interspersion)라고 한다. 그 배치의 좋고 나쁨에 따라 도시는 살기 좋을 수도 나쁠 수도 있다. 그것은 도시의 미래계획에서 필요한 정보다. 숲의 마을이라 불리는 도시의 경우 산림과 공원 등이 적당하게 분산배치되면 공기정화뿐 아니라 사람들에게 휴식과 안정감을 가져다준다는 점을 우리는 이미 알고 있다. 배치가 나쁘면 이용 가능한 인구도 한정되고 불만을 느끼게 된다. 일찍이 미국의 야생물학자인 레오폴드는 메추라기에게 밭과 하천, 초지, 관목은 필수적인 환경조건이지만, 일정한 면적 내에 이 네 가지 요소를 네모 형태로 한가운데서 접하게 하면 메추라기는 하나뿐인 교점에서만 살 수 있다고 보았다. 하지만 곡선 등을 조합하여 네 가지 요소의 교점을 많이 만들면 동일한 면적에서도 4개소 이상에서 살 수 있음을 실험으로 입증했다. 이는 환경요소의 조합 효과를 훌륭하게 보여준 사례로서, 분산배치란 이런 것을 나타낸다. 즉, 자연계에서 직선은 거의 없다. 인간은 곡선을 직선화함으로써 생활의 편리함을 증대시켜온 반면 획일화와 폐쇄감으로 고통스러워하고 있다. 이것도 분산배치를 고려할 경우 중요한 열쇠 중 하나다.

한편 기타큐슈의 '녹지 분산배치'는 어떠한가. 기타큐슈의 지도를 펼쳐보자. 히비키나다와 스오나다(周防灘)에 접한 해안은 지금 어떤 모습으로 변해 있을까. 복잡한 해안선은 기타큐슈 특유의 지형이지만, 자연해안과 갯벌은 어떻게 분포하고 있을까. 바람직한 모습을 생각해보고 싶다. 해안 쪽에서 멀리 떨어져 육지를 바라보자. 해안에서 가까운 곳에는 도로와 공장이 널리 분포하고 있지만, 해안에서 멀리 떨어진 곳에는 사라쿠라와 히라오 등의 대지가 형성되어 자연림이 전면에 분포하고 있다. 그 사이에 규모가 다양한 공원·녹지가 위치해 있는 것을 확인할 수 있다. 동북부 지역의 기쿠(企救) 반도에는 도노우에(戸の上), 가자시(風師), 아다치(足立) 등의 구릉지가 이어지고, 남부에는 후쿠치(福知) 산이 우뚝 솟아 있다. 서쪽의 와카마쓰에는 돌산 등의 산이 있고, 도카이 만을 사이에 두고 야하타에는 명산인 사라쿠라산이 솟아 있으며, 곤겐(權現) 산과 호바시라(帆柱) 산에는 고목인 황후(皇后)삼나무과 자연림이 펼쳐지고 있다. 마을에는 곤피라(金比羅) 산이 있는데 높이가 낮은 산이면서도 울창해 눈을 편안하게 해준다. 기타큐슈의 배꼽이라고도 불리는 야마다(山田) 녹지의 존재도 잊어서는 안 된다.

정령시 가운데 국정(國定)공원이 있는 것도 기타큐슈의 특징이라 할 수 있다. 니이가타(新潟)와 삿포로(札幌) 등도 국립·국정공원을 행정구역 내에 포함하고 있지만, 이만큼 복잡하게 녹지가 시가지를 감싸고 있는 도시는 드물다. 이것은 기타큐슈의 역사적인 산물이기도 하다. 바다가 복잡하게 얽혀 있는 지형에 야하타제철소를 조성하면서 산을 깎기보다는 앞바다를 매립하여 평지를 조성하는 방식이 적용되었다. 그래서 산은 그대로 보존되었고, 낮은 산의 구릉지는 택지로 개발되었다. 하늘을 찌를 정도의 건물들은 현재 도시고속도로 주변지역에 입지하고 있으며, 다른 곳에서는 볼 수 없는 경관을 형성하고 있다.

이처럼 기타큐슈 녹지의 분포 상태는 상당히 복잡하다. 이러한 복잡함과 지형의 다양성을 시민들은 어떻게 향유하고 있을까. 다양성을 소중히 하면서 전체적으로 분산배치 효과를 높이기 위해 우리는 지금 무엇을 해야 할까. 우선 한 가지는 이들 녹지지역을 휴먼 스케일로 축소해 잘 볼 수 있도록 일찍이 일본을 석권했던 보행자도로 계획을 재현할 필요가 있다고 생각한다. 보행자도로 계획의 기타큐슈판이라고 할 수 있을 것이다. 보행자도로는 앞서 설명한 다수의 근거지를 유기적으로 연결하여 보행자가 개별 토지의, 즉 소위 말하는 식생의 다양성을 실감하게 하는 것이다. 물론 개별 산에는 등산로가 있다. 하지만 산과 산을 연결하는 교통망은 어떨까? 오래전 나는 가자시(風師), 도노우에(戸の上), 아다치(足立) 등 3개 산을 산행했다. 이때 특정 산에서 다른 산으로 이동하기 위해 일단 하산한 뒤 불편한 교통을 이용하는 등 매우 좋지 않은 경험을 했다. 사라쿠라 산에 새로운 케이블카를 설치했다고 해서 나중에 가볼 생각이지만, 터미널까지의 접근성이 그다지 좋지 않기 때문에 다시 한 번 생각하게 한다.

나는 5개의 시가 통합해 기타큐슈의 마을이 어딜 가도 똑같은 얼굴로 변하는 것을 원치 않는다. 고쿠라(小倉)는 고쿠라의, 도바타는 도바타의, 와카마쓰는 와카마쓰의, 야하타는 야하타의, 모지(門司)는 모지의 얼굴을 각각 유지하는 것이 바람직하다. 그것이야말로 문화의 특이성이자, 찾아오는 사람들을 안심하게 하는 마을이 아닐까. 그 얼굴을 장식하는 것이 바로 녹지이자, 공원일 것이다. 야마다의 숲과 히비키 녹지가 그 가운데 하나다.

여기서 잊어서 안 될 것은 녹지의 알맹이다. 한마디로 녹지라고 한다면 산림, 녹지, 습지 등 다양한 환경을 포함하고 있는 것으로 이해된다. 그러한 장소가 때 묻지 않고 보전되는 것이다. 그만큼 지역에 고유한 동식물이 서식하고 있음을 뜻한다. 기타큐슈는 그 역사를 반영하고 있는 것인지, 대도시로서는 드물게 다양한 생물상(生物相)이 있다. 니혼바라 타나고(ニホンバラタナゴ)를 비롯한 일본 고유의 납자루류, 시바(柴) 천의 꺽저기, 산간지역의 계곡과 습지에 서식하는 도룡뇽, 계단식 논의 참개구리, 시내 각지에서 재발견되고 있는 송사리 (놀랍게도 공장의 빗물 배수로에서 발견된 적도 있다) 등 다채롭다. 식물 중에서는 가샤모쿠(ガシャモク)라는 차축조 식물(車軸藻植物, charophyta)의 일종이 놀랍게도 일본에서 유일하게 서식하고 있음이 확인된 곳도 바로 기타큐슈시다.

의도적이든 그렇지 않든 간에 숲과 초지, 수변이 자연 그대로 유지되는 것은 이들 고유한 생물들의 생존을 보증하고 있음을 뜻한다. 명소나 유적도 좋지만, 자연의 건강 수준을 나타내는 이들 생물을 둘러볼 수 있는 보행자도로 등도 정비되었으면 하는 바람이다.

우리 마을의 '녹지 분산배치'에 대해 다시 한 번 검토해달라는 것이 나의 제안이다.

제6장

가능한 것부터 '온난화'를 생각하라

지구를 구하는 다양한 활동

1. 우리가 할 수 있는 것: 지구온난화를 생각하는 기타큐슈시민모임

(1) 1997년 교토에서

1997년 12월 초순 아키에다 히로코(秋枝博子) 씨(지구온난화를 생각하는 기타큐슈시민모임 대표)는 교토에 있었다. 지구온난화방지교토회의(COP3)에 참가하기 위해서였다.

그녀는 다섯 명의 자녀를 키우고 난 후 '이제부터는 지역을 위해서, 어린이와 손자들을 위해서 무언가를 하고 싶다'고 생각했고, 1997년 지역 주부들이 참여하는 '지구온난화를 생각하는 기타큐슈시민모임(이하 시민모임)'을 설립했다. 이번 교토 방문은 '처음으로 법적인 구속력을 가진 온실가스 감소 목표가 채택된다'는 역사적인 순간에 참여하고 싶다는 생각에서였다.

회의장에서는 NPO 등이 주최하는 지구온난화 문제와 관련된 세미나가 다수 개최되고 있었다. 아키에다 씨는 교토의 주부모임이 발표하는 내용에 놀랐다. 시내에서 엔진을 멈추지 않고 주차하고 있는 차량에 대해 조사한 내용을 발표했는데 그 수준이 높았으며, 조사 결과는 행정당

사진 6-1 지구온난화방지활동대
신표창

사진 6-2 마타이 씨와 함께

국에 보고한다는 것이었다. '그 수준까지는 할 수 없을지도 모르지만, 우리가 할 수 있는 것도 있을 것이다. 공부하는 것도 중요하지만, 구체적인 행동으로 옮기고 싶다'라고 그녀는 생각했다.

그녀는 "원래 공부보다 실제로 행동하는 것을 좋아한다"고 웃으면서 말했고, 교토에서 받은 자극을 계기로 '시민모임'의 구체적인 행동이 본격화되었다. 활동 내용은 다음과 같이 매우 다양하다.

○ 가정에서의 에너지 절약 촉진(환경가계부의 보급)
○ 음식물 쓰레기의 비료화
○ 환경그림연극, 페트병 공예 초등학교 출장강좌
○ 헌 옷을 활용한 '에코 패션쇼'
○ 기타큐슈시를 방문한 해외 기술연수원과의 교류

이러한 '시민모임'의 활동은 좋은 평가를 받았고 교토회의 이후에 창설된 제1회 지구온난화활동대신표창을 수상하기도 했다.

2006년 2월에는 활동지역인 와카마쓰구에서 왕가리 마타이(Wangari Muta Maathai) 씨와 시민과의 교류모임이 개최되었다. 마타이 씨는 케냐에서 녹화운동을 추진해 아프리카 여성으로서는 처음으로 노벨 평화상을 수상한 인물이다. 아키에다 씨는 존경하는 실천가와 직접 대화를 나누었으며, 향후 활동을 위한 결의를 새롭게 다졌다.

시민모임은 결성 후 10년이 경과하고 있으며 회원은 100명이 넘었고, 젊은 회원도 증가하고 있다. 이들은 "우리의 활동을 보고 손자들이 물건을 소중하게 여기게 되었다. 기쁠 따름이다"라고 말한다.

2. '달리는 흉기'에서 환경친화적인 교통수단으로: 타운 모빌 네트워크 기타큐슈

(1) 자전거의 부정적인 측면

"나는 자전거 애호가는 아니다." NPO법인 타운 모빌 네트워크 기타큐슈(이하 TMN기타큐슈)의 이사장인 우에키 가즈히로(植木和宏) 씨가 말했다. TMN기타큐슈는 '임대 자전거', '방치 자전거 대책', '카 쉐어링(자동차 공동이용)' 등의 사업을 추진하고 있다.

정부의 교토의정서 목표달성 계획에도 자동차에서 자전거로 전환해 약 30만 톤의 이산화탄소를 감소한다는 내용이 있다. 하지만 자전거는 부정적인 측면도 있다. 전철역 등에 방치된 자전거, '달리는 흉기'로서의 인식 등을 들 수 있다. 교통사고 건수는 최근 10년간 1.2배로 그다지 증가하지 않았는데도 자전거 대보행자 사고는 4.6배로 증가했다. 위에서 언급한 이사장의 말은 자전거 애호가는 자전거의 이용을 촉진하는 데는 신경을 쓰지만, 자전거 이용의 부정적인 측면에는 관심이 없다는 것을 꼬집고 있다.

(2) 방치 자전거는 비즈니스의 종자

우에키 씨는 회사원이었던 2002년 전철역의 방치 자전거를 보고 '간

사진 6-3 JR고쿠라역 공공연계통로 자전거
보관대

이 자전거 보관대가 비즈니스 기회가 될지도 모른다'고 생각했다. 당시 혼자서는 불가능하다고 생각해 다양한 단체와 기업을 돌면서 설명했지만 받아주지 않았다고 한다. '그렇다면'이라고 생각해 스스로 TMN기타큐슈를 설립했다.

최초의 사업은 '렌탈사이클(rental cycle)과 모노레일 라이드(monorail ride) 사업'을 지원하는 것이었다. 이는 모노레일 역까지 전동구동 자전거를 임대하여 모노레일로 갈아타고 목적지까지 갈 수 있도록 하는 사업이다. 이는 도심부의 정체 해소와 환경대책으로도 효과적이며, 기타큐슈시가 국토교통성의 지원을 받고 2002년부터 2003년에 걸쳐 실시한 TDM(교통수요 매니지먼트) 실증사업이기도 하다.

사업 그 자체의 채산성을 확보하긴 어렵지만 우에키 씨는 이 사업의 경험을 바탕으로 NPO라면 자유롭게 여러 가지 사업을 할 수 있을 것으로 굳게 믿게 되었다. 그리고 회사를 그만두고 TMN기타큐슈를 NPO법인으로 등록했다.

(3) 행정기관과의 협력

현재 TMN기타큐슈에서는 기타큐슈시 모지(門司) 항 레트로(レトロ, retro) 지구에서의 임대 자전거 사업과 고쿠라 도심부에서의 자전거·오토바이 보관대 사업, 시내에서의 카 쉐어링 사업 등을 추진하고 있으며 전국에서 드물게 '자전거운전면허제도'를 실시하고 있다.

이 제도는 '자전거는 원래 환경친화적인 교통수단이지만 한편으로는 사고도 증가하고 있다. 올바른 자전거 이용방법을 알려주고 싶다'라는 생각에서 시와 경찰 등과 연계해 시작한 것이다. 우에키 씨는 "어른들은 자전거 매너를 모른다. 어린이들이 더 잘 알고 있다. 자전거는 도로를 이용해야 한다는 사실을 알고 있는 사람은 의외로 많지 않다"면서 자전거 이용과 관련한 매너 수준을 우려했다.

자전거 이용 촉진은 지구온난화 대책과도 연결된다. 하지만 부정적인 측면에 대한 해결 대책을 우선적으로 마련하는 것이 진정한 의미에서의 자전거 이용 촉진으로 연결되지 않을까라고 그는 생각한다. "우리가 지금까지 추진해온 사업 대부분은 행정의 지원과 협력으로 실시해온 것이다. 한편 행정이 주체가 되어 추진하는 사업은 너무 범위가 방대하다는 과제를 안고 있다. NPO만이 할 수 있는 사업도 있다. 향후 역할을 분담하여 더욱 협력하고 싶다"고 우에키 씨는 말한다.

3. 버스와 전철을 이용하여 시장에 가자!: 노 마이카 캠페인

(1) 노 마이카 데이의 모순

일본에는 약 8,000만 대의 자동차가 있으며 그 숫자는 과거 40년간 약 10배로 늘어났다. 자동차의 이산화탄소 감소는 중요한 과제이며, 그 대책으로 자동차 대책(연비 향상 등), 에코 드라이브 등 다양한 것이 있다. 그 가운데 지자체에서 많이 실시하는 것이 '대중교통기관 이용 촉진 캠페인'이며, 그 중 하나가 '노 마이카 데이(no my car day)'다.

이 사업을 통해 직접적인 온실가스 감소 효과가 기대되지만, 아직 전국적인 운동으로 전개되지는 않고 있다. 기타큐슈시 도시환경관리과의 우메시타(梅下) 계장은 이렇게 분석한다. "원래 노 마이카 데이에는 중대한 모순이 있다. 노 마이카 데이에 대중교통기관을 이용한 사람은 만원

사진6-4 단가 상가와 캠페인 홍보물

전철과 버스 속에서 흔들리면서 회사에 가거나 쇼핑을 하러 가지 않으면
안 된다. 한편 자가용을 이용하는 사람은 당일 정체도 없이 편안하게 목
적지까지 갈 수 있다." 즉, 환경친화적인 행동이 '득'이 될 만한 제도가
없는 것이다.

(2) 기타큐슈의 부엌인 단가 시장

고쿠라기타구의 단가(旦過) 시장은 다이쇼(大正) 시대부터 있어온 역사
적인 시장이지만 최근에는 인터넷 판매를 실시하는 등 새로운 사업을
적극적으로 전개하고 있다. 시장에서는 기타큐슈시립대학 다케가와(竹
川) 교수의 자문을 받고 시장 활성화를 목표로 학습모임을 개최하는 가
운데, '환경'의 '판매'를 목표 중 하나로 설정하고 있다. 이에 따라 시는
캠페인 사업을 학습모임에 제안했다.
　　시의 아이디어는 "대중교통기관의 티켓을 제시하면 할인을 받을 수
있다"는 것이었다. 지역의 상가, 교통사업자, 시 등 각자의 이해가 일치
하여 사업구상은 원활하게 진척되었다.
　　이 사업의 요점은 "할인 금액의 원천은 개별 상가가 모두 부담한다는
것"에 있다. 시는 캠페인을 위해 홍보물을 작성했고, 교통사업자는 전철

역과 전철 내부에 광고물을 부착하여 홍보했다. 세 개의 주체는 각자 역할을 분담했다.

그리고 시장은 고객 증가, 교통사업자는 이용객 증가, 시로서는 환경 친화적인 상가의 진흥, 도시교통 대책 등 이해관계자 모두 각자의 가치를 창출하게 되어 윈-윈(win-win)하는 사업이 되었다. 2007년 가을의 캠페인으로 단가 시장의 방문객이 두 배로 증가했고, 매출은 40% 증가했다. 앞으로도 계속해서 사업을 실시할 예정이다.

4. 에너지 이용의 지역 최적화: 기타큐슈 에코콤비나트 구상

(1) 공장과 공장, 공장과 지역에서의 상호 연계

기타큐슈시는 동서로 긴 샌드위치와 같은 모양으로 공업지역, 철도, 도로, 상업지역, 주택지역이 근접하고 있다. 기타큐슈 에코콤비나트 구상이란 이들 공장 간 에너지와 자원(폐기물)의 상호 이용을 도모하고, 상업지역과 주택지역에 에너지를 공급하는 등 지역 전체에서 자원과 에너지 이용을 최적화하려는 사업이다. 구체적으로는 다음 두 가지 관점에서 검토하고 있다.

① 에너지의 연계이용
A공장에서 발생하는 공장 배열을 B공장에서 열원(熱源)으로 사용하거나, 상업용 건물 등 민생부문에서 공기정화와 급탕용으로 사용한다.

② 폐기물 상호 융통
C공장에서 발생하는 폐기물을 D공장에서 원재료로 활용한다.

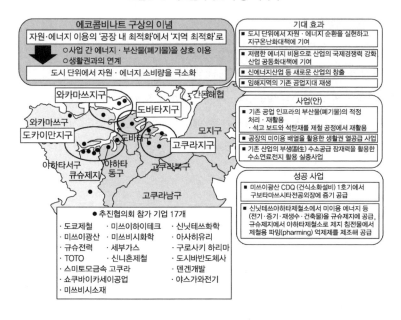

그림 6-1 에코콤비나트 구상 이미지

에코콤비나트 구상의 이념
자원·에너지 이용의 '공장 내 최적화'에서 '지역 최적화'로
○사업 간 에너지·부산물(폐기물)을 상호 이용
○생활권과의 연계
도시 단위에서 자원·에너지 소비량을 극소화

기대 효과
■ 도시 단위에서 자원·에너지 순환을 실현하고 지구온난화대책에 기여
■ 저렴한 에너지 비용으로 산업의 국제경쟁력 강화 산업 공동화대책에 기여
■ 신에너지산업 등 새로운 산업의 창출
■ 임해지역의 기존 공업지대 재생

사업(안)
■ 기존 공업 인프라의 부산물(폐기물)의 적정 처리·재활용 · 석고 보드와 석탄재를 제철 공정에서 재활용
■ 공장의 미이용 배열을 활용한 생활권 열공급 사업
■ 기존 산업의 부생(副生) 수소공급 잠재력을 활용한 수소연료전지 활용 실증사업

성공 사업
■ 미쓰이광산 CDQ (건식소화설비) 1호기에서 구보타마쓰시타전공외장에 증기 공급
■ 신닛테쓰야하타제철소에서 미이용 에너지 등 (전기·증기·재생수·건축물)을 규슈제지에 공급, 규슈제지에서 야하타제철소로 제지 침전물에서 제철용 파밍(pharming) 억제제를 제조해 공급

●추진협의회 참가 기업 17개
· 도쿄제철   · 미쓰이하이테크   · 신닛테쓰화학
· 미쓰이광산   · 미쓰비시화학   · 아사히유리
· 규슈전력   · 세부가스   · 구로사키 하리마
· TOTO   · 신니혼제철   · 도시바반도체사
· 스미토모금속 고쿠라   · 덴겐개발
· 쇼쿠바이카세이공업   · 야스가와전기
· 미쓰비시소재

(2) 성과와 현실의 벽

2003년 시는 지역기업 17개사와 협의회를 설치했다. 시의 입장에서 의외였던 것은 지역의 유망기업인데도 기술부문의 실무 책임자 간에 얼굴을 마주하고 협의하는 경우가 드물었다는 점이다. 협의회를 개최하고 숙박하면서 시찰 과정에서 기술자들의 정열을 끌어냈고, 논의의 강도가 고조되는 경우가 많이 발생했다.

지금까지의 성과로는 ① 미쓰이광산(三井鑛山)의 코크(coke) 공장에서 발생하는 증기를 인접한 구보타마쓰시타전공외장(クボタ松下電工外裝)(주)에 공급, ② 신니혼제철(주) 야하타제철소에서 규슈제지(주)로 전력·증기·재생수 등을 공급하고, 규슈제지(주)는 제지(製紙) 슬러지를 제철용 자재로 공급하는 등 몇 가지 사업이 추진되고 있다.

아울러 특정 공장에서 인근 기업에 증기를 공급하거나 저온 배열을 '잠열축열재(潛熱蓄熱材)'로 축적해 두었다가 다른 열이용 시설에 컨테이너로 운반하자는 아이디어도 제안되었지만, 초기 비용에 대한 부담과 수요 및 공급의 균형 문제 등으로 벽이 상당히 높다.

공장의 잉여 에너지를 민생부문에 공급하는 것에 대해서도 여러 번 사례조사를 실시했다. 에너지 절약 효과는 높지만, 과다한 배관 설치 비용과 사업채산성의 과제가 남아 있어 아직 실현되지 못하고 있다. 다만, 에너지 자원의 가격 변화에 따라 장기적으로는 실현될 가능성도 배제하지 않고 있다.

규슈공업대학의 니시(西) 교수는 다음과 같이 말한다. "공장에 인접하여 거주하는 것이 득이 된다(저렴한 에너지를 공급받을 수 있다)고 생각될 수 있는 마을만들기를 지향해야 한다."

5. 태양과 바람, 바이오 매스: 자연 에너지, 차세대 에너지 파크, 유채꽃 프로젝트

원자력을 국산 에너지에 포함하지 않는다면, 일본의 에너지 자원은 그 96%를 해외에서 수입하는 것이다. 이 가운데 순수 국산 에너지라 할 수 있는 태양광발전, 태양열 이용, 풍력발전 등 자연 에너지의 보급이 전국적인 과제로 대두되고 있다.

다음에서는 기타큐슈시의 독특한 에너지 관련 프로젝트를 소개한다.

(1) 벌새의 한 방울

일본에서 맨 처음 임대아파트의 개별 세대를 계통적으로 연결해 태양광발전 시스템을 개발·도입한 시바우라특기(芝浦特機)주식회사의 신치

사진 6-5 태양광발전이 설치된 임대아파트 뉴가이아 이시다(石田)

데쓰미(新地哲己) 사장은 이를 '벌새의 한 방울'에 비유한다.

'벌새의 한 방울'이란 안데스 지방의 동화다. 산불이 발생했을 때 벌새는 부리로 한 방울씩 물을 날라 불을 끈다. 숲의 동물들은 "그런 것으로 불이 꺼질 리 없다"며 크게 비웃는다. 하지만 벌새는 "내가 할 수 있는 일을 하고 있을 뿐"이라고 말하면서 묵묵히 한 방울씩 나르기만 한다는 얘기다.

'지구온난화 대책을 위해 무언가 할 수 없을까'라는 생각에서 시바우라특기가 임대아파트에 도입한 태양광발전 시스템도 처음에는 '벌새의 한 방울'이었을지 모른다. 하지만 2006년 경제산업장관상인 신에너지 대상을 수상하는 등 선진적인 비즈니스 모델로 전국에 알려졌으며 기타큐슈 에코프리미엄(제7장)에도 선정되었다.

신치 사장은 "옥상에 설치한 태양광전지 패널은 어느 부분이 어느 방의 것인지 사전에 정해놓고 있다"고 설명했다. 개별 주택에 거주하는 사람들이 스스로 에너지를 절약하면 할수록 전력 판매가 증가하여 돈을 벌 수 있는 시스템인 것이다. 현재 일본에서 이 시스템의 기술과 노하우를 가진 곳은 없으며, 전국의 전력회사와 대학교수가 시찰하기 위해 방문하고 있다. 벌새 무리가 지금은 큰 흐름을 불러일으키고 있는 것이다.

(2) '환경'에서 부가가치를 발견한 비즈니스

시바우라특기가 건설한 뉴가이아 이시다(石田)에는 태양광발전 시스템 외에도 히트 펌프식 급탕기(에코 큐트)를 도입하는 등 아파트의 부가가치를 높였기 때문에 일반적인 임대아파트에 비해 임대료가 싸지는 않다.

하지만 신치 사장은 "이만큼의 설비를 부가했는데 이 정도의 임대료라면 오히려 싸다고 생각한다. 광열비는 절대적으로 싸다"고 단언한다. 그 증거로 주변 임대아파트 입주율은 75% 정도이지만, 뉴가이아 이시다의 입주율은 100%라고 한다. 높은 입주율에 자신감을 얻고 새로운 아파트 건설에도 착수하고 있다.

'환경'에서 새로운 부가가치를 발견한 이 사업이야말로 '환경'과 '경제'의 양립을 구체화하는 활동이다.

(3) 에너지를 보고, 만져보고, 체험해보자─차세대 에너지 파크

기타큐슈시 와카마쓰구 히비키나다 지구는 에코타운사업을 전개하는 지역으로 유명하지만 다수의 에너지 관련 시설도 입지해 있다. 예를 들어 항만지구에는 일본 최대급의 풍력발전사업[N.S윈드파워히비키(ㅗ ㅈ ㅗ スウィンドパワーひびき), 1만 5,000kW]이 있다. 이 외에도 연료전지용 석탄 가스화 발전 실증시업시설과 1,000kW급의 태양광발전[둘 다 전원개발(주) 電源發電(株)], 식품 폐기물에서 바이오 에탄올을 제조하는 제조시설[신닛테쓰엔지니어링(주) 新日鐵エンジニアリング(株)], 바이오 디젤 원료(BDF) 제조시설[규슈·야마구치유지사업협동조합(九州·山口油脂事業協同組合)], 인산형(燐酸型) 연료전지(기타큐슈 학술연구도시) 등도 있다.

나아가 도시가스 제조공장과 북쪽 해안의 시라시마(白島) 석유비축기지를 포함하면 석유자원에서부터 태양광·풍력·바이오 매스 등 새로운

그림 6-2 **기타큐슈 차세대 에너지 파크 전개도(기타큐슈시 와카마쓰구)**

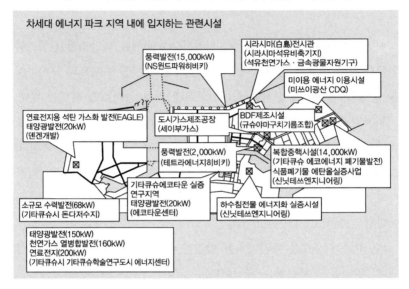

차세대 에너지 파크 지역 내에 입지하는 관련시설

- 풍력발전(15,000kW) (NS윈드파워히비키)
- 시라시마(白島)전시관 (시라시마석유비축기지) (석유천연가스·금속광물자원기구)
- 미이용 에너지 이용시설 (미쓰이광산 CDQ)
- 연료전지용 석탄 가스화 발전(EAGLE) 태양광발전(20kW) (덴겐개발)
- 도시가스제조공장 (세이부가스)
- BDF제조시설 (규슈야마구치기름조합)
- 풍력발전(2,000kW) (테트라에너지히비키)
- 복합중핵시설(14,000kW) (기타큐슈 에코에너지 폐기물발전) 식품폐기물 에탄올실증사업 (신닛테쓰엔지니어링)
- 기타큐슈에코타운 실증 연구지역 태양광발전(20kW) (에코타운센터)
- 소규모 수력발전(68kW) (기타큐슈시 돈다저수지)
- 하수침전물 에너지화 실증시설 (신닛테쓰엔지니어링)
- 태양광발전(150kW) 천연가스 열병합발전(160kW) 연료전지(200kW) (기타큐슈시 기타큐슈학술연구도시 에너지센터)

에너지까지 거의 모든 에너지 관련 시설이 집적한 일본 최대의 지역을 형성하고 있는 것이다.

'차세대 에너지 파크'는 경제산업성이 제창한 구상으로, 기타큐슈시는 2007년 제1호로 인정받았다. 이는 태양광발전과 풍력발전 등의 시설을 실제로 보여주고, 에너지에 대한 이해를 넓히고자 하는 프로젝트다. 시는 방문자 센터와 재생 가능한 에너지를 이용한 순환버스 도입 등 구체적인 사업에 착수할 예정이지만, 향후 시의 잠재력을 최대한 활용해 많은 사람이 방문하는 장소로 정비할 계획이다. 아울러 신에너지 관련 기업을 유치하는 등 산업진흥정책으로서도 자리매김할 계획이다.

(4) 도시형 '유채꽃 프로젝트'

유채꽃 프로젝트는 발상지인 시가현(滋賀縣)의 자원 순환형 사회를 목표로 하는 사업이다. 휴경농지 등에 유채꽃을 심어 유채씨를 수확하고, 유채기름을 제조한다. 유채기름은 식용유로 사용한 후 회수하고, BDF를 제조하여 자동차 연료로 이용한다. 이 사업은 환경학습과 휴경농지 활용 촉진 등의 농업정책, 아울러 관광자원으로의 활용 등 전국 100여 개 지역에서 추진하고 있는 사업이다.

기타하시(北橋) 시장의 아이디어로 기타큐슈시에서도 유채꽃 프로젝트에 대한 검토가 시작되었다. 하지만 생산한 기름을 꽤 비싼 가격으로 판매하지 못한다면 사업성을 확보하기 매우 어렵다는 것이 처음부터 명확했다. 그래서 기타큐슈 고유의 유채꽃 프로젝트로서 다음 사항을 기본 이념으로 삼아 사업을 추진하기로 했다.

○ 시민단체 활동을 지원하는 형태로 실시한다.
○ 환경학습에 중점을 둔다.
○ 폐식용유 회수(여러 시민센터에서 실시 중)와 BDF 제조(에코타운에 BDF 제조공장이 있음)는 기존 방법을 활용한다.

먼저 2007년에는 시민 한 사람이라도 더 참가할 수 있도록 유채꽃 종자가 들어 있는 5,000개의 봉투를 무료로 배포했고, 17개 단체가 약 1만m²에서 재배하게 했다. 재배장소는 휴경농지와 하천부지, 기업 소유지 등 다양하다.

사진 6-6 유채꽃을 심고 있는 시민

현시점에서는 유채기름을 판매해 사업성을 확보하는 것은 어렵다. 하지만 기타큐슈시립대학의 여효홍(黎曉紅) 준교수는 "유채씨를 채집한 후 줄기 등도 연료화한다면 사업성은 비약적으로 높아진다. 이를 위한 연구를 추진하고 있다"라고 말한다. 이는 기술적으로는 실증사업단계에 있다는 것이며, 앞으로 기술개발에 더욱 기대해본다.

6. 키워드는 '메시지성'과 지역 개성

지구온난화 대책은 국가 단위에서의 제도설계가 해결의 열쇠다. 환경세, 배출권 거래, 에너지 절약 기준 등 모든 것이 국가 정책 그 자체다. 하지만 개인과 지자체에서 추진할 수 있는 것도 상당히 많다. 기타큐슈시에서는 다음 두 가지 관점을 소중히 하고 있다.

(1) 메시지성이 높은 시민활동과의 협동

우선 활동을 실천하는 시민과의 협동이다. 이 장에 등장한 아키에다 사장, 우에키 이사장, 신치 사장의 이야기를 듣고 새삼 실감하는 것은 '전달하는 것'의 중요성이다. 이들 모두 메시지성이 높은 실천활동을 추진하고 있다. 이것을 사람들에게 전달하고, 전달받은 사람은 실제로 행동으로 옮기는 순환이 중요하다. 이와 같이 행정도 지역에 밀착하여 얼굴이 보이는 활동을 추진하는 사람들과 스크럼을 짜서 메시지를 증폭해 제공하고자 한다.

여담이지만 2007년 월드컵축구대회에서 MVP 상품은 하이브리드 자동차인 프리우스였다. 예전에는 고급 승용차가 상품인 경우가 많았는데, 이것도 한 가지 메시지로 여겨졌다. '환경문제에 대해 적극적으로 대응하는 것이 상식인 세상'을 만드는 것이야말로 민생부문에서의 온실가스 배출량을 감소하는 데 중요하다고 생각한다.

(2) 기타큐슈시의 독자적인 시책

다른 하나의 관점은 지역의 개성을 감안해 정책을 도입하는 것이다.

전국의 지자체가 온난화 대책 지역추진계획을 수립하고 있지만, 그 내용, 감소 방법, 목표 등에 대한 구체적인 근거를 제시하는 경우는 많지 않다. 아울러 "샤워를 절약하면 ○○kg 감소할 수 있습니다" 등 단순한 방법만 열거하는 계획도 다수 있다.

물론 기타큐슈시에서도 일상생활에서의 '부지런한' 환경행동을 장려하고 있으나, '기타큐슈다운' 시책에도 힘을 쏟고 있다.

특히 장인산업의 DNA를 지닌 기타큐슈시로서는 생산자 쪽의 대응을 강조하고 있다. 그것은 에코타운사업(제3장), 에코콤비나트 구상, 그리고 국제협력(제11장)이다. 국제협력에서는 지자체가 관여하는 배출권 거래제도를 도입하는 것이 꿈이다.

(3) 보조금보다는 '틀'

행정에 대해 "개별 대책에 보조금을 지출하여 지구온난화 방지를 추진해야 한다"라는 의견이 많다. 확실히 우리 시에서도 2007년부터 태양광발전 시스템 등에 대한 보조사업을 독자적으로 시작했다. 이 사업도 시장형성 과정에서는 의미가 있지만, 예산과 인원이 한정되어 있으므로 현실적으로 모든 대책에 보조금으로 대응하는 것은 곤란하다. 따라서 지속성 높은 온난화 대책의 핵심은 그 '틀'을 만드는 데 있다.

지금까지 '시민환경 패스포트 사업'(제2장)과 중소기업에 대한 '무료 에너지 절약 진단제도', 시민들에게 에너지 관련 정보를 제공하는 '에너지 정보 데스크' 개설(시 홈페이지) 등을 추진해왔다.

아울러 대학교와 병원에 ESCO사업[2]을 도입해 기타큐슈 방식의 건축물종합환경성능평가시스템(CASBEE)을 준비하고 있다. 또한 현재 금융상품을 활용한 새로운 제도도 검토 중이다.

(4) 도시전략으로서의 지구온난화 대책

중장기적인 관점에서 기타큐슈시의 온난화 방지전략은 산업진흥과 지구온난화 대책을 병행하지 않으면 안 된다. 미래가 밝지만은 않지만, 향후 메시지성이 높고 아울러 산업진흥이라는 관점을 도입한 기타큐슈발 정책을 입안·실시할 예정이다.

---

2) ESCO(Energy Service Company) 사업이란 고객에게 에너지 절약 시스템 등을 제공해 광열비 등을 낮추어주고, 절약한 비용의 일정 비율을 받는 비즈니스 모델을 뜻한다(역자 주).

미니멈 리그렛
니시 미치히로(西道弘) 기타큐슈공업대학 명예교수

생활 속에서 느끼는 환경변화가 일부 지역뿐 아니라 지구 전체에 영향을 미치고 있다는 사실을 영화 <불편한 진실(An Inconvenient Truth)>[1]은 박력 넘치는 영상을 통해 전해주었다. 이 영화의 제작에 관여했던 엘 고어 씨에 대한 노벨 평화상 수여식은 거의 같은 시기에 개최된 발리회의(COP13)[2]의 성과인 '로드 맵'을 채택하는 데 영향을 미쳤다고 평가된다. 양자가 연관되어 있다는 점에서 평상시보다 화제가 되었기 때문에 지구온난화에 대한 문제의식은 일본 내에서도 한층 높아질 것으로 추측된다. 이것이 방지활동으로 연결되길 기대해본다.

한편 기타큐슈시에는 공해를 극복한 역사가 있다. 대기 오염을 제거하고 푸른 하늘로 만들고 싶다는 시민들의 뜨거운 열정과 활동이 있었기 때문일 것이다. 그러한 실적이 있는 지역이라면 온난화를 억제하는 활동도 원활하게 추진할 것이라는 기대감이 생겨난다. 걱정스러운 점이 있다면, 공해의 경우에는 푸른 하늘을 회복시켰다는 달성감을 맛볼 수 있지만, 온난화 방지의 경우에는 온도 상승이 급격한 것이냐 또는 완만한 것이냐의 차이는 있어도 상승하는 것은 멈추지 않고 원래의 기온으로 돌아가지 않기 때문에 노력이 결실을 맺었다는 실감을 얻기가 힘들다는 데 있다. 문제가 되는 시간과 공간의 규모가 사람의 규모에 비해 너무도 크기 때문일 것이다.

한편 21세기 중에 기온상승량을 2℃ 이하로 억제하는 것이 지구사회에 필요하다고 지적되고 있다. 이처럼 기온이 상승하면 기타큐슈에서 생활하는 시민들은 기타큐슈보다 따뜻한 다네가도(種子島)[3]에서 생활하는 것을 상상해볼 수 있지만, 사람들은 좀 더 따뜻한 오키나와에서도 생활하고 있기 때문에 개선방안이 없다면 상승해도 어쩔 수 없다는 생각이 우선할 것 같다. 온난화현상으로 일시적이지만 환경이 좋아진 지역이라든가 지하자원이 발견되어 채굴이 용이해진 지역에서는 오히려 이익을 얻게 된다. 이해득실이라는 점에서 본다면, 지구온난화는 입장에 따라 판단이 크게 달라지는 매우 복잡한 문제로 전개된다. 그렇기 때문에 이러한 종류의 문제는 결국에는 지구 전체가 우선적으로 대처할 필요가 있다. 그러한 성과 중 하나가 1997년에 정리된 교토의정서이다. 일본이 비준하기까지 약 5년이라는 세월이 소요된 이유로, 일본만 불리한 처지이기 때문이라는 지적이 있는데 그도 사실일 것이다. 그후 러시아도 비준했고, 결국 2005년 2월 의정서가 발효되었다. 다양한 과정을 생각해볼 수 있겠지만, 지금 할 수 있는 것부터 하자, 후회하지 않기로 하자(미니멈 리그렛, minimum regret)라는 공통인식이 미래 세대에 대한 책임으로서 의정서로 정리되었다고 해석하고 싶다.

의정서가 발효되면서 정부는 4월 목표달성 계획을 수립했다. 이 계획은 지방공공단체의 책무로서 그 실행계획을 입안하도록 제시하고 있다. 기타큐슈시에서는 2004년 공표한 환경수도 그랜드 디자인의 행동계획 중 하나라는 배경도 있지만, 국가의 방침을 수용해 2005년 8월 말부터 수립위원회를 설치하고 4회의 수립위원회와 설명회를 거쳐 2006년 10월 추진계획을 수립했다. 위원으로 참여한 내가 제3자적인 입장에서 평가하는 것에는 무리가 있기 때문에 여기서는 다음 두 가지 사항에 대해 설명하고자 한다.

우선 온난화 대책지역추진계획은 담당 사무국에서 자발적으로 작성한 것이었다. 담당자에게 열정적이고 의욕적인 마음이 있었다고는 하지만, 방대한 양의 자료를 정리하여 완성했으며, 이것은 에너지 문제를 환경국에서 처리하는 것이 정착되었다는 증거이기도 하다. 시민들은 공개적으로 실시된 위원회에 매번 방청자로 참가했다. 아마 2회째 되는 위원회였을 것이다. 위원들의 진지한 회의진행으로 예정된 회의시간이 초과하고 있었기 때문에 회의를 끝내려고 할 때였다. 시민 중 한 분이 "이번 회의에서는 발언할 수 없습니까?"라고 질문했다. 원안을 초안으로 간주해 가능한 한 여러 각도에서 검토하는 것을 가장 중시하고 있었기 때문에 시간이 더 초과된다는 점에 대해 위원들의 양해를 받고 발언을 부탁드리기도 했다. 이러한 과정을 거쳐 2007년 3월, 추진계획이 제6회 환경수도콘테스트의 15개 분야 중 하나인 '지구온난화방지·에너지정책'에서 1등을 수상한 것은 관계자들에게 가장 좋은 선물이었다고 감사한다. 다만, 계획의 실시는 이제부터이기 때문에 개인적으로는 기대치가 포함되어 있었다고 생각한다. 이제부터가 시작이다. 시민의 활동이 헛되지 않게 추진체계를 구축하기 위해 행정의 지혜가 필요하다. 이에 대한 노력이 필요하다고 할 수 있다.

---

1) 엘 고어 미국의 전 부통령이 주연한 다큐멘터리 영화(역자 주).
2) 2007년 12월 3일부터 2주간 인도네시아 발리에서 개최된 13차 기후변화협약 당사국 총회(역자 주).
3) 겨울의 평균기온이 12℃ 전후일 정도로 따뜻한 섬(역자 주).

제7장 **에코프리미엄사업의 전개**

생태적인 생활을 연출한다

1. 산업의 상류 측에서 환경 배려

(1) 현재 가장 주목 받고 있는 에코프로덕트

아홉 번째를 맞이하는 일본 최대의 환경전시회 '에코프로덕트 2007'이 도쿄 빅사이트에서 12월 13일부터 15일까지 개최되었다. 마지막 날에는 후쿠다 야스오(福田康夫) 수상이 방문하는 등 대성황을 이루었으며, 약 16만 5,000명이라는 역대 최다의 방문객 수를 기록했다. 기타큐슈시도 5년 전부터 부스를 설치해 '기타큐슈 에코타운사업'과 '기타큐슈 에코프리미엄'을 소개하는 등 홍보활동을 전개해왔다. 2006년에는 기타큐슈 에코프리미엄이 선정한 '전 세대 태양광발전기 부착 맨션(시바우라특기주식회사)'이 '에코프로덕트 대상 추진협의회 회장상(우수상)'을 수상하기도 했다.

한편 에코타운으로 대표되는 재활용산업의 육성은 주로 정맥산업1)

---

1) 일본에서 환경 관련 산업이 정맥산업으로 불리는 것은 정맥이 우리 몸에 필요한 산소를 소모한 피(즉, 폐기물)를 심장으로 운반하는 역할을 담당한다는 것에 비유한 것이다(역자 주).

분야에서 이루어지지만, 순환형 사회를 실현하기 위해서는 제조업의 상류 단계에 있는 동맥산업 분야의 환경배려 활동을 더욱 강력히 추진할 필요가 있다. 그래서 기타큐슈시에서는 '기타큐슈 에코프리미엄산업 창조사업'을 주로 동맥산업 분야를 지원하는 환경정책으로 자리매김하여, 기타큐슈시내의 에코프로덕트와 에코서비스를 대상으로 그 세부사업을 선정한 후 홍보하고 있다.

(2) 지방자치단체의 에코제품 인정제도

지방자치단체의 일반적인 에코제품 인정제도로는 '리사이클 제품 인정제도'가 있다. 1997년 기후현(岐阜縣)에서 '폐기물 리사이클 제품인정제도'를 도입한 것을 시작으로 다수의 도도부현이 유사한 제도를 실시하고 있다. 이들 제도는 주로 자기 지역에서 발생하는 폐기물을 재생·이용한 리사이클 제품을 행정이 인정하는 것이다.

2. 기타큐슈 에코프리미엄산업 창조사업

(1) 전국에서 맨 처음 시도하는 사업

기타큐슈시는 2004년 '기타큐슈 에코프로덕트 추진 사업'을 도입했다. 이 제도의 특징은 선정 대상을 '폐기물을 사용한 재활용 제품'으로 한정하지 않고, 원료조달·제품설계·제품 생산·사용·폐기 등 제품의 수명이라는 관점에서 환경부하를 저감하는 제품·기술을 대상으로 한다는 점에 있다. 이것은 전국의 지자체 중에서 맨 처음 시도하는 것이다.

시내 사업자를 대상으로 환경을 배려한 제품을 공모하여 심사위원회

표7-1 **기타큐슈 에코프리미엄(에코프로덕트)의 선정 내용**

에코프로덕트 선정 분야(주요 사례)	건수
사무 관련(폴더 기능이 추가된 명함철 등)	4
생활 관련(비석유계 성분으로 만든 분해성 높은 비누 등)	13
전기·전자기기 및 기계·플랜트 설비(마그네슘 합금 스터드 용접장치 등)	29
포장·물류 관련(발포 스티롤·나뭇조각을 대신하는 골판지 포장완충재 등)	3
토목·건축 관련(폐목재·폐플라스틱제 건축재료 등)	37
농림수산 관련(나뭇가지를 원료로 한 리사이클 퇴비 등)	6
연료·소재·부품 관련(폐유를 원료로 한 재생 중유 등)	13
환경 관련 기술(슈레더 더스트의 중금속 유출방지기술 등)	10

의 심사를 거친 후 에코프로덕트 제품을 선정한다. 사업 첫해인 2004년 에는 98건의 응모가 있었으며, 이 가운데 67건의 에코프로덕트가 선정 되었다. 선정된 제품은 시가 작성하는 카탈로그에 게재되며 각종 전시회 등에도 출품된다.

(2) 에코서비스로의 확충

아울러 2005년부터는 에코프로덕트뿐 아니라 에코서비스도 추가하여 '기타큐슈 에코프리미엄산업 창조사업'으로 제도를 발전시켰다. 지자체의 선정제도로서 에코서비스를 대상으로 하는 정책은 전례가 없는 것이었다.

현재 기타큐슈 에코프리미엄으로 115건의 제품과 22건의 서비스를 선정하고 있으며, 이들 가운데 재생자원을 활용한 제품, 소위 '재활용제 품'은 52건으로 전체의 약 45%를 차지한다. 이 외에도 긴 수명과 에너 지 절약, 유해물질의 감소에 기여하는 것 등 재활용 이외의 제품도 선정 하고 있다. 아울러 기타큐슈지역의 산업구조를 반영하여 일반 소비재보 다도 공장과 사업소를 위한 제품 및 서비스가 다수 선정되고 있다.

2006년도부터는 선정된 에코프리미엄 가운데 '신규성·독자성'과 '시장성'

표7-2 기타큐슈 에코프리미엄(에코서비스)의 선정 내용

에코서비스 선정 분야(주요 사례)	건수
일반소비자 서비스(태양광발전기를 설치한 임대형 에코 맨션 등)	8
사업자 서비스(인쇄기 잉크 교환 서비스 등)	14

이라는 측면에서 특히 우수한 것을 '추천 에코프리미엄'으로 발굴했다. 그리
고 이는 선정 카탈로그를 통해 회사 소개를 포함해 중점적으로 다루고 있다.

(3) 심사 방법과 항목

기타큐슈 에코프리미엄의 심사는 과학적인 데이터나 법령·규격이 있는 경
우에는 이에 따른다. 그러나 이러한 기준이 없는 경우에는 업계 관계자 등을
대상으로 면담조사를 통해 응모내용을 검토한다. 아울러 우리 시의 산업진흥
차원에서 그 효과와 보급·개발이라는 측면에서의 효과도 가미하고 있다.

심사항목으로는 에코프로덕트와 에코서비스를 아울러 '환경효과' 및
'시장성·용도'를, 에코프로덕트는 '품질·안전성'을, 에코서비스는 '신규
성·독자성'을 추가해 심사하고 있다. 이들 항목에 대해 심사위원이 5단
계에 걸쳐 평가하며, 그 가운데서도 '환경효과'를 중시한다.

3. 기타큐슈발! 대표적인 에코프리미엄 사업

(1) 사례 1—관리하기 쉬운 탈착가능한 벨트 컨베이어(주식회사 데무스)

일본인의 생활에 완전히 정착한 편의점의 도시락과 냉동식품. 이들 식
품의 신선도와 안전성을 확보하기 위해 기타큐슈발 기술이 크게 공헌하
고 있다. 바로 (주)데무스(テムス)가 개발한 식품용 벨트 컨베이어다.

　식품공장의 생산 라인에는 반드시 벨트 컨베이어가 사용되지만, 취급하는 것이 식품이기 때문에 생산 라인의 세척과 살균에는 세심한 주의가 필요하다. 종래의 벨트 컨베이어는 구조가 복잡해 벨트를 분리하는 데만 반나절 이상이 걸렸다. 또한 요철이 많기 때문에 구석구석까지 세척·살균하기 위해 대량의 물과 살균제가 필요했다.

　(주)데무스의 벨트 컨베이어는 경이로울 정도로 단순하다. 요철이 거의 없는 본체와 탈착가능한 벨트. 여성이라도 1분 정도면 벨트를 탈착할 수 있다고 한다. 분리한 벨트는 살균제를 사용하지 않고 열탕으로 소독한다. 말로 설명할 수 없을 정도로 간단하면서도 기능적인 아름다움마저도 느낄 수 있게 하는 구조는 기술자의 끊임없는 탐구심으로 실현되었다. 식품공장의 생산 라인에는 많은 여성이 일하고 있다. 이 회사의 기술자는 무언가를 개발할 때 늘 여성이 사용한다는 점을 의식한다고 한다.

　이 회사의 벨트 컨베이어 역사는 저인망선에서 시작되었다. 선박용 벨트 컨베이어는 높은 내구성과 신속한 수리가 요구되었다. 창업자인 다카모토(高本) 사장이 직접 설계한 벨트 컨베이어는 고객의 요구에 부응하면서 높은 평가를 받았다. 그 기술은 이 회사의 벨트 컨베이어에도 면면히 이어지고 있다. 탈착식 벨트와 지금은 업계의 표준이 된 스테인리스질의 본체도 이 회사가 가장 먼저 시작한 기술이다. 아울러 차세대 기술 개발도 원활하게 진행되고 있다고 한다. 이 회사의 기술이 일본 식품업계의 생산 라인을 지탱하고 있다.

(2) 사례 2—자가발전기능 추가 절수형 자동수도꼭지(주식회사 TOTO)

우리 일상생활에서 하루에 몇 번이고 사용하는 수도꼭지. 이 수도꼭지의 시장점유율이 가장 높은 기업이 기타큐슈시에 본거지를 둔 주식회사 TOTO(이하 TOTO)다. TOTO의 수도꼭지는 60년 이상의 역사를 자랑한다. 환경문제에 대해서도 늘 선진적으로 대응해온 이 회사가 환경기술을 종합하여 개발한 절수형 자동꼭지가 바로 '아쿠아 오토'다.

전철역과 공공시설 등에 널리 보급되고 있는 자동꼭지는 그 기능이 해마다 진화하고 있다. 종래의 자동꼭지는 4L/분의 유량이 주류였지만, 최신의 아쿠아 오토는 2L/분의 유량과 자가발전기능을 실현했다. 아울러 자동배수·단수 기능으로 물을 과다하게 사용하거나 수도꼭지 잠그는 것을 잊어버리는 것을 방지하고 있다. 두 개의 핸들 혼합꼭지와 비교하면 84%의 절수를 실현했다고 한다. 이러한 기능이 높이 평가되어, 자동꼭지로서는 일본 처음으로 에코마크를 취득했다.

이는 단순히 물의 양을 줄인 것만이 아니다. 그렇게 하면 '손을 씻는다'라는 수도꼭지 본래의 기능을 상실하게 된다. 수량을 줄이면서 세정능력을 떨어뜨리지 않으려면 어떻게 하면 좋을까? 아쿠아 오토는 물 속에 공기를 발생시켜 물과 혼합함으로써 세정능력을 향상시켰다. 또한 수도꼭지의 윗부분에는 사람의 손을 신속하게 감지하는 초소형 센서도 부착되어 있다. 이것은 TOTO만의 기술이다. 초소형 센서를 통해 수도꼭지 본체의 디자인 자유도가 비약적으로 높아졌다. 센서의 전원은 물의 흐름을 통해 자가발전으로 공급된다. 늘 접하는 그 작은 수도꼭지 안에 이만큼의 기능이 집약되어 있는 것이다.

전원이 불필요한 자가발전형이기 때문에 수도관만 있으면 세계 어느 곳에도 설치할 수 있다. 이러한 이점을 활용해 TOTO에서는 아쿠아 오토의 해외 진출도 검토하고 있다고 한다.

(3) 사례 3—철강생산 과정에서 발생하는 고로수쇄 슬래그를 활용한 시멘트(신닛테쓰 고로 시멘트 주식회사)

고로(高爐) 시멘트의 역사는 오래되었다. 일본에서는 1910년(메이지 43년) 기타큐슈에서 관영 야하타제철소가 처음으로 제품화에 성공했다. 그 후 100년에 걸친 노하우와 기술을 계승한 회사가 신닛테쓰(新日鐵) 시멘트(주)다. 제철도시로 발전한 기타큐슈시로서도 고로 시멘트는 에코프로덕트의 원점이다.

고로 시멘트는 당초 제철소 구내의 건축물용으로 사용되었고 점차 댐과 해안의 호안공사 등으로 용도가 확대되었다. 기존 시멘트와 비교했을 때 장기간 강도가 유지되고, 염해 등에 대한 내구성도 우수하다. 일본 최대의 현수교인 아카이시(明石) 해협대교의 케이블도 이 회사의 고로 시멘트를 사용했다. 또한 기존 시멘트와 비교해 제조 과정에서 연료를 30% 이상 줄일 수 있기 때문에 오일 쇼크 이후에는 에너지 절약형 제품으로 각광받게 되었다. 아울러 이산화탄소 발생량을 40% 가까이 절감할 수 있기 때문에 지구온난화 방지 차원에서도 최근 높이 평가되고 있다.

고로 시멘트는 그 특성상 토목공사에 주로 사용되지만, 고객의 수요에 맞춰 다양하게 콘크리트 성능을 향상시킨 고로수쇄(高爐水碎) 슬래그 미세 분말도 생산하고 있다. 앞으로는 이 회사의 강점인 고로 시멘트의 개량은 물론이고 고로 시멘트 생산시설을 활용한 산업폐기물 처리 등 환경에 관한 종합적인 사업을 추진할 예정이다. 기타큐슈가 자랑하는 오래되고 새로운 환경기업의 활동은 앞으로도 지속될 것이다.

(4) 사례 4—저환경부하의 소화제(샤봉다마섹켄 주식회사)

"푸른 하늘을 원하죠~ 날려보세요! 비누방울"이라는 광고음악으로 잘 알려진 샤봉다마섹켄(シャボン玉石けん) 주식회사는 1910년 2월 기타큐

슈시 와카마쓰구에 '모리타한지로(森田範次郎) 상점'을 개업하여 비누제품을 생산·판매해왔다. 하지만 1960년대의 고도성장기에 편리하고 저렴한 합성세제가 인체에 악영향을 미친다는 사실이 알려졌고, "이제부터는 나쁘다고 알려진 상품을 팔 수는 없다"라는 모리타 미쓰노리(森田光德) 전 사장의 굳은 결의 하에 1974년 인간과 환경에 좋은 무첨가 비누를 제조·판매하는 것으로 사업을 전환한 환경의식이 높은 역사를 지닌 기업이다.

2004년에는 당사의 제품인 '비석유계 성분으로 생산한 분해성이 높은 분말 비누'가 시의 에코프로덕트로 선정되었고, 이후 환경을 배려한 제품을 하나둘 개발하고 있다.

이러한 배경하에 이 비누제조 기술을 활용한 소화제를 만들기 위해 기타큐슈시 소방국 등의 협력을 얻고 개발한 것이 '저환경부하의 소화제: 미라클 폼'이며, 불은 물로 끈다는 상식을 뒤집은 그야말로 '불가사의한 거품'이다. 이것은 이 회사가 자랑하는 천연원료 비누를 주성분으로 하는 소화제를 물과 공기와 혼합해 거품상태에서 소화하는 것으로, 침투력이 우수하고 신속하게 소화하며 이불 등에 스며들어 재발화를 방지한다. 물만으로 소화하는 것에 비해 약 17분의 1의 수량으로 소화할 수 있다는 특징을 지니며, 업계의 주목을 받고 있다.

2007년 9월 타계한 모리타 미쓰노리 회장의 유지를 계승한 모리타 하야토(森田隼人) 사장의 "자연과 조화롭고, 생명 있는 모든 것이 안심·안전할 수 있는 제품을 생산하여 사회에 공헌하고자 한다"라는 말은 이 회사의 환경에 대한 의지를 지속하게 하는 원동력이 되고 있다.

(5) 사례 5—재고를 발생시키지 않는 한 권부터 가능한 자비출판 서비스(주식회사 마쓰모토)

주식회사 마쓰모토(マツモト)는 기타큐슈에서 70년 이상의 역사를 자

랑하는 오래된 기업이다. 1932년 사진관으로 영업을 시작한 후 앨범 제작과 상업 인쇄, 제본 서비스 등의 사업을 전개하고 있다.

이 회사는 '100년 수명 책'을 모토로 오랜 역사에서 배양된 인쇄·제본기술에 대해서는 절대적인 자신감을 가지고 있다. 오래전 현재 규슈지역에서 '입체 그림책'을 제작할 수 있었던 곳은 이 회사뿐이었다. 대량생산을 전제로 하는 대규모 제본회사에서는 대응할 수 없는, 개인들을 대상으로 하는 소량 제본 서비스를 제공한다.

2006년 6월부터 개인을 대상으로 하는 자비(自費)출판사업으로 인터넷을 이용한 '온 디맨드(on demand)' 제본 시스템인 '혼니나루(ホンニナル) 출판' 사업을 시작했다. 신문에도 실렸고, 사업 시작 이후 500종류 이상의 책이 자비로 출판되었다. 통상 워드나 엑셀로 작성한 원고를 인터넷에 등록하여 그 데이터를 가지고 최신 온 디맨드 인쇄기로 인쇄·제본한다. 판을 만들지 않기 때문에 불과 4~5일 만에 제본이 가능하다. 필요한 만큼 인쇄하므로 재고도 발생하지 않는다.

말로 하면 간단하지만 시스템 개발에는 방대한 노력이 필요했다. 자사의 노하우를 반영하기 위한 시스템은 모두 자사 개발이어야 한다는 신념이 있었다. "우리 회사 시스템은 그리 간단하게 모방할 수 없다는 자신이 있다"고 마쓰토모(松本) 사장은 이야기한다.

자비출판이라고 해도 책으로서의 품질과 관련해서는 타협하지 않는다. 70여 년이라는 역사 속에서 배양된 인쇄·제본기술은 최신 온 디맨드 시스템에도 활용되고 있다.

(6) 사례 6―반도체용 실리콘 웨이퍼의 재생·가공 서비스(주식회사 사이막스)

제철의 도시라는 인상이 강한 기타큐슈시이지만, 최근에는 반도체 관

련 산업이 활성화되면서 기술력이 높은 기업이 많이 입지하고 있다. 기타큐슈에 본거지를 두고 일본뿐 아니라 세계의 반도체 업계에 신선한 바람을 불러일으키고 있는 기업이 주식회사 사이막스(サイマックス)다.

매우 높은 정밀도와 품질이 요구되는 반도체용 실리콘 웨이퍼(silicon wafer)는 완성품이 나오기 전에 반드시 더미 웨이퍼로 테스트된다. 현재 실리콘이라는 소재는 반도체 이외에도 태양전지의 원료로서 그 수요가 급격히 증가하고 있고, 반도체 생산업체로서는 테스트용 웨이퍼를 몇 번이고 재이용하길 원하는 경향이 높다. 이러한 배경에서 테스트용 웨이퍼를 연마하고 재생하는 서비스가 시작되었다. 하지만 기존의 재연마 서비스는 4회 정도의 재생만이 가능했다.

사이막스의 재생·가공 서비스는 10회 이상도 재생이 가능하다. 이 회사가 독자적으로 개발한 연마방식을 통해 한 장씩 최적 수준에서 연마작업이 이루어진다. 이 기술은 독자성을 추구하는 사이막스의 기술자가 2년이라는 개발기간에 걸쳐 완성한 것이다. 이 회사는 1998년 미쓰비시(三菱) 화학의 기술을 응용하여 다양한 재활용사업을 전개한 (주)신료(新菱)와 반도체 생산업체의 합병사업으로 탄생했다. 최첨단 리사이클 기술과 반도체 기술의 융합을 통해 탄생한 온리 원(only one)을 추구하는 기술집단이다.

현재 일본뿐 아니라 해외에서 주문이 쇄도하고 있다고 한다. 기타큐슈에서 개발된 기술이 반도체 세계에서 각광받고 있는 것이다.

(7) 사례7―에너지·자원 절약으로 이어지는 전열기기의 열해석 서비스(주식회사 규슈닛쇼)

주식회사 규슈닛쇼(九州日昌)는 1978년 전열기기 상사로서 야하타히가시구(八幡東區)에 설립되었다. 당초에는 주로 제철업 관련 상품을 취급하고 있었지만, 보다 높은 열제어가 요구되는 반도체 관련 산업과의 거래가 활발해지자 최적의 열제어를 실현하기 위해 자사에서 설계·제조까지 담당하게 되었다. 1995년에는 와카마쓰구에 현재의 본사 공장이 완성되어, 열해석 시뮬레이션을 포함해 전열로(電熱爐) 전체의 설계·제조가 가능한 '열(熱)에 관한 한 종합 제안형 기업'이 탄생했다.

이 회사의 키워드는 '균열(均熱)'이다. 좀 더 균일하게 효율적으로 열을 전달하는 기술을 규슈닛쇼는 추구하고 있다. 히터 블록을 예로 들자면, 종래 제품의 경우 열이 균일한 정도는 표면적의 50%에 지나지 않는다. 규슈닛쇼는 이를 80% 이상으로 열효율을 높여 히터 블록의 소형화도 실현하고 있다.

하지만 히터 등의 부품 정밀도를 높여도 전열로 전체의 '균열'에는 한계가 있다. 그래서 시작된 것이 '열해석 서비스'다. 설계단계에서부터 균열성에 대해 실험하여 최적의 열효율성을 지닌 전열로를 실현한다. 기존의 전열로에서도 '열해석 서비스'를 통해 균열성을 개선할 수 있었다. 이 서비스를 통해 종래의 전열로보다 15% 정도의 에너지 절약이 가능하다고 한다. 이러한 열해석 서비스를 실현하고 있는 곳은 일본에서 그리 많지 않다. 그것도 설계에서 제조까지 모든 생산 과정에서 '균열'을 추구해온 이 회사의 강점이다.

'균열'이라는 귀에 익숙지 않은 단어가 환경 분야의 키워드가 되는 날도 그리 멀지만은 않은 것 같다.

⑻ 사례 8―촬영 영상을 통해 콘크리트 구조물의 균열을 높은 정밀도로 검출하는 서비스(계측검사 주식회사)

계측검사(計測檢査) 주식회사가 창업한 1974년 당시 일본은 고도성장의 정점에서 제1차 오일쇼크 직후라는 시대의 전환기에 있었다. '대량생산만을 추구하는 사회가 바람직한 것일까? 제품을 장수할 수 있도록 하는 기술을 육성하지 않으면 일본은 쇠퇴할 것이다'라는 창업자 사카모토(坂本) 사장의 생각이 보수·점검용 측정검사 전문회사를 설립하게 한 계기가 되었다. 사카모토 사장은 특별히 의식하지 않았다고 하지만, 창업 당시부터 '환경문제'에 대해 예리한 감각을 가지고 있었던 것이다.

창업 후 30여 년이 지난 지금 비파괴검사와 철강·콘크리트 구조물의 응력(應力) 측정 등 두 분야를 중심으로 사업을 전개하고 있다. 이 회사가 새롭게 추진하려는 사업은 '화상을 통한 균열 검출 시스템'이다. 이 것은 기타큐슈시의 산·학·관 연계사업을 통해 개발된 기술이기도 하다.

일반적으로 터널 등의 구조물 검사는 사람의 눈으로 하는 검사가 중심이다. 이 회사에서는 정밀도가 높은 디지털 카메라로 구조물의 표면을 촬영하여 컴퓨터를 이용한 독자적인 화상처리기술를 통해 균열의 크기와 분포 상황을 검출하고 있다. 종래 눈으로 하는 검사가 1~2개월의 판정기간이 소요되는 반면, 이 시스템으로는 2~3일 정도의 기간으로 판정이 가능하다. 검사의 정확도도 대폭 향상되고 있다.

지금은 고속도로의 터널과 도쿄도가 운영하는 지하철의 검사 시스템으로 채용되어 순조롭게 진행되고 있지만, 개발기간 동안의 고생은 이루 말할 수 없을 정도였다고 한다. 개발자는 몇 번이고 포기하려 했지만, 경영진의 굳은 신념이 개발을 계속 진행시켰다. 사카모토 사장은 "지역의 대학과 행정의 협력을 얻은 이상 절대로 뒤로 물러서지 않았다"며 당시를 회고한다.

기타큐슈에서 개발된 이 기술은 현재 유지·관리 분야에 커다란 변화를 가져오고 있다.

(9) **사례 9—초경 절삭공구의 회수 · 재생 서비스(주식회사 다이코연마)**

지금의 회사를 설립하기 전에 영업사원으로 다양한 회사에서 경험을 쌓아온 시모테(霜手) 사장은 1993년 기계공구의 재연마를 전업으로 하는 유한회사 다이코(大光)연마를 설립했다. 순조롭게 업적을 쌓아 시내의 동종 업계 회사보다 먼저 고정밀 CNC 공구 연삭반(硏削盤)을 도입하여 고정밀 절삭공구의 가공 및 제조까지 가능하게 되었다. 2006년 새로운 공장으로 이전하면서 주식회사 다이코연마로 상호를 변경하여 현재에 이르고 있다.

스스로가 '뿌리는 영업사원'이라고 말하는 시모테 사장. 그는 기술자 출신의 사장이 많은 업계에서 영업사원 출신이라는 이색적인 이력을 지니고 있다. 이 회사에서는 기술직·사무직을 불문하고 모든 사원에게 반드시 영업직을 담당하게 한다. '고객 제일'이라는 생각을 잊지 않게 하기 위해서다.

이번에 기타큐슈 에코프리미엄으로 선정된 '초경(超硬) 절삭공구의 회수·재생 서비스'도 고객의 요구를 충족시키기 위해 당초에는 적자를 각오하고 시작했다. 초경 절삭공구의 연마 서비스를 실시하는 기업은 기타큐슈시내에만도 몇 개가 있지만, 대규모 제조업자와 동등한 고정밀 CNC 공구 연삭반을 사용하여 비용이 드는 회수 서비스까지 패키지화한 사업은 이 회사의 독자적인 것이다.

고객의 수요에 부응함으로써 결과적으로 희소자원인 텅스텐 등의 초경 소재를 절약했다. "사람(상품)을 사랑하고 감사해하며 소중히하는 마음이 사람(상품)에게 혜택받는 원천이다." 시모테 사장이 늘 사원에게 들려주는 이 말은 환경에 대한 이 회사의 신념을 단적으로 나타내고 있다.

4. 선정기업의 의견

2007년 '기타큐슈 에코프리미엄산업 창조사업'은 불과 네 해째를 맞이했지만, 선정된 상품 중에는 '신에너지대상(경제산업대신상)'을 수상한

표 7-3 **기타큐슈 에코프리미엄 선정기업 설문조사 결과**

조사대상	2004년과 2005년에 선정된 92개 기업
회수건수	56개 기업(회수율 61%)
에코프리미엄으로 선정된 효과(복수 응답 가능)	· 기업(제품·서비스)의 이미지 향상: 48건(66%) · 영업에 도움: 18건(25%) · 사내 분위기 활성화: 7건(9%)
에코프리미엄으로 선정된 제품·서비스의 판매 상황(복수 응답 가능)	· 증가: 16건(30%) · 변함없음: 37건(70%) · 감소: 0건(9%)

사례도 있었다. 아울러 선정된 상품에 대한 문의·상담이 늘었다는 의견도 있고, 선정기업은 과거보다 한층 환경을 의식한 사업활동을 전개하는 계기가 되었다는 의견도 있다.

또한 앞으로도 다수의 시내 사업자들의 참가를 촉진하기 위해서 환경배려형 제품·서비스를 발굴하고 판로를 지원하는 것이 중요하다. 그래서 기타큐슈 에코프리미엄의 성과를 파악할 목적으로 2006년 1월 선정된 기업에 대한 설문조사를 실시했다.

결과를 보면 현 단계에서는 직접적으로 매출액이 증가하는 상황은 아니지만, 선정기업의 의견대로 기업 이미지의 향상과 환경을 의식한 사업활동의 계기로서 일정한 효과를 얻을 수 있었음이 밝혀졌다.

(1) 향후 과제

앞으로의 과제로는 다음 두 가지를 들 수 있다.

첫째는 심사방법에 관한 것이다. 현재는 신청 자료를 가지고 5단계 평가방식으로 심사위원들이 심사하고 있지만, 좀 더 정량적이고 객관적인 평가방식을 도입할 필요가 있다. 특히 심사항목 가운데 '환경효과'의 경우는 심사위원에 따라 평가점수의 편차가 커서, 심사회에서 판단하기 어려운 경우가 발생하기도 했다.

이 때문에 2006년도부터 '환경효과'의 심사에는 LCA 평가 개념을 도입하여, '환경영향 체크리스트'를 신청자에게 기입하도록 하고 있다. 심사회에서는 이 리스트에 근거해 객관적으로 평가하게 되었다.

두 번째는 선정 후의 추적조사, 즉 선정된 상품의 시장침투에 대한 것이다. 아무리 환경에 좋다고 하더라도 그것이 기업의 수익으로 연결되지 않는다면, 지속적인 사업으로 추진할 수 없는 것이 현실이다.

선정된 상품은 중소기업이 제조한 것이 대부분을 차지하며, 영업·홍보에도 충분히 경영자원을 투입할 수 없는 경우가 많다.

(2) 향후의 전개방향

고객은 '환경'뿐 아니라 품질·기능·가격 등의 요소를 포함해 종합적으로 판단하고 구매한다. 즉, 잘 팔리는 에코 상품의 사례를 들어 설명하자면, 고객은 '환경'에 좋기 때문에 구입한 것이 아니라, 결과적으로 '환경'에도 좋기 때문에 구입한 경우가 비교적 많다. 이 때문에 앞으로는 마케팅과 디자인, 품질관리 등의 측면에서 지원하는 것이 필요하다.

마지막으로 중소기업 가운데는 결과적으로 환경을 배려하여 상품을 만들고 있는데도, 그 점을 자각하는 기업이 그리 많지 않다. 기타큐슈 에코프리미엄산업 창조사업을 통해 환경을 중시하는 이들 기업의 활동을 지원해나갈 계획이다.

에코프리미엄
야스이 이타루(安井至) 국제연합(國連)대학 명예부학장, (독립법인) 과학기술진흥기구

'에코프리미엄'은 내가 만든 단어다. 교토의정서를 만들었지만 미국은 이 탈하고 일본의 비준도 늦어지자, 이대로 가다가는 온난화와 화석연료의 고갈 이 인류의 성장을 크게 제약하는 족쇄가 될 것이라는 생각이 들었다. 이러한 문제를 해결하기 위해서는 세계 모든 사람들의 기본적인 마인드를 바꿀 필요 가 있지 않을까. 20세기형 사고방식, 즉 '대량생산·대량소비·대량폐기의 사 고'에서 '미래 지향형 사고'로 전환시키는 매개체나 유도체의 역할을 담당할 수 있는 단어는 없을까 하는 고민에서 탄생한 것이 '에코프리미엄'이다.

기본적인 개념은 다음과 같다. 지구상의 자원은 한계가 있다. 20세기 후반 부터 과잉소비로 석유가 먼저 고갈되고, 그 후 모든 종류의 자원들이 고갈되 어갈 것이다. 더불어 인구는 적어도 2050년까지는 증가한다. 이렇게 되면 향 후 경제의 흐름은 물질과 에너지 사용량으로 만족하는 방향은 아닐 것이다. 지금까지 경제성장과 에너지 소비량의 관계는 비례관계에 있었다. 이것은 만 약 에너지 소비가 한계에 부딪히면, 경제적인 성장도 한계에 부딪히게 됨을 의미한다.

경제적인 성장 그 자체가 인류의 목표는 아니지만, 경제적으로 후퇴하는 것은 결코 행복한 길로 가는 것이 아니다. 경제활력은 결코 양과 비례하지 않는다. 비례하는 것은 '가치의 총체'이다. 가능한 한 자원·에너지 소비를 억 제하고 가치만큼은 높은 상품을 만들지 않으면 안 될 것이다.

자원·에너지의 사용량은 줄여야 한다. 하지만 경제의 규모를 유지하기 위 해 상품의 단가는 높지 않으면 안 된다. 기본적인 가치란 구매자의 만족도이 다. 이러한 세 가지 조건을 고려해보면, 프리미엄 브랜드인 핸드백 등이 이러 한 조건을 충족하고 있다.

'에코'라고 하면 일반적으로는 인색하다는 인상이 강하다. 즉, 보통 인색 한 상품만을 제조하고 판매하는 경제를 뇌리에 떠올리게 한다. 하지만 100엔 숍에서 판매하는 상품은 바로 쓰레기가 되는 경향이 강하다. 한편 프리미엄 브랜드의 핸드백이 쓰레기로 버려지는 경우는 매우 드물다. 수리하면 오랫동 안 사용할 수 있기 때문이다. 오히려 진정한 의미에서의 가치란 오랫동안 애 용되는 것이다.

따라서 에코프리미엄 상품이란 다음과 같은 조건을 충족하는 것을 의미한다.

○ 가치가 높고, 가격은 저렴하지 않은 상품

○ 애용되고, 장기간 사용될 것
○ 쉽게 인식할 수 있고, 자랑할 수 있는 것.
아울러 당연하지만
○ 자원 절약·에너지 절약·폐기물 제로의 상품일 것

이러한 조건을 설정했지만, 이런 상품은 좀처럼 찾을 수 없다. 간신히 인정할 수 있는 후보로 다음과 같은 상품을 들 수 있다.

에코프리미엄 인정
○ 태양전지
○ 에코큐트(Eco Cute, 자연냉매 히트펌프 급탕기)
○ 하리브리드 자동차(프리우스, 시빅)
○ 리어 프로젝션(Rear Projection) TV
○ 전구형 형광등
○ 니켈수소 충전지

한편 기타큐슈시에서 에코프리미엄이라는 단어를 사용해 표창제도를 도입하고 싶다고 문의를 해왔다. 기타큐슈시의 환경대책은 전국 지자체에서도 최고 수준에 있었기 때문에 기꺼이 에코프리미엄이라는 단어를 무료로 사용할 수 있도록 허락했다(이 단어를 상표로 등록했기 때문에 이런 표현을 쓴다). 기타큐슈시의 '에코프리미엄'이 반드시 내가 내린 정의와 동일하다고 말할 수는 없다. 오히려 확대되고 있지만, 그 진의는 동일한 방향성을 지니고 있다고 생각한다. 즉, 자원 절약, 에너지 절약, 폐기물 제로 등 기본적인 환경 성능을 기준으로 선택하고 있기 때문이다. 고도의 에코상품으로 해석된다고도 이해할 수 있다.

고도의 에코상품과 더불어 '눈에 띌 것'이라든가 '애용될 것' 등은 에코프리미엄 본래의 사상이다. 즉, 같은 제품이라도 '소유하고 있다는 만족도가 높은 것'이 조건이 된다. 이러한 요소를 고려한 상품으로서 최초의 에코프리미엄 상품이었던 '전 세대에 태양광발전기를 설치한 맨션'이 에코프로덕트 대상 추진협의회 회장상(우수상)을 수상한 바도 있으며, 에코프리미엄 사상도 점진적으로 보급될 것으로 보인다.

제8장　**국제적 자원 순환 시대를 향한 대응**

안전·안심을 보장하기 위해서

1. 국제적인 자원 순환을 추구하는 새로운 구조

(1) 피에로 그림

그림 8-1을 멀리서 보면 피에로 얼굴처럼 보인다. 그래서 관계자들은 '피에로 그림'이라고 부른다. 이 그림은 2004년 개최된 산업구조심의회 환경부회 폐기물·재활용소위원회 국제 자원 순환 워킹그룹에서 선보인 것이다.

동아시아 국가경제의 급속한 발전과 더불어 모든 자원에 대한 수요와 가격이 오름세로 상승하고 있다. 그 결과 각국에서는 원자재의 대체원료가 되는 순환자원(폐기물을 재활용한 자원)을 원료로 이용하는 것이 확대되고 국경을 넘어선 이동도 활발해지고 있다.

'피에로 그림'은 이러한 배경하에 관계국이 각국 단위로 순환형 사회로의 전환을 도모함과 동시에, 보완적인 수단으로서 '국제적인 자원의 순환'을 확립시켜 동아시아 전체의 순환형 사회 경제권을 실현해간다는 미래상을 나타낸다.

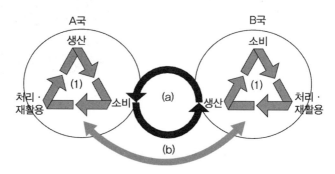

그림 8-1 동아시아 순환형 경제사회권의 이미지 그림

(1) 각국 단위로 순환형 경제사회구조로 전환
(2) 적정한 아시아지역 자원순환시스템 구축
   (a) 제조사업자에 의한 고도의 자원순환네트워크
   (b) 국제자원순환거래에서의 오염성 관리

(2) '쓰고 버린 플라스틱'의 수출확대와 칭다오 사건

본래 국제적인 자원 순환은 민간기업이 사업으로 진행하는 활동으로, 환경문제가 생기지 않는 한 행정기관이 관여할 부문은 아니다. 실제로 폐지나 고철 등은 오래전부터 국제 시황 품목으로 거래되어왔으며, 이용자인 제지회사나 제철회사에게는 원료로서 당연한 품목에 지나지 않는다. 다만 플라스틱 쓰레기의 국제적 거래 역사는 새롭다. 사용하고 난 물품이나 폐기물에서 나온 플라스틱(이하 '쓰고 버린 플라스틱'이라 함)은 예전부터 불법투기 대상인 물품이었으나, 원유가격 상승의 영향으로 재활용 원료로서의 수요가 높아져 지금은 유가물로서 해외에 판매되고 있다.

국가를 거론한 논의는 2004년 발생한 소위 '칭다오(靑島) 사건'이 그 계기가 되었다. 그것은 일본에서 중국에 수출되는 컨테이너 안에 사업폐기물인 '쓰고 버린 플라스틱'이 대량 섞여 있는 것이 발각되어 중국 정부가 일본으로부터의 수입을 전면적으로 금지한 사건이었다. 수입금지

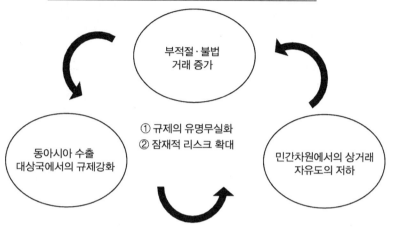

그림 8-2 국제적인 자원 순환에서의 부(負)의 순환

적절한 장치를 마련해 다음과 같은 순환을 벗어날 필요가 있다.

부적절·불법
거래 증가

① 규제의 유명무실화
② 잠재적 리스크 확대

동아시아 수출
대상국에서의 규제강화

민간차원에서의 상거래
자유도의 저하

는 나중에 해제되었지만, 수입검사와 관련된 규제는 엄격히 강화되었다.

불법행위의 발각은 규제강화로 이어지고, 규제강화는 민간 차원에서의 상거래 자유도의 저하로 이어진다. 그렇게 되면 오히려 준법의식이 낮은 사업자를 부추기게 되어 규제는 유명무실해지고 리스크는 더욱 확대된다. 최근에 국제적인 자원 순환을 둘러싼 이러한 '부의 순환'이 생겨나기 시작했다.

(3) 리스크 관리 방법으로서의 이력추적 시스템

천연자원 고갈이 현실화되어가는 상황에서 자원의 유효활용은 인류의 공통된 주제인데, 민간사업자 간의 거래를 통해 촉진되는 것은 환경과 경제의 양립을 구현하는 활동일 뿐이다. 그렇지만 국경을 넘는 거래에는 환경오염의 확산방지가 대전제가 되어 양국 관계자의 투명성과 신뢰성을 담보로 하는 장치가 필요하게 된다.

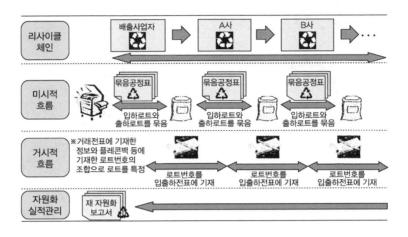

그림 8-3 주식회사 리코의 이력추적 시스템의 개념도

그림 8-3은 2005년 주식회사 리코가 독자적으로 개발한 '이력추적 (traceability) 시스템'의 구조를 도식화한 것이다.

자사제품을 회수하여 재사용·재활용 및 적절한 처리를 수행하는 리코는 재활용사업 그 자체를 사업부문(Profit Center)화 해 국내외에 독자적인 재활용 근거지를 마련하고 있다. 한편 다른 일본 내 제조회사처럼 리코 제품의 생산 근거지도 중국으로 이전하여 현재는 전 세계에 공급하는 제품의 60% 이상을 중국에서 생산하기에 이르렀다. 이러한 가운데 재사용·재활용을 실시하기 위해서는 중국으로 자사제품이 투입되는 것이 필수였고, 그 과정에서 환경오염의 미연방지책으로서 이력추적 시스템을 도입했다.

리코 시스템의 선진성 및 유효성은 칭찬할 만하다. 국제적인 자원 순환에 관련된 많은 사업자들이 리코와 같은 노하우나 리소스를 갖추지 못하고 있기 때문이다. 대기업 선두주자뿐 아니라, 양국의 국제적인 자원 순환 전체의 수준 향상을 도모하려면 자치단체 교류가 있는 지역 간의 연대체제 구축이 필수일 것이다.

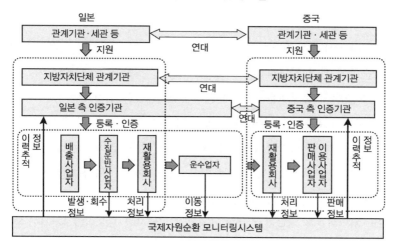

그림 8-4 양국 간 지역연대 모델

2. 실증실험 파트너 찾기

(1) 양국 간 지역연대 모델

그림 8-4는 양국 자치단체가 관여해 지역 간의 신뢰를 전제로 순환자원의 거래를 실현하겠다는 목표를 나타낸 것이다.

이 모델의 실현 여부는 자치단체의 선정 단계에서 판가름 난다. 즉, 다음의 세 가지 조건을 충족시키는 자치단체를 찾을 필요가 있다.

○ 환경 분야에서 새로운 대처법에 도전하는 자세를 갖고 있는 자치단체
○ 지역의 재활용사업자와 연대체제를 확립하고 있는 자치단체
○ 중국 측 자치단체와 환경 분야에서의 연대 채널을 갖고 있는 자치단체

생각해볼 것도 없고 검토의 여지도 없다. 이 모델은 기타큐슈시만이 실현할 수 있다.

(2) 자원 순환 네트워크 검토위원회의 설립

비슷한 시기에 기타큐슈시는 지역사업자 등의 요청으로 국제적인 자원 순환에 관한 연구회를 조직했다. 2005년 초반에 경제산업성의 소개로 그 모임에 출석했는데, 그때 감명 받았던 것은 민간사업자의 기대에 맞춰가려고 하는 담당부국의 신속한 대응과 적극적인 자세였다.

당시 환경국 환경경제부장이었던 이마나가 히로시(今永博) 부장에게 '양국 간 지역연대 모델'을 제안했더니, 그 자리에서 사업취지를 이해하고 기타큐슈시 차원의 지원 및 연대를 흔쾌히 수락했다. 그 후 사업 추진에 맞는 시나리오를 검토하고 2005년 8월에 경제산업성의 위탁조사사업으로 '자원 순환 네트워크 검토위원회'(이하 위원회)를 설립하는 단계로 이어졌다.

위원회에는 게이오기쥬쿠(慶應義塾)대학 호소다(細田) 교수와 리코 리사이클사업센터의 고지마 겐지로(小島賢次) 센터장도 참가했으며, 기타큐슈시의 학자와 재활용기업, 운수업체 등으로 구성되었다.

(3) 논의가 격렬한 위원회

위원회에서는 매회 열띤 검토가 이루어졌다. 국제적인 자원 순환이 갖는 의미가 각 사업자마다 다르기 때문이다.

우선 재활용사업자에게는 재활용한 자원의 일부를 국내보다 높은 가격에 판매할 수 있다는 이점이 있는 반면, 스스로 취급할 수 있는 재활용품의 양이 줄어든다는 리스크도 있다. 운반·운수업자에게는 순환자원이 새로운 화물이 되어 일이 많아진다는 이점이 있는 반면, 폐기물에서 나오는 물품을 취급하는 사업자와의 거래확대가 일반화물을 주로 취급하는 사업자의 이미지에 악영향을 미칠 우려도 있다.

그러나 새로운 구조를 검토할 때 가장 중요시해야 할 것은 배출사업

자의 의향이다. 급격한 사회·경제적 환경변화에 대응하면서 적절한 처리
방법을 확립해나가기 위해서는, 소위 클라이언트인 그들의 요구에 응할
필요가 있다. 배출사업자의 입장에서 보면 이전에는 돈을 주고 처리를
위탁했던 폐플라스틱 같은 물품을 판매할 수 있게 된 데다 재활용까지
되니 대환영일 것이다. 그렇지만 특히 대형제조업체들 사이에서는 국제
적인 자원 순환에 불안을 느껴, 소각처리와 서멀(thermal) 리사이클 등으
로 회수하고 있다고도 한다. '만일 자사가 배출한 물품과 그 일부가 해
외에서 불법투기된다면', '만일 자사의 로고가 들어간 제품이 태워지는
모습이 미디어에라도 나오면' 하는 식의 불안을 불식시키는 것이야말로
환경오염의 확산을 피하면서 자원유효이용을 촉진시키는 열쇠다.

위원회의 논의를 통과한 성과물로 「'국제 자원 순환 이력추적' 가이
드라인」(이하 가이드라인)이 작성되었다. 그러나 이 가이드라인은 국내 관
계자의 의견만을 집약한 내용에 불과해 배출사업자를 안심시키는 가장
중요한 요소가 빠져 있었다. 그것은 중국 측 관계자와의 인식 공유화 및
역할분담이다. 양국 관계자가 의견을 일치시키고 함께 노력하는 체제를
만들어내지 않는다면, 양국 간 지역연대 모델은 실현할 수 없다.

(4) 동아시아경제교류추진기구의 네트워크 활용

기타큐슈시는 이 모델을 실현하는 데 가장 중요한 과제는 신뢰할 수
있는 중국 측 도시를 찾는 것이라는 점을 일찍부터 염두에 두고 독자적
인 활동을 통해 미리 준비해왔다. 1991년 기타큐슈시가 제창한 '환황해
(環黃海) 경제권 구상'에 입각하여 시작한 '동아시아경제교류추진기구'가
2004년 설립되었고, 중국에서는 다롄(大連), 칭다오(靑島), 톈진(天津), 옌
타이(烟台) 등 4개 도시가 참가하고 있다. 기타큐슈시는 중국 정부의 직
할시이면서 베이징에서 가깝고 환경 담당 직원의 의식도 높은 톈진시를

선정했다. 그리고 2005년 11월에는 국제 자원 순환에서 이력추적의 필요성에 대한 의식의 공유화를 도모하기 위해 중국을 방문했다.

최근 기타큐슈시의 에코타운사업은 동아시아 및 동남아시아의 여러 나라로부터 수많은 시찰자와 연수생을 받아들였다. 그 창구가 환경경제부 환경국제협력실이다. 당시에 이미 톈진시의 연수생도 받아들이고 있었으며, 환경국제협력실의 고조노(小園) 씨가 직접 연락하는 채널을 맡고 있었다.

중국 관계자와의 연대를 통한 이력추적 실현을 목표로 하는 기타큐슈시의 활동은 국제협력사업이라 할 수 있다. 실제로 '쓰고 버린 플라스틱'의 수입량이 많은 것은 중국 남부도시이고, 사업자 측도 남부도시에서의 활동을 시사하고 있었다. 다만 도시 간의 신뢰관계를 기초로 하는 교류를 진행하려면, 상대측 도시에도 높은 이상을 받아들일 소지가 있어야 한다. 결과적으로 톈진시는 기타큐슈시의 제안을 받아들였고 이력추적 관리를 전제로 한 실증사업 수행에 적극적으로 동의해주었다.

위원회의 검토와 병행하여, 행정기관으로서 다음 단계로 나아갈 수 있도록 길을 터준 환경국제협력실의 식견과 신속한 일 처리는 기타큐슈시가 아니고서는 할 수 없는 일이었다.

(5) 히비키나다 대수심항만을 핵으로 하는 국제자원 순환근거지 구상

국제자원 순환에 대한 기타큐슈시의 대처는 환경대책일 뿐 아니라 항만진흥이라는 측면도 있다. 순환자원의 해외 수출이 이제 컨테이너 수를 기준으로 항만거래 전체의 10%가 넘고 있으며, 항만화물의 취급량 확대라는 관점에서도 무시할 수 없는 정도의 양에 이르렀다. 기타큐슈시는 동아시아 국제무역의 근거지가 되기 위해, 와카마쓰구 히비키나다 대수심항만에 최신식 설비를 갖춘 히비키 컨테이너 터미널(이하 HCT)을 건설했다. HCT의 이용 촉진은 시의 산업진흥책이라고도 볼 수 있다. 근접

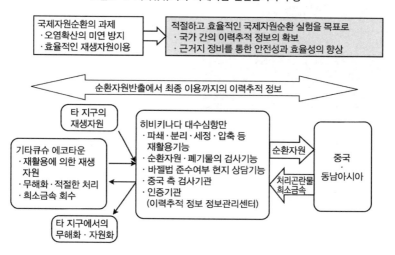

그림 8-5 기타큐슈시의 국제자원 순환근거지 구상

국제자원순환의 과제
· 오염확산의 미연 방지
· 효율적인 재생자원이용

적절하고 효율적인 국제자원순환 실험을 목표로
· 국가 간의 이력추적 정보의 확보
· 근거지 정비를 통한 안전성과 효율성의 향상

순환자원반출에서 최종 이용까지의 이력추적 정보

타 지구의
재생자원

기타큐슈 에코타운
· 재활용에 의한 재생
자원
· 무해화 · 적절한 처리
· 희소금속 회수

타 지구에서의
무해화 · 자원화

히비키나다 대수심항만
· 파쇄 · 분리 · 세정 · 압축 등
재활용기능
· 순환자원 · 폐기물의 검사기능
· 바젤법 준수여부 현지 상담기능
· 중국 측 검사기관
· 인증기관
(이력추적 정보 정보관리센터)

순환자원

처리곤란물
희소금속

중국
·
동남아시아

한 에코타운이나 리사이클 포트와도 제휴함으로써 순환자원의 수출입량 확대를 통한 항만진흥도 가능해지기 때문이다.

국제자원 순환을 적정화하면서 항만진흥, 나아가 관련 물류사업자 등에게 미치는 파급효과를 포함한 산업진흥으로까지 이어가는 것. 이러한 커다란 그림 속에 톈진시와의 국제협력사업을 적용해나갈 필요가 있었다. 그림 8-5에 나타낸 국제자원 순환근거지 구상은 그러한 전략적인 관점에서 그려진 구상이다.

3. 기타큐슈시와 톈진시의 '환경 국제협력사업'

(1) 일 · 중 국제자원 순환 이력추적 실증사업

2006년 경제산업성의 위탁조사사업으로, 기타큐슈시와 톈진시는 '일·중 국제자원 순환 이력추적 실증사업'을 실시하기로 결정되었다. 그런데

당시 기타큐슈시와 텐진시 사이에는 '쓰고 버린 플라스틱'을 거래한 실적이 없었으므로 모든 것을 처음부터 시작해야 했다.

우선은 거래 대상인 '쓰고 버린 플라스틱'을 무엇으로 하느냐가 문제였다. 중국은 칭다오 사건 이후

사진8-1 실증사업의 대상인 쓰고 버린 플라스틱

극히 엄격한 순환자원 수입규제를 마련했으며, 그 기준이 아주 엄격하게 설정되어 있다. 수입 여부에 대한 판단은 법령 등 문구의 번역이나 해석에 좌우되는 부분은 있을지언정, 국가의 위탁사업으로 실시하는 이상 누가 봐도 제도적인 문제에 저촉되지 않는 품목의 선정이 전제되어야 한다.

실증사업에서는 위원회에 참가하는 배출사업자의 협력을 얻어 '변기·요강의 성형가공손실로 나온 플레이크'(이하 플레이크) 및 '쓰고 버린 OA기기의 외장 프레스물품'(이하 프레스물품)을 대상 물품으로 했다.

실증사업의 실시에 앞서 일본 측은 위원회 참가기업의 협력을 얻기로 결정되어 있었으나, 중국 측 참가기업의 선정은 난항을 겪었다.

중국은 수입한 순환자원 리사이클에 관한 라이선스 제도를 마련하고 있었는데, 소재별 수입허가를 갖고 있는 사업자 외에는 처리를 할 수가 없다. 실증사업에서 취급할 '플레이크' 및 '프레스물품'의 처리에는 'PP', 'PS', 'ABS'의 수입허가를 갖고 있는 사업자가 필요하다. 또한 무엇보다 중요한 선정기준은 해당 사업자에 대한 신뢰성이다. 돈을 지불하고 구입한 물건을 그대로 불법투기할 사업자는 없다. 문제는 대상 물품의 처리과정에서 환경오염을 확산시키지 않는 생산관리 기법과 프로세스(소위 '5S')를 도입했느냐는 것이다.

텐진시의 추천을 받아 참가한 한 회사(天津億利德有限公司)는 앞서 밝힌 조건을 모두 갖추고 있었다. 그곳을 선정하기까지 기타큐슈시 환경산

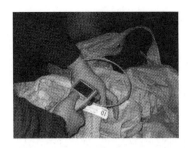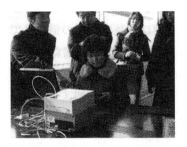

사진 8-2 IC 태그 및 정보 시스템을 활용한 실증사업의 광경

업정책실의 쓰카모토(塚本) 계장 등 실무담당자는 사무국인 우리 회사와 함께 텐진시를 여러 차례 방문하여 텐진시 환경보호국의 실무담당자인 고체폐기물관리처의 왕(汪) 처장, 이(李) 씨, 국제합작처의 근(靳) 처장 등을 상대로 철저한 상호 의식의 일치를 이끌어냈다. 기타큐슈시가 여태껏 쌓아온 환경 국제협력사업에서의 실적과 경험의 축적에서 나온 노하우가 유감없이 발휘되었던 순간이다.

실증사업에서는 이력추적 확보수단으로 'IC 태그'를, 또한 양국 관계자가 실시간으로 정보를 공유하기 위한 정보 시스템(국제자원 순환 모니터링시스템)을 활용했다. 이 아이디어는 생각한 것 이상으로 효과적이었다. 애초의 목적은 거래의 투명성을 확보하는 것이었으나, IT의 활용을 기준으로 한 '참가사업자의 수준 확보'라는 효과도 있었고, 동시에 이번 사업에 '환경기술협력'이라는 성격을 부여하는 것으로도 연결되었기 때문이다.

실증사업은 2007년 새해가 밝아오면서부터 시행되어, 중·일 양국의 행정기관 입회하에 진행되었고 '양국 간 지역연대 모델'의 유효성을 확인했다. 참가 기업에게는 정보 시스템 취급 등 새로운 작업부하의 저감 등에 관련된 요청이 들어왔지만, 개별적인 과제에 대해서는 기술적인 해결책을 찾아내면 된다. 무엇보다 중요한 것은 양국 관계자가 국제자원 순환의 현재 상황에 대한 문제의식을 공유하고 함께 노력하며 다음 과제를 같이 찾아가는 과정 그 자체였다.

(2) 일 · 중 국제자원 순환 합동모임 개최

실증사업의 성과를 양국 관계자가 공유할 목적으로, 톈진시의 환경보호국 및 실증사업에 참가한 재활용사업자를 기타큐슈시에 초청하여 '일·중 국제자원 순환 합동모임'(이하 합동모임)을 개최했다.

국제회의장에서 개최된 합동모임에서는 양국을 넘나든 실증사업의 양상과 향후 해결이 필요한 과제 등에 관한 보고가 이루어졌고, 양국 관계자들의 활발한 의견 교환도 있었다. 또한 기타큐슈시와 톈진시 사이의 사전조정을 거쳐 일본 측만이 아니라 중국 측의 행정기관 및 사업자의 역할 등을 추가하여 개정한 '가이드라인'도 발표했다.

마지막에 이 사업에서 기타큐슈시 측의 중심적인 역할을 맡고 있던 이마나가(今永) 부장과 톈진시 측의 책임자였던 왕야핑(王亞平) 부국장이 각서를 체결했다. 그 내용은 다음과 같다.

o 기타큐슈시와 톈진시는 상호 협력하며, 오염의 미연 방지와 자원의 유효활용을 목적으로 하는 적절하고 효율적인 국제자원 순환의 구축을 지향한다.

o 2006년 양측 시에서 실시된 일본 경제산업성의 모델사업 결과를 토대로 정리한 민간 차원의 국제자원 순환에 관한 활동을 지원한다.

4. 새로운 무대로

(1) 이력추적 인증기관의 필요성

실증사업에서는 양측 시와 사무국이 각 사업자의 시설을 방문하여 대상

그림 8-6 컨소시엄 방식을 통한 인증기관의 설립방식

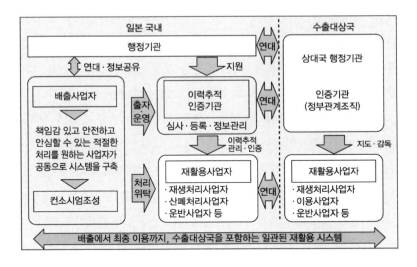

물품의 취급 실태를 확인한 후, 인터넷을 통해 등록된 이동정보 등을 확인했다. 그렇지만 통상적인 거래라 하더라도 행정기관이 지속적으로 관여하는 것은 현실적이지 않다. 위원회에서는 이력추적 정보의 신뢰성을 담보하는 기관의 필요성, 그 기관의 본분 및 역할에 관한 검토를 병행하고 있었다.

위원회에서는 민간사업자가 컨소시엄 방식으로 설립하는 것이 현실적인 방침이라는 결론을 얻었다. 사무국은 위원회 참가기업 가운데 적극적인 기업에게 권유하여, 2007년 4월 (주)에코마테리얼, (주)사토, 상큐(山九)(주), 닛테쓰운수(주), 히비키나다개발(주), (주)리코 등 6개사가 참여한 '자원 순환 네트워크·컨소시엄'(이하 컨소시엄)을 설립하기에 이르렀다. 마침내 이력추적 관리를 사업상 수행할 기관의 설립 준비가 완료된 것이다.

(2) 환경선진도시의 딜레마

이러한 단계에 이르자 기타큐슈시는 미묘한 입장에 처했다. 국제자원 순환의 적정화를 지향하는 활동을 지원하고 스스로도 적극적으로 임해왔으나, 행정이 민간사업을 정면에서 지원할 수는 없었다. 또한 국제자원 순환의 적정화는 지역 재활용사업자에게는 일감의 감소로 이어질지도 모른다. 반면에 컨소시엄이 지향하는 적정한 거래 통로가 확립되지 않는다면 부적정한 거래의 확대를 통해 환경 리스크도 확대될 것이 뻔하다.

그렇다면 어떻게 해야 하는가? 기타큐슈시는 사무국 측과의 철저한 논의를 거쳐 "경제적·환경적인 요인 등의 이유로 일본 내에서는 자원(material) 리사이클이 곤란해 서멀 리사이클 또는 매립으로 보내지는 품목의 취급을 전제로 하는 국제자원 순환 활동을 지원한다"는 방침을 내놓았다.

제조업의 세계화가 진전되는 가운데 재활용산업의 세계화도 피할 수 없게 되었다. 다만 재활용산업의 경우 현시점에서의 그 중요성에 비해 역사가 짧고 산업으로 확립되어가는 과정에 있다는 점을 감안한다면, 단순한 시장경제 원리에 기초해 모든 것을 판단하기는 어려울 것이다. 앞으로도 일본 재활용사업의 보전과 국제자원 순환의 적정화의 양립을 도모하기 위한 대책을 검토해나가는 것이 민관 모두의 과제일 것이다.

(3) 일본 자치단체의 선두주자로서

자연은 우리 인간에게 사고와 새로운 것에 도전하기 위한 두뇌를 선물했다. 그것을 헛되이 하는 것은 자연의 법칙에 어긋난다. 21세기에는 동맥경제만이 아니라 정맥경제에서도 일본이 세계를 리드한다. 이 도전만큼 가슴 벅차오르는 도전은 없다.

이는 「산업구조심의회 국제자원 순환 WG 보고서」의 전문이다. 환경 분야의 국제전개에서, 일본 내 다른 도시를 계속 이끌어나가는 것이 기타큐슈시의 역할임은 틀림없다.

국제자원 순환의 새로운 전개
호소다 에이지(細田衛士) 게이오기쥬쿠대학 교수

최근에 신문이나 잡지, 텔레비전 등에서 국제자원 순환문제가 자주 거론된다. 천연자원이 국제적으로 거래되듯이 쓰고 버린 제품, 부품, 소재(이런 것을 정맥자원이라고 부른다)와 그것들을 가공해서 얻을 수 있는 재생자원도 대규모의 국제적인 거래가 이뤄지게 되었다. 유효한 자원 이용이라는 의미에서는 이점이 있지만, 거래 결과를 볼 때 오염의 우려가 있는 재활용이 행해진다는 점도 있어서 결함도 지적된다. 정맥자원·재생자원의 국제순환을 도대체 어떻게 진척시켜야 할지, 고민스러운 문제가 산적해 있다.

모든 원소와 물질은 속도나 영역의 크기에 차이가 있을지언정 순환되고 있다. 해양수는 약 2,000년에 걸쳐 순환된다고 한다. 반면 담수는 강수라든가 증발산 등을 통해서 극히 짧은 시간에 순환된다. 인간의 경제활동에 의해 이러한 자연의 순환이 흐트러진다면 분명 지구환경 문제가 생긴다. 탄소순환을 혼란시켰기 때문에 발생하고 있는 기후변화문제가 그 좋은 예다.

인간이 경제활동으로 획득한 제품, 부품, 소재는 자연적으로 순환되는 물질과는 다르므로, 방금 설명한 문제와 똑같이 생각할 수는 없다. 그렇지만 제품, 부품, 소재가 시장 메커니즘을 통해 경제권을 순환하고 있음은 사실이다. 따라서 인간이 만들어낸 것에 대해서도 환경부하가 적은 순환을 고려해야 한다.

주로 동맥경제에서 취급되는 것, 즉 상품(Goods)은 기본적으로 시장 메커니즘에 맡겨 순환시키는 것이 좋다. 물론 환경문제를 발생시키지 않는 구조(경제학에서는 이것을 외부불경제의 내부화라고 한다)는 필요하다. 그러나 일단 그러한 구조를 구축하면 그 다음에는 시장의 힘으로 순환시키는 것이 좋다. 거기에 인위적인 힘을 가하면 불필요한 것이 생겨 오히려 효율성이 떨어진다.

그러나 정맥경제에서 취급되는 폐기물(Bads)이나 정맥자원, 그리고 일부 재생자원의 경우는 보통의 재화와 똑같은 식으로 순환을 생각할 수 없다. 이러한 자원에 대해서는 거래자 사이에 정보의 비대칭성이라는 성질이 있어, 이들 자원의 일부가 보이지 않는 유통과정 속에서 부적정 처리, 불법투기, 부정 수출과 같은 결과를 낳기 때문이다. 오염을 일으키지 않는 형태로 좀 더 유효한 광역자원 이용을 어떻게 달성할지, 다양한 연구와 실증실험이 이뤄지고 있다.

기타큐슈시에서는 환경부하가 적은 광역자원 순환의 개념 및 시책 마련을 일찍이 시작했고 또한 실제로 착수해왔다. 여기서 검증된 기본원칙이 있다. 그것은 정맥사슬에서의 ① 추적 가능성 확보, ② 투명성 보증, ③ 설명책임의 이행의 세 가지다. 그 상세한 내용은 이번 장을 읽어보면 충분히 이해할 수 있을 것이다.

그러나 이 세 가지를 실제로 행하는 것은 쉽지 않다. 그것을 위한 거래 시스템이 필요하기 때문이다. 시장 메커니즘이 원활하게 기능하는 동맥사슬과는 달리, 정맥사슬에서는 어떠한 시스템에 의해 시장을 지탱하지 못하면 위의 세 가지가 실현되지 않는다. 이 경제 시스템은 민간 관계자와 국가·지방공공단체의 관계자가 유기적으로 연결되었을 때 비로소 구축된다. 실제로 에코타운이라든가 리사이클 포트 등 정맥경제 시스템의 기반구조(infrastructure)는 이러한 연대를 통해 만들어졌다. 에코타운과 리사이클 포트는 투명하고 추적 가능하며 설명책임을 다하는 정맥경제 시스템의 게이트이다. 일단 이 게이트에 들어가기만 하면 정맥사슬은 투명하고 원활해진다. 게이트를 통과만 한다면 그 다음은 IT기술을 이용해 물건의 흐름을 추적할 수 있다. 또 한 가지 중요한 것은 시스템 참가자의 자격이 합당해야 한다는 것이다.

기타큐슈시에서는 실증실험 등을 통해 이러한 시스템을 구축해왔다. 현재는 실증실험을 뛰어넘어 비즈니스 속에서 시행하려고 한다. 시는 코디네이터로서의 역할을 철저히 하고, 적절한 민간 관계자의 참여를 확보하며, 비즈니스의 원활한 기능을 위해 다양한 연구를 하고 있다. 에코타운과 리사이클 포트의 특성을 살려, 광역자원 순환의 선도자가 되었다. 앞으로도 고도의 광역자원 순환을 이뤄내기 위해 기타큐슈시가 해야 할 역할이 크다.

제9장 **환경교육을 향한 실천적인 움직임**

세계가 인정한 차세대 인재 육성법

1. 공해극복에서 이어지는 시민환경교육

(1) 모리 씨와의 만남

1996년 기타큐슈시에서는 베이징에서 개최되었던 세계여성회의의 보고회가 열렸다. 내 옆자리에 앉은 어느 나이 든 여성이 모두의 발표를 만족해하며 듣고 있었다. 그녀가 바로 이 책의 서두에 소개된 도바타(戶畑) 부인회의 리더 모리 아키코(毛利昭子) 씨였다. 집으

사진 9-1 소비생활센터에서 식품첨가물 실험을 하는 부인회(1974)

로 돌아가는 모리 씨를 쫓아간 필자는 전화번호를 물어 손바닥에 적고 재회를 약속했다. 그리고 그 다음 일요일부터 매주 모리 씨 댁을 방문했

다. 이렇게 해서 세계의 본보기가 되었던 도바타 부인회의 공해극복 활동에 대한 전모를 알 수 있었다.

기타큐슈시의 환경교육 및 환경학습에서 이 부인회의 학습은 상징적이다. 거기에는 두 가지 큰 특징이 있다. 첫째, 과학적인 데이터를 수반한 객관성을 갖는 학습이었던 점, 둘째, 학습한 결과를 시민 전체의 문제로 삼아 사회적 전개를 도모한 점이다.

부인회가 과학적인 데이터를 수집한 데는 대학교수라든가 행정기관과의 원활한 협력이 있었다. 이러한 특징은 그 후 기타큐슈시의 환경학습의 원점이 되고 있다.

(2) 환경교육은 시민 속으로

1980년대 기타큐슈시는 이전의 '가르치다'라는 개념에서 벗어나, 되살아난 수변생물과 조사모습이 담긴 슬라이드를 음악과 함께 감상하고 환경 수복을 체험하며 '함께 즐긴다'는 획기적인 환경교육을 전개했다. 또한 그때까지 업무로만 진행해왔던 하천오염도 조사를 1988년부터는 시민 스스로가 참여할 수 있는 '부모자녀 참여 수변교실'로 새 단장했다. 이 교실은 이제 학교나 시민단체의 대표적인 환경학습 중 하나가 되었다.

1985년 OECD 경제백서에서 '회색 도시에서 녹색 도시로'라며 기타큐슈시의 공해극복에 대해 높이 평가하자, 시에서는 1986년 도바타역 4층에 '도카이 만 정화 기념전시홀'을 만들었고, 1992년에는 공해극복을 전파하는 학습의 장 '되살아난 기타큐슈의 하늘과 물 전시 공간'으로 재정비했다. 유리한 지리적 조건 덕분에 일반시민 외에 시내의 초등학교에서도 수업의 일환으로 이 전시장을 방문하게 되었다.

공해문제가 일단락되자 '쾌적환경'과 '어메니티'가 키워드가 되었다. 1987년부터 환경청은 '스타워칭: 별이 빛나는 하늘의 도시 콘테스트'를 실시했고, 1988년 기타큐슈시는 아름다운 하늘을 되돌려놓은 '별이 빛나는 하늘의 도시'로 선정되었다.

1990년대에 들어서면서 환경교육은 더욱더 시민의 눈높이에서 추진되었다. 예를 들면 원래 전문적으로 시행되어야 하는 일에 누구라도 할 수 있는 방법을 도입한 '당신 도시의 대기건강진단' 등이 있다. 폐기물 문제가 가시화되면서 쓰레기 수집과 분리에 관한 의견 교환을 위해 시민을 찾아가는 좌담회도 증가했다. 빈 캔의 분리와 압축을 보여주는 빈 캔 압축 차 '캥거루 호'의 운행은 지금도 어린이들에게 인기 있는 사업이다.

2. 시민의 힘을 살리는 환경 인재 육성

(1) 환경학습정보실의 설치

1993년에는 「환경기본법」이 제정되었으며, 그 안에 환경보전에 관련된 교육 및 학습에 관한 조항이 마련되었다. 환경국에서는 1994년 '환경학습정보실'을 설치했다. 이 환경학습정보실은 시민활동의 교류와 학습지원의 근거지인 환경뮤지엄 건설로 이어졌다.

사진 9-2 시민에코칼리지(가정쓰레기의 구성을 조사하는 시민)

1996년에는 환경리더 양성강좌 '시민에코칼리지'가 개설되었다. 그런데 뚜껑을 열어보니 응모한 사람들 중에는 환경교육을 행하는 입장인 선생님보다는 더 배우고 그것을 살리는 활동을 하고 싶어 하는 시민이 의외로 많았고, 그 열의에 놀랐다. 시민에코칼리지는 실내수업이 적고 실험·현장주의인 체험강좌이다. 도카이 만을 배로 순항하면서 채수하고 수질검사와 플랑크톤을 관찰하는 등 필드를 최대한 활용했다.

시민에코칼리지에서는 4년간 약 200명의 리더가 배출되었고, 그들 가운데 3개의 환경 NPO가 결성되었다. 그중 하나가 현재 IT 보급이라든가 환경활동 등 여러 가지 사회공헌을 하고 있는 '시니어네트 기타큐슈'이다.

「환경기본법」이 시행되었을 즈음, 시내 유일의 환경보호재단 '다카미야 마리바'가 조직되어, 오늘날까지 학교와 지역주민을 대상으로 폭넓게 환경교육을 실시하고 있다. 1997년에는 제6장에 나온 '지구온난화를 생각하는 기타큐슈시민의 모임'이 조직되어 환경가계부 시민운동을 전개하고 있다. 그 외에도 이토즈(到津)동물원 보존운동을 계기로 발족한 '기타큐슈 인터프리테이션연구회', 정의를 수호하는 '어스맨(earthman)'이 활약하는 '국제자연대학교', 도시와 농촌·자연을 연결하는 '사토야마를 생각하는 모임', 와카마쓰구와 도카이 만을 중심으로 한 '마을의 칼슘공방', '비오톱네트워크연구회' 등 환경·마을만들기 NPO가 점점 생겨났다. 결국에는 '히라오다이 자연체험학교(平尾台自然塾)'와 같은 교육특구를 신청해 자연 속의 어린이학교를 만드는 NPO까지 등장했다.

그 후 야마다녹지의 '야마다그린네트', 이토즈노모리(到津の森) 공원의 '모리노나카마타치(숲의 친구들)', 이노치노박물관의 '시다' 등 공공학습시설에서도 봉사자들이 급증하고 있다. 시민도 행정기관도 기업도 모두 환경교육을 추진해갔다.

(2) 환경뮤지엄과 서포터의 탄생

1995년경 환경 분야의 학습·정보교류의 총체적 근거지로서 '환경뮤지엄'을 건설하려는 구상이 세워졌고, 당시 개최가 예정된 '기타큐슈박람축제 2001'의 전시관으로서 선행 오픈하게 되었다. 그리고 일반 공모

를 통해 97명의 시민이 자원봉사
자로 선발되었다.

환경뮤지엄에서 행하는 환경학
습은 다음 세 가지 점을 중요시했
다. 첫째, 가르치는 것이 아니라
깨닫게 한다. 둘째, 체험형으로 한
다. 셋째, 무엇보다 즐겁게 한다.

사진 9-3 환경학습 서포터에 의한 환경학습

박람축제가 끝난 뒤에도 자원봉사자들은 계속해서 환경학습 서포터로
서 환경뮤지엄뿐 아니라 시내 전역에서 환경학습 활동을 시작했다. 학교
수업에서 필요로 하는 '공해극복의 역사'를 좌담회나 그림 연극으로 진
행하고, '연료전지실험', '지구온난화실험' 등의 과학실험도 실시했다.

이렇듯 지식과 기술을 겸비하거나 고도경제성장 이전의 순환형 사회
의 지혜를 가진 시민들이 새롭게 현대의 환경문제에 대해 배워 선생님의
역할을 해내는, 이른바 '시민이 시민에게 전달한다'는 구조가 만들어지
고 있다.

(3) 전국 최고 수준의 어린이에코클럽 활동

어린이에코클럽은 환경청의 제창으로 1995년에 시작되었다. 기타큐슈
시는 1999년에 제4회 전국페스티벌을 개최한 이래로 학교나 지역의 어린
이회와 이웃 사이에서 활동을 이어가고 있는데, 회원 수는 전국 최고 수준
이다. 2005년에는 환경대신(環境大臣) 감사장을 수상하기도 했으며, 2008
년 3월에는 제13회 전국페스티벌이 또다시 기타큐슈시에서 개최되었다.

그리고 독특한 인재 육성 강좌로 규슈환경기술창조센터가 있다. 이 강
좌는 폐기물 분야의 실무전문가를 양성하기 위한 것으로 2004년부터 매
년 소수정예, 합숙형식으로 진행되고 있다. 센터장은 후쿠오카대학 명예

교수인 하나시마 교수이다. 규슈를 중심으로 관동지방에서도 사회인 수
강생이 모여든다고 한다.

3. 독특한 환경교육 교재

(1) 새로운 환경교육 교재의 탄생

기타큐슈시의 환경교육 교재는 30년 이상의 역사를 갖고 있다.

2000년부터 '종합적인 학습 시간'이 생겨났고 환경학습은 복지, 정보,
국제이해와 더불어 크게 다뤄지는 분야가 되었기 때문에, 지금까지의 교
재를 종합적·체계적으로 재편집하기로 했다.

재편집에 앞서 기본적인 작성 기준을 정했는데, ① 종합적인 내용을,
② 발육연령에 맞는 구성으로, ③ 가까운 지역 등 기타큐슈시의 사례를
많이, ④ 사진과 일러스트로 비주얼하게, ⑤ 실험·조사와 퀴즈, 게임, 노래
등의 즐거운 활동을 포함해, ⑥ 학교 선생님이 직접 집필한다 등이었다.

연령에 맞춰 세심하게 교육하기 위해 초등학교는 두 학년씩 세 단계로
나누었다. 모든 학년에 환경이라는 주제를 구석구석까지 포함시켰다. 중
학생용은 어떤 교과에서든 다뤄주기를 바라면서 크로스 커리큘럼과 같은
방식으로 모든 교과의 선생님이 집필했으며 또한 활동의 주체가 되었다.

(2) 다양한 유아용 환경그림책

1985년부터 발행되고 있는 유아용 그림책은 책으로 오래 이용할 수
있도록 등표지를 붙였다. 젊은 유치원 교사·보육사 모두가 장면 구도를
적고 대사를 붙여 서로 의견을 물었다. 눈 깜짝할 사이에 열 몇 페이지가

완성되었고 복사 기능이 있는 화
이트보드에서 나온 용지는 그 상
태로 바로 그림책이 되었다. 역시
현장 교사였다. 마지막 편집회의에
서 성별·인권, 우주 등의 주제도
자연스럽게 포함시켰다.

사진 9-4 환경교육 교재

환경국에는 2002년부터 교육위
원회에서 현장교사가 파견을 나오고
있다. 그들은 현장의 요구를 파악하여 점자판·음성CD판, 원외보육의 사전학
습 등에 사용하는 네 배 크기의 대형본도 작성했다. 어린이도 가족도 장애인
도, 가정에서나 원에서나 환경에 대해 배울 수 있는 자료를 마련한 것이다.

(3) 시민의 손으로 만든 별책 공해극복 편

전국의 초등학교 5학년이 사용
하는 교과서에는 기타큐슈시의 공
해극복 사례가 게재되어 있다. 환
경학습 서포터들이 그것을 그림
연극용으로 바꾸고 거기에 교사의
상세한 자료집을 덧붙인 교재를
발행했다. 시민의 손으로 만든 교
재의 탄생이었다.

사진 9-5 지역특성을 살린 종합적인 학습 시
간 간척지클린작전

이 외에 각 학교에서도 적극적으로 환경교육을 진행해왔다.

2001년에는 문과성 지정 환경교육추진모델사업으로서 소네(曾根) 간
척지를 중심으로 하는 지역환경교육사업을 실시했으며, 초·중등학교가
연대한 반딧불이의 방류와 같은 지역청소 활동 등을 실시했다.

2004년부터는 환경뮤지엄과 에코타운센터 등을 이용한 기타큐슈 에코투어를, 2005년부터는 환경학습 모델수업 등을 하는 환경교육추진 지정학교제도를 시작했다.

또 노고가 많은 사람을 표창하고 한층 더 동기를 부여한다는 의미에서 어린이환경상과 학교교육환경상, 청년사회환경활동 장려금 제도를 마련했다.

게다가 '우리 마을 우리 학교의 환경작전'이 시작되어 전체 유치원 및 초·중·고에서 그 지역의 '특색 있는 환경학습'을 진행하고 그 성과를 홈페이지에 게재해 널리 알리고 있다.

필드를 활용한 환경학습 중에서는 '소네 간척지의 자연보호활동' 외에 '섭조개를 이용한 도카이 만의 환경수복교실'이 독특하다. 이 활동은 바다의 오탁물질인 영양염류를 섭조개에게 흡수시켜 제거함과 동시에 그 섭조개를 끌어올려 퇴비로 이용하는 것인데, 초등학생들은 조개를 매다는 '나의 로프'에서부터 '나의 퇴비 만들기', '식물재배'까지 체험하면서 도카이 만의 역사와 환경, 생물 등을 종합적으로 배우고 있다.

마을과 강을 청소하는 '마을미화 활동'도 활발히 이뤄지며, 이들 활동은 '교구(학군)마을미화 리포트'로 정리되어 널리 소개되고 있다.

민간단체와 연대한 활동으로서 어린이를 대상으로 하는 환경학습프로그램 'Kid's ISO 14000'에 참가하기도 했다. 2007년도에는 6개 초등학교, 122명이나 되는 어린이들이 국제연합대학에서 초급편 국제인정증을 수여받았다.

4. 충실한 환경교육시설군

(1) 미래와 희망이 보이는 교육교재

"기타큐슈시는 좋겠어요 이렇게 환경시설이 많으니까요." 시 외부에서

오신 손님에게 자주 듣는 말이다.

필자도 지금까지 많은 도시에 연수차 나가보았지만, 하나의 도시에 이렇게 환경시설이 많은 곳은 아마 없을 거라 생각한다. 환경교육을 연구하고 있는 필자에게는 무엇보다도 혜택 받은 곳이다. 게다가 기타큐슈시만의 개성 넘치는 환경시설이 많다.

사진 9-6 환경뮤지엄

예를 들면 야하타히가시구(八幡東區)에 있는 환경뮤지엄은 기타큐슈시 공해의 역사를 전시할 뿐만 아니라, 그 공해를 학습교재로 배울 수 있는 시스템도 갖추었는데 그 일을 맡는 직원과 봉사자들이 따로 있다. 예전에는 이러저러했다는 박물관이 아니라, 공해에서부터 현재의 환경문제까지 모두 배울 수 있는 시설이다. 또한 자원봉사자인 '환경학습 서포터'도 상주하고 있다. "아무리 노력해도 공장에서 나오는 물이 깨끗해지지 않아 고생했지. 몇 년, 또 몇 년을 연구해 마침내 깨끗하게 만드는 기술을 발견했을 때는 너무 기뻤어." 이들은 실제 체험을 토대로 교과서에는 나오지 않을 에피소드를 얘기해준다.

또 고쿠라 도심부에는 '물 환경관'이 있다. 깨끗해진 실제 강물과 물고기들이 유리창 너머로 보인다. 관내에는 다양한 생물이 사육되어 어린이부터 어른까지 가까이서 볼 수 있다. 사육은 기타큐슈고교의 '어부(魚部)'가 맡는다.

사진 9-7 물 환경관

기타큐슈시는 정령지정도시 중에서도 반딧불이를 볼 수 있는 강이 가장 많은 곳이다. '호타루(반딧불이)관'에 가면 반딧불이의 생태에 대해 배울 수 있다. 이는 오랫동안 반딧불이가 살 수 있는 마을을 지향해온 지역

자원봉사자들의, 강을 더욱 깨끗하게 하자는 생각에서 만들어진 시설이다.

와카마쓰구의 에코타운에는 '에코타운센터'가 있다. 그리고 매일 시찰자들이 방문하는 재활용 공장군은 그 자체가 살아 있는 환경교육 교재다. 이를 통해 자원 순환형 사회를 오감으로 느낄 수 있다.

사진9-8 에코타운센터

자연과 동물의 관계를 배우는 장으로는 이토즈노모리 공원이 있다. 이곳은 동물들이 생식지와 비슷한 환경에서 자유롭게 활동하는 곳으로 평판이 나있다. 여기서는 사육담당자가 환경교육 프로그램을 준비하고, 방문객들에게 동물의 개성을 알기 쉽게 설명해준다. 동물들을 구경거리로 삼는 것이 아니라 애착을 갖고 지켜봐주는 팬층을 만들고 있다. 교육이라 하면 딱딱하다는 이미지가 있는데, 이곳에서는 살아 있는 생명을 접하면서 동물에 대해 '즐겁게' 배울 수 있고 환경교육의 뿌리가 자라나고 있다. 그 절정은 '이노치노타비박물관(자연사역사박물관)'이다. 지구의 유구한 역사와 기타큐슈시의 자연을 종합적으로 배울 수 있는 곳이다.

이러한 환경교육시설은 각 시설 담당자들의 열의와 연구 덕분에 '생명의 이어짐'을 깨닫게 하는 프로그램을 갖게 되었다.

(2) 커뮤니케이션이 큰 열쇠

일본 전 지역과 세계 각지에서 기타큐슈시의 환경교육시설로 견학을 온다.

그것은 아마 이들 시설이 커뮤니케이션을 통해 환경에 대한 메시지를 전달하기 때문일 것이다. 알기 쉽게 전달하는 기술과 마인드가 있는 것이다.

차세대에 좋은 환경을 물려주려면 어릴 적부터 환경교육이 중요하다.

씨앗은 뿌리지 않으면 싹트지 않는다. 기타큐슈시에는 많은 씨앗을 키우는 시설이 있다. 시민의 쉼터인 시설에 학습을 추가함으로써 이용가치가 한층 더 높아졌다. 앞으로는 이것들을 수평적으로 사용하는 소프트웨어의 개발이 과제이다.

기타큐슈의 환경교육시설은 환경수도의 얼굴인 것이다.

5. 시민 모두가 환경자랑

(1) 우리 마을 환경자랑

우리 마을의 좋은 점을 시민 모두가 알고, 그 정보를 시외에도 알린다면 그 좋은 점을 더욱 살려나갈 수 있지 않을까. 이러한 생각에서, 2005년 여름 '우리 마을 환경자랑'이라는 사업이 시작되었다.

첫해에는 224건이 응모되었고 선정위원회의 협의를 거쳐 그중 180건이 선정되

사진 9-9 환경자랑으로 선정된 시민 청소그룹

었다. 이 환경자랑에서 참가자들이 우리 마을의 '보물'과 '힘'으로 내세운 것은 환경에 대한 관심과 마을을 생각하는 마음, 그리고 참여하려는 노력이다. 그런데 그런 환경행동에 대한 환경부하와 환경배려라는 관점에서 과학적으로 다른 의견이 있었기에, 위원회에서 논의하여 기본규칙을 정한 결과, 가능한 한 많이 선정하고 시민의 생각을 존중하는 방침을 취했다.

선정된 의견 중에는 지역을 배려하는 시민에 의해 아름답게 유지되는 화단이라든가 히비키나다의 랜드마크이기도 한 풍력발전 등이 포함되었다. 주목할 점은 시민과 사업자에 의한 지역 청소를 자랑하는 내용이 많았

사진 9-10 전국 공모에서 뽑힌 심벌마크. 선정증서에 찍히는 것 외에, 실로 만들어서 선정자에게 배포한다.

다는 것인데, 마을을 아름답게 하려는 시민의 마음이 전해져왔다.

이듬해인 2006년에는 응모된 총 852건 중 168건이 선정되었고(전년도 선정분과 중복되는 부분이 많았기 때문에 총응모 수에 비해 선정 건수는 적었다), 제7장에서 소개한 산업부문의 에코 프리미엄도 모두 '환경자랑'으로 선정되었다.

그해 새로 선정된 것으로는 아파트의 폐지회수 프로젝트라든가 병원에서의 에너지 절약 활동 등이 있었다. 또 초·중학생의 응모도 증가했다.

(2) 새로운 환경문화의 창조

선정된 사람이나 대상에는 선정증서와 심벌마크인 실이 주어진다. 그것은 명함에도 사용되는 등 작은 자신감과 PR로 이어진다. 이것이 '시민의 새로운 환경문화' 창조로 이어지기를 바란다.

6. 시민의 환경력: 에코라이프 스테이지

(1) 가을의 명물행사

매년 가을 시청사 주변에서는 많은 시민들이 북적이는 가운데 환경이벤트가 개최된다. '기타큐슈 에코라이프 스테이지'의 심벌 사업인 '에코스타일 타운'이다.

에코스타일 타운에서는 환경활동에 참여하는 시민단체, 기업, 행정관계자 등이 평상시 실천하고 있는 친환경적인 라이프스타일을 발표하고, 마을만들기를 제안한다. 온난화, 미화 활동, 자연환경보전, 도시녹화, 환경 비즈니스와 같은 주제는 기본이며, 지산지소(地産地消), 에코쿠킹, 공정무역, 나아가서는 지역통화, 남녀공동참가, 복지에 이르기까지 실로 다양하며, 야외에 제각기 부스를 마련해놓고 있다.

또한 대회장 내에는 대학생이 운영하는 재사용(리터너블) 식기의 보증금제도, 자가용을 타고 오지 않은 방문객에게 주어지는 특전 등 사회실험도 이뤄지고 있다.

'에코라이프 스테이지'는 2001년에 개최된 기타큐슈박람축제의 성과를 계승·발전시키고, 시민의 환경의식을 더욱 높이기 위해 시작되었다. 이 행사는 시민이 기획·실시하고 참가하며, 첫 회에 약 10만 명이었던 참가자가 2007년에는 40만 명을 넘어섰다.

한편 시내 여기저기에서는 100개에 가까운 테마 사업이 이뤄지고 있다. 전체 실행위원회는 여러 환경단체의 대표로 구성되는데, 공통목표는 "'포도송이'형 마을만들기"다. 실로 포도알과 같은 하나하나의 사업이 '환경수도'라는 포도송이를 만들어내고 있다.

(2) 성장하는 협동의 구조

제1회 행사가 개최된 후, 이 행사는 협동의 구조를 확실하게 성장시켰다. 당초 뿔뿔이 흩어져 있던 사업이었지만, 일반시민과의 교류 모임을 시작으로 농가, 복지단체, 대학, 유학생, 나아가 음악·연극·예술 관련 단체로까지 협동 범위는 넓어져갔다. 특히 2004년에는 '마을미화로 기네스에 도전한다'는 목표하에 하루 쓰레기 줍기 참가자 7만 4,000명이라는 기네스기록을 달성했으며, 시민의 일체감과 크나큰 자신감을 얻었다.

최근에는 기업의 협찬금이라는 경제적 지원도 시작되었다.

사진 9-11 에코라이프 스테이지

에코스타일 타운에서는 환경에 대한 관심의 계기를 만들 수 있도록 에콜로지음악라이브, 저명인과의 대화 등으로 어린이와 젊은 층에게 알기 쉽게 호소하고 있다. 앞으로도 융통성 있는 아이디어로 시민이 참여하기 쉽고 흥미로운 활동들을 많이 제안하고 싶다.

7. 지속가능한 개발을 위한 교육(ESD) 근거지

(1) ESD의 10년—그것은 일본의 제안으로 시작되었다

ESD란 '지속가능한 개발을 위한 교육(Education for Sustainable Development)'을 말한다.

2002년 9월, 요하네스버그에서 개최된 '지속가능한 개발에 대한 세계정상회의(WSSD)'에서 당시 일본의 고이즈미(小泉) 수상은 일본의 NGO와 정부의 공동제안으로서 2005년부터 10년간을 '지속가능한 개발을 위한 교육(이하 ESD)의 10년'으로 할 것을 제창했다. 이는 같은 해 말 국제연합 총회에서 만장일치로 채택되었고, 2005년부터 세계적인 규모로 활동이 시작되었다.

지속가능한 개발이란 '환경·사회·경제'의 균형 잡힌 개발을 말한다. 즉, 자연환경과의 공생, 경제적 발전, 나아가서는 사회적 공평성을 시야에 넣은 새로운 사회 만들기의 개념이라고 할 수 있다. 여기서 중요한 것은 이러한 사회의 실현을 짊어지는 것이 '사람'이라는 점이다. 사람은

표 9-1 종래의 교육과 ESD의 학습의 차이

종래의 교육방법	ESD의 학습방식
과거를 배운다	현재를 분석하고 과거에서 배우고 미래를 창조한다
강의 형식	체험, 대화, 협동 형식
획일적	다양
'가르치다－배우다'라는 상하관계	함께 배운다는 협동관계
지식을 얻는다	지식을 얻고 행동한다
개인의 변화	개인·지역·사회의 변화

세계의 사람들, 미래세대, 환경과의 관계성 속에서 살아 있다. 더 나은 사회를 만들기 위해서는 힘 있는 인재가 필요하며, 그러한 사람을 키우는 교육이 'ESD'이다. 그리고 그것을 위한 지역의 근거지가 바로 RCE (Regional Centre of Expertise)이다.

사회 구조를 바꾸기 위한 인재 육성에는 다양한 분야의 교육, 예를 들면 환경교육, 개발교육, 젠더(사회적으로 만들어진 성별)교육, 복지교육, 인권교육, 다문화공생교육 등으로 길러진 가치관과 노하우가 필요하다. 각 교육의 담당자가 각자의 분야를 넘어 서로 협력하고 미래의 비전을 공유하는 것이 중요하다.

(2) '기타큐슈 ESD협의회'의 발족─애칭은 미래팔레트

2005년 7월, 아이치(愛知) 만국박람회를 기념하여 추부(中部)대학은 '인간의 안전보장·지구시민포럼 2005'를 개최하고 기타큐슈시의 여성들에게 참가를 호소했다. 거기에 부응해 데라사카 가타에(寺坂カタエ) 씨를 대표로, 와다 게이코(和田啓子) 씨를 사무국장으로 하는 '인간의 안전보장·포럼 기타큐슈'가 결성되었고, 시의 환경활동을 발표했다. 주제는 '지향하라! 생명이 빛나는 기타큐슈의 마을'이다.

사진 9-12 RCE(지속가능한 개발을 위한 교육의 근거지) 인정서

한편 1990년에 발족한 (재)아시아여성교류·연구포럼(이하 KFAW)은 당초부터 '환경·개발·젠더'를 주제로 내걸고 활동을 계속해왔다. 특히 2002년의 요하네스버그 정상회담에서는 주임연구원이 정부대표단 고문으로 임명되어, KFAW 단독으로 또는 동북아시아 여성환경네트워크와 합동으로 워크숍 등을 개최했다. 이를 계기로 2003년 6월에 전국적 규모로 발족한 '지속가능한 개발을 위한 교육의 10년 추진회의(ESD-J)'에 이사로 참여하게 되었다.

2006년, 기타큐슈시에서의 ESD 추진을 목표로 44개 단체가 참가한 가운데 '기타큐슈 ESD협의회'가 설립되었다. KFAW가 사무국을 담당했으며, 즉각 활동계획을 수립하여 국제연합대학에 RCE 신청서를 제출했다.

기다렸던 RCE 인정은 프랑스에서 개최된 우분트위원회에서 성사되었으며, 12월 10일 국제연합대학에서 인정증 수여식이 행해졌다. 이로써 새로운 심사제도가 생기고 난 뒤 인정을 받은 일본 제1호 자치단체가 되었다.

그리고 'ESD'라는 말이 어렵다는 의견이 있어 애칭을 공모했고, 1,650건 중에서 '미래팔레트'로 결정했다.

(3) 기타큐슈시가 지향하는 ESD

기타큐슈 ESD의 비전은 시민 한 사람 한 사람이 지속가능한 개발이라는 개념을 이해하고, 이를 달성하기 위한 실천 활동을 할 수 있게 하

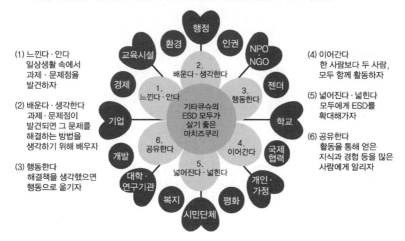

그림 9-1 **기타큐슈가 지향하는 ESD**

기타큐슈에서 ESD를 추진해나가려면, 현재의 학습활동에 ESD의 사고방식을 도입하고, 새로운 참가형·
체험형 학습방법을 개발하는 것이 필요하다. 기타큐슈가 그리는 ESD에는 6가지 요소가 있다.

(1) 느낀다·안다
일상생활 속에서
과제·문제점을
발견하자

(2) 배운다·생각한다
과제·문제점이
발견되면 그 문제를
해결하는 방법을
생각하기 위해 배우자

(3) 행동한다
해결책을 생각했으면
행동으로 옮기자

(4) 이어간다
한 사람보다 두 사람,
모두 함께 활동하자

(5) 넓어진다·넓힌다
모두에게 ESD를
확대해가자

(6) 공유한다
활동을 통해 얻은
지식과 경험 등을 많은
사람에게 알리자

는 것이다. 시민, 대학, 연구기관, 기업, 행정 등이 연대해 모든 교육과 활동에 지속가능한 사회 만들기의 개념을 도입하고, 국내외에 알리려 한다. 기타큐슈가 그려내는 ESD에는 스스로가 '느낀다', '배운다', '행동한다', '이어간다', '넓어진다', '공유한다'라는 여섯 가지 요소가 포함되어 있다. 이것은 기타큐슈시의 환경수도 그랜드 디자인과도 통한다.

현재 기타큐슈 ESD협의회에는 인권·경제·개발·복지·평화·국제협력·젠더 등 다양한 분야에서 활동하는 50여 개 단체가 가세했다. '무리 없이 즐겁게 멋지게'를 모토로 '문어발'(현재 진행 중인 활동에 ESD의 요소를 추가), '귀에 못'(귀에 못이 박힐 정도로 ESD에 대해 홍보한다)이라는 형태로 기타큐슈시민이 연결되는 것을 목표로 하고 있다. 이들은 미래팔레트에 시민 모두가 살기 좋은 기타큐슈의 그림을 그리고 싶다는 이상에 불타고 있다.

환경은 자신들이 지킨다
오카지마 시게유키(岡島成行) 오쓰마(大妻)여자대학 교수

이제 지구환경 문제는 누구에게나 뚜렷해졌다. 특히 2008년 일본의 도야호(洞爺湖)에서 선진국수뇌회의(Summit)가 개최된다고 하여, 텔레비전이나 신문은 연초부터 온난화 문제를 중심으로 보도에도 힘을 쏟고 있다. 보도가 열을 띠면 그만큼 일반인의 의식도 높아진다. 환경에 관한 계발이 진행되므로 매우 고맙게 생각한다.

그러나 아직도 환경에 대한 국민의 의식은 낮다. 열심인 사람과 그렇지 않은 사람과의 차가 너무 큰 것 같다. 열심인 사람은 국민의 10%나 될까? 아마 상당히 적을 것이다. 환경문제를 약간 신경 쓰는 사람, 신경은 쓰이지만 어떻게 해야 할지 모르는 사람, 무관심한 사람 등이 90%를 차지할 것이다. 아니 95%일지도 모른다. 술집에서도 찻집에서도 가정에서도 환경문제가 화제가 되기는 힘든 것이 현재의 모습이다.

그 이유 중 하나로는 너무 어렵다는 점을 들 수 있다. 30년 전의 환경문제는 주로 공해였고, 다음으로 자연보호가 문제되었으나 그다지 복잡하지는 않았다. 그러나 1980년대 후반부터 온난화라든가 오존층 파괴 등 지구 전체의 환경문제가 부각되면서 복잡·기괴해졌고, 일반인은 따라갈 수 없는 과제가 되어버렸다. 교토의정서 하나를 보더라도 배출권 거래, CDM 등 알 수 없는 단어가 나열되어 있다. 일반인에게 이러한 단어는 매우 이해하기 어려울 뿐 아니라 내용은 국제적이라서 국내의 상식만으로는 해결되지 않는다.

어려워서 잘 이해는 되지 않고, 나 한 사람이 애썼다고 달라질 건 없겠지 하면서, 어느새 환경문제는 누군가 해결해줄 거라는 생각에 빠져버린다.

그러나 이제 그런 식은 곤란하다. 국민 한 사람 한 사람이 사태를 파악하고 자신이 처한 입장을 확실하게 인식해야 한다. 행동으로 옮겨야 할 때다.

이야기를 개발도상국으로 옮겨보자. 중국은 곧 이산화탄소의 배출량으로는 미국을 제칠 기세다. 인도는 인구로 중국을 앞지를 것이다. 이산화탄소의 배출량은 개발도상국 쪽이 훨씬 많아지고 있는 것이 눈에 보인다. 그러나 개발도상국의 국민들은 가난한 생활을 하고 있다. "콜카타는 도쿄보다 덥습니다. 그러나 일반가정에 냉방시설은 없습니다. 사람들은 맨발로 걸어 다니고 있습니다. 자동차 같은 것은 없습니다"라는 인도인의 말에 일본인은 뭐라 대답할 수 있을까?

'앞으로 점점 발전하고 싶다. 이산화탄소를 점점 배출해서 풍족한 생활을 영위하고 싶다. 하루라도 빨리 일본처럼 되고 싶다.' 하지만 온난화 문제 앞에 대기오염과 수질오염 문제가 기다리고 있고 그 후에 온난화 과제가 남아 있다. 일본이 20년에 걸쳐 공해를 극복하고 그것이 일단락되자 지구환경 문제에 매달리고 있는 데 비해, 개발도상국은 공해와 지구환경 문제를 동시에 해결해나가지 않으면 안 된다. 그 고충은 짐작할 수도 없다.

공해를 극복하면서 지구온난화 문제에 대응해가는 방법론을 찾아내야 하는데, 거기에는 선진국의 여러 가지 경험에서 얻은 지식이 필요하다. 선진국은 자신들의 실패와 그 후의 기술개발 등을 개발도상국에 전해야 할 것이다.

그러면 그때, 무엇을 하면 되는가? 역시 환경교육일 것이다. 개발도상국의 사람들에게 환경의 중요성을 설명하고 공기와 물을 깨끗하게 보전하는 것에 대한 중요성을 인식시켜야 한다. 그러고 난 뒤에 기술이전이나 법률, 경제적 수단 등의 지원을 해야 할 것이다. 그렇지 않으면 기계와 설비만을 놓고 오는 것에서 끝나버리고 말 것이다.

환경은 자신들이 지킨다는 의식을 확고히 갖게 하는 것이 중요하며, 기타큐슈시 어머니들의 활동이 그 본보기라고 여겨진다. 캄캄한 하늘과 더러워진 도카이 만을 원래처럼 깨끗한 하늘과 바다로 만들자며 일어섰던 역사가 무엇보다 귀중하다.

기타큐슈시 어머니들의 활약을 더욱더 세계로 알려야 한다. 영어로 전달하려고 노력한다면 누구라도 감동할 것이다. 실화이기 때문에 설득력이 있다. 드라마나 그림책으로 만들어 세계에 소개해야 할 것이다.

지구 전체, 세상 사람들 모두가 환경문제에 대처해야 하는 지금이야말로 기타큐슈시 어머니들의 실천기록이 도움이 될 거라 생각한다. 개발도상국뿐 아니라 여러 선진국에도 귀중한 기록을 알기 쉽게 전해주려는 노력을 부디 해주길 바란다.

제10장

남녀공동참가는 환경문제 해결의 열쇠

'파란 하늘을 원한다'를 염두에 두며

1. 환경문제의 영향은 남자도 여자도 같다?

(1) 환경문제와 남녀공동참가의 관계

지구온난화와 공해의 영향은 누구나 똑같이 받는 것이므로 성별과는 관계없을 것으로 생각된다. 그러나 환경과의 관련성은 남녀가 다르다. 환경문제의 해결에는 여성의 지위향상과 남녀평등을 빼놓을 수가 없다. 이 장에서는 기타큐슈시의 (재)아시아여성교류·연구포럼의 활동을 중심으로 환경과 남녀공동참가의 관계를 고찰하고자 한다.

(2) 세 측면에서의 고찰

환경문제는 남녀공동참가와 어떤 관계가 있는가? 다음 세 가지 측면에서 고려해보는 것이 이해하기 쉽다. 첫째, 환경악화의 원인이 되는 행동은 성별에 따라 다른 경우가 많다. 둘째, 환경악화의 영향도 성별에 따라 다르게 나타나는 경우가 많다. 셋째, 환경문제에 관한 결정에 참가하는 것도 성별에 따라 다르다.

첫째, 성별에 따라 환경악화를 초래하는 행동이 다른 예로 이산화탄소의 배출에 관한 행동을 들어보자. 자동차는 이산화탄소의 주된 배출원인데 오늘날 자동차를 운전하는 쪽은 남성이 많고, 버스 등 대중교통수단을 이용하는 비율은 여성이 높다. 이것은 남성이 이산화탄소를 더 많이 배출하고 있음을 뜻한다.

둘째, 환경악화의 영향을 받는 방식도 남녀가 다르다. 사막화가 진행되고 산림자원이 고갈되면 연료인 장작이나 물을 얻기 위해 멀리까지 걸어가야 하고, 그 역할을 맡게 될 여성과 어린이의 부담이 커진다. 그래서 여성이 학교에 못 가게 되는 일도 생기고 있다.

셋째, 환경에 관계된 의사결정에 참가하는 데도 남녀 차이가 있다. 기타큐슈시에서는 환경 관련 심의회에 꽤 일찍부터 여성이 참가해왔으며, 현재 여성의 참가비율은 30% 정도이다. 그래도 인구의 절반이 여성인 점을 감안하면 아직 충분하다고는 말할 수 없다. 여성이 일상생활 속에서 남성과는 다른 경험을 하고 다른 의견을 갖는다는 것을 여성에 의한 환경운동 '파란 하늘을 원한다'가 보여주고 있다. 그런데도 의사결정에 참가하는 여성이 적다고 하는 것은, 여성의 사고가 의사결정에 반영되기 어렵다는 것을 의미한다. 환경문제를 해결하기 위해서는 의사결정에서의 남녀공동참가를 실현하는 것이 중요하다.

(3) '의제21' 제24장

환경문제와 여성의 지위향상, 남녀평등의 밀접한 관계가 널리 인정된 것은 1985년 나이로비에서 열린 국제연합 제3회 세계여성회의(나이로비 여성회의)부터이다. 아프리카에서 처음으로 열린 이 여성회의에서는 사막화 진행이라는 혹독한 현실을 앞에 두고, 환경문제의 해결이 여성의 지위향상에서 시급한 과제임을 실감케 했다. 이렇듯 환경은 여성의 지위 향상을 위해 참여해야 할 중요한 영역이 되었다.

다음으로 1992년 지구 정상회담의 채택 문서 '의제21'에도 "지속가능하며 공평한 개발을 목표로 여성을 위한 세계적 규모의 행동"(제24장)이 포함되었다. 여기서는 지속가능한 개발을 진행하기 위해 여성의 지위를 향상시켜 남녀공동참가를 실현하려면 어떻게 해야 하는지에 대해 상세히 서술하고 있다.

이 '의제21'에서는 지속가능한 개발을 진행하기 위해 젊은이, NGO, 과학자 등 9개 주요 그룹을 뽑았는데, '여성'이 첫 번째로 꼽혔다. 이로써 여성은 환경과 관련한 국제연합 회의 등에 참가해 주요 그룹의 일원으로서 의견을 말할 수 있게 되었다.

2. 여성의 리더십에서 시작된 기타큐슈시의 환경행동

(1) 과학적·사회적인 전개

공해를 극복해가는 과정에서 기타큐슈시 여성들이 어떠한 역할을 했는지는 제1장에서 설명했다. 그리고 제9장 서두에서 지적한 것처럼 부인회의 공해반대운동은 두 가지 점에서 특징적이었다. 하나는 과학적인 데이터를 근거로 하는 객관성이고, 또 하나는 학습결과의 사회적인 전개를 도모한 것이다.

도바타(戶畑)시 산로쿠(三六) 부인회는 '걷는다, 듣는다, 확인한다, 생각한다'를 모토로 신문을 오려내는 그룹, 시청 그룹, 실태조사 그룹 등으로 나누어 공해조사 학습을 시작했다. 부인회의 조사는 본격적이었다. 규슈공업대학의 이키(伊木) 교수에게 지도를 받은 부인회는 매진량, 아연

부인회의 공장 출입

전문가가 강연하는 대기오염에 관한 학습회

다큐멘터리 8mm영화 <파란 하늘을 원한다>

행정기관과 기업에 요청하는 엽서

사진10-1 여성에 의한 공해반대운동

산가스의 농도, 초등학교 아동 병결상황, 회원 설문조사 등 15가지 조사를 실시했다. 조사는 실로 과학적이었다.

한편 운동이 점차 퍼져나가면서 압력과 방해도 있었다. "누가 밥을 먹여주고 있느냐"는 말을 듣기도 했다. 그렇지만 주부들은 그 무엇도 건강과는 바꿀 수 없다는 신념으로 활동을 계속했다.

운동과정에서 여성들은 행정기관을 시민의 편으로 할지 기업 쪽으로 할지를 결정하는 열쇠는 자신들에게 있음을 깨닫고, 시, 기업, 시의회의원에게 공개질문서를 보내 답변을 요구했다. 이는 운동을 일시적으로 해서는 안 되고, 시민의 눈, 즉 스스로의 학습·지식·정보가 중요하다는 사고방식에 뿌리를 둔 사회적인 행동이다. 이러한 관점은 지금도 여전히 유효하다. 환경문제를 항상 자신들의 문제로 대해온 여성들의 행동은 '시민 환경력'을 어떻게 배양하는가 하는 오늘날의 과제에 시사하는 바가 크다.

3. (재)아시아여성교류·연구포럼의 설립

(1) 고향창생사업으로서

1988년 12월, 당시 다케시타(竹下) 내각은 지방의 자주적·주체적인 지역 만들기를 지원하기 위해 '스스로 생각하고 스스로 행하는 지역 만들기 사업(고향창생사업)'의 기금으로 전국 자치단체에 1억 엔씩 교부하기로 결정했다. 기타큐슈시에서는 이에 걸맞은 사업을 직원들에게 모집하기로 했다. 당

사진10-2 1990년 10월 20일 아시아여성교류·연구포럼 탄생. 초대 이사장에 다카하시 히사코 씨를 선임하고, 기타큐슈국제회의장 내에 사무국을 두었다.

시 부인대책실에서는 "아시아 각국과의 교류를 심화하고, 아시아 여성에 대해 조사·연구·연수를 하기 위한 상설기관 설치"를 제안했다.

이러한 제안에는 이유가 있었다. 기타큐슈시에 부인대책실이 설치된 것은 1983년 1월로, 갓 설립된 부인대책실을 중심으로 기타큐슈시의 여성 리더 20명이 1985년 나이로비 여성회의에 참가하여 독자적으로 워크숍을 열었다. 눈이 확 트인다는 것이 그런 것일까. 당시 워크숍에 참가했던 기타큐슈의 여성 리더들은 세계의 여성들과 접하면서, 여성문제는 지구 전체의 문제라는 것과 여성문제에서의 개발과 환경의 중요성을 확실히 이해했다. 이와 관련해 이 회의에서 채택된 '나이로비 미래전략'에는 환경보전과 지속가능한 개발에 여성이 중요한 역할을 맡고 있음이 언급되어 있다.

이러한 국제적·국내적 동향을 토대로 기타큐슈시에서도 여성계획안이 수립되었고, 부인문제추진회의에 의견 정리를 의뢰했다. 추진회의의

논의 과정에서 나이로비 여성회의에 참가했던 참가자들이 국제적 연대, 특히 아시아 각국과의 연대·협력을 강조했고 이것을 1989년에 보고된 여성계획안에 넣었다.

그러나 아무리 계획안에 들어가도 시책이 실효성을 갖기란 어렵다. 때마침 이 시기에 고향창생사업 실시 소식이 전해져왔다. 이것이 기회일지도 모른다는 생각에 앞서 설명한 주제를 제안하게 되었다. 사업선정 조직인 기타큐슈시 지역 만들기 사업 간담회는 1989년 8월 응모한 101개 안건 중에서, 지금까지의 기타큐슈시 '모노즈쿠리(もの造り)'[1]와 더불어 '인정 넘치는 마을만들기'라는 시의 새로운 정체성 형성에 기여할 수 있다는 점 등을 이유로 부인대책실의 계획안을 채택했다.

이를 이어받아 같은 해 11월, 전 노동성 부인소년국장이었던 다카하시 히사코(高橋久子) 씨를 중심으로 아시아여성포럼(가칭) 기본구상위원회를 설치했다. 이 위원회는 1990년 3월 최종 제안을 했고, 1990년 10월 20일 '아시아여성교류·연구포럼(KFAW)'이 임의단체로 설립되었다. 그 후 1993년 10월에는 시민의 모금활동을 시작으로 노동성(당시) 인가 재단법인이 되었고, 이후 '서로 배운다·접한다·돕는다'를 모토로 아시아 지역 여성의 지위향상과 연대·발전을 목표로 활동을 계속하고 있다.

(2) 여성의 환경운동에 빛을 비추다

(재)아시아여성교류·연구포럼은 그 이름처럼 '교류'와 '연구'를 양 기둥으로 삼아 활동하고 있다. 설립 당시에는 '개발과 여성(WID: Woman In Development)'의 관점에서 아시아의 상황과 여성문제의 실태 등 기본

---

1) 모노즈쿠리란 단순작업의 제조·생산활동이 아니라 장인 등의 손으로 최고의 제품을 만드는 것을 뜻한다(역자 주).

적인 정보 파악에 힘썼다. WID를 중시
하는 것은 국제연합의 여성을 위한 10개
년 슬로건인 '평등·개발·평화'의 달성을
목표로 하는 국제적 동향에 입각한 것이
며, 또한 기타큐슈의 '파란 하늘을 원한
다' 운동을 맡은 여성들의 생각을 계승한
것이었다. 1990년 기타큐슈시는 일본의

사진 10-3 제3회 아시아여성회의-
기타큐슈 심포지엄 "개발과 환경과
여성"

자치단체로서는 처음으로 국제연합환경계획으로부터 '글로벌500'상을
수상했다. 세계의 흐름도 환경 중시에 있었던 것이다.

이어 KFAW는 '파란 하늘을 원한다'
운동의 기록화와 이를 해외에 소개하는
일에 착수했다. 그것은 이 시기 기타큐슈
시의 공해문제는 이미 과거의 일이 되었
고, 부인회의 '파란 하늘을 원한다' 활동
도 기업과 행정기관의 적극적인 활동에

사진 10-4 벨라 앱저그 여사

대한 평가의 그늘에서 잊힐 듯했기 때문이었다. 또한 부인회가 애써 만
든 8mm영화도 그 상태로는 어디서나 손쉽게 영사할 수가 없었다. 그래
서 이것을 비디오테이프로 만들고, 나머지 기록은 책으로 만들어내는 것
이 필요하다고 생각한 것이다.

마침 1992년에는 국제연합 환경개발회의(지구 정상회담)가 개최되기로
예정되어 있었다. 거기서 제3회 아시아여성회의·기타큐슈의 주제를 '환
경과 개발과 여성'으로 하여 지구 정상회담에서 활약한 국제적인 여성
을 초대해 심포지엄을 열고, 동시에 기타큐슈의 '파란 하늘을 원한다'
운동을 진행해온 사람들을 토론자로 초청해 '기타큐슈 여성환경포럼'을
개최했다. 이 심포지엄에는 환경과 여성의 문제를 다루는 국제적인
NGO인 여성환경개발기구(WEDO)의 대표 벨라 앱저그(Bella Abzug)와

에코페미니스트 논객으로 유명한 인도의 반다나 시바(Vandana Shiva)를 초대했다. 이렇게 그녀들을 통해 환경과 여성에 관한 세계의 최근 동향을 알게 되었고, 동시에 기타큐슈 여성의 환경문제 활동의 위치를 국제적 문맥 속에 부여하며, 잊혀가던 기타큐슈 여성의 환경운동인 '파란 하늘을 원한다'에 빛을 비출 수 있었다.

4. '환경과 개발과 여성'의 활동과 국제적 확대

(1) 국제협력을 통한 경험의 공유

KFAW는 개발도상국 여성들과의 연대를 염두에 두고, JICA 규슈국제센터에 기타큐슈 여성의 환경·개발 활동을 기축으로 한 집단연수사업을 제안했으며, 1995년부터 '환경과 개발과 여성 세미나'를 개최했다. 이후 JICA의 위탁사업으로서 매년 8~10개국의 연수생을 받아들이고 있다. 환경문제 해결을 위한 여성의 역할에 관한 기타큐슈의 경험을 개발도상국 사람들과 나누는 동시에, 해외에서 온 연수생과 시민이 만나는 장이 되기도 한다. 실제로 멀리 가지 않고도 처음 이름을 접하는 여러 나라의 환경과제를 알 수 있는 귀중한 기회가 되고 있다. 이 연수에서는 기타큐슈의 '파란 하늘을 원한다' 운동을 소개한 영어 텍스트와 영어판 비디오가 연수교재로 대활약하고 있다.

(2) 제4회 세계여성회의 참가

1995년 9월 베이징에서 개최된 국제연합 제4회 세계여성회의는 세계 190개국의 정부대표를 비롯해 NGO까지 약 5만 명이 참가한 큰 규모의 국제회의였다. KFAW도 '여성 NGO 베이징 '95 참가단'을 결성했다. 다른 프로그램 참가자도 가세하여 기타큐슈시에서는 50명 이상이 참가했다. KFAW는 '환경'과 '가족' 워크숍을 개최했다. 환경 워크숍에서는 '파란 하늘을 원한다' 운

사진 10-5 제4회 세계여성회의 NGO포럼, 기타큐슈 참가단 워크숍

동, 로컬 어젠다 21에 제언, 환경교육 실천, 생협 활동 등을 소개했다. 워크숍에서는 21개국의 사람들이 의견을 교환했다. 또한 이 기회에 KFAW는 국제연합 회의에 참가할 수 있는 NGO로서 인증을 받아 정부 간 회의에 참관인으로 참가하여 회의 상황을 시민에게 전하는 역할도 했다.

베이징여성회의에 앞서 같은 해 6월, KFAW는 저팬 소사이어티(미·일 간의 교류를 진행하는 조직으로 뉴욕에 위치), 지구환경·여성연락회라는 일본의 NGO와 함께 '일·미 여성환경포럼 in 기타큐슈'를 공동개최했다. 여기에서 미국의 여성 환경운동가 12명을 초청해 지역 토론자들과 함께 선진공업국의 여성으로서 지금 지구를 위해 어떠한 역할을 해야 하는가에 관해 의견을 나누었다.

저팬 소사이어티와의 관계는 그 후에도 계속되어, 이듬해인 1996년에는 미국 각지에서 환경적으로 지속가능한 미래를 위한 여성들의 활동을 주제로 '일·미 여성환경회의'를 개최했다. 여기에 참가해 기타큐슈의 '파란 하늘을 원한다' 운동을 미국 각지에서 소개한 KFAW의 미스미(三隅) 씨는 미즈 블루 스카이라 불리기도 했다.

(3) 여성들의 국제적인 네트워크 참가

2000년에는 국제연합 특별총회로서 '여성 2000년 회의: 21세기를 향

한 남녀평등·개발·평화'가 뉴욕 국제연합본부에서 개최되었다. 전 세계의 여성들은 베이징여성회의와 같은 NGO포럼의 개최를 기대했으나 열리지 않았다. 이에 NGO포럼이 열리지 않는다면 스스로 그 장을 만들자며, 일본과 미국 여성들이 협력해 '글로벌 페미니스트 심포지엄' 실행위원회를 발족했다. 일본 측 실행위원회는 니가타, 도쿄, 센다이, 시즈오카, 오카야마, 기타큐슈의 대표들로 구성되었고, KFAW의 미스미 씨가 공동대표에 취임했다. 세계 20개국 약 500명이 참가한 가운데, 뉴욕시립대학 대학원에 회장을 마련해 4일에 걸쳐 약 40개 워크숍을 개최했으며 다양한 주제로 의견을 주고받았다.

기타큐슈에서도 22명이 참가해 '환경도 경제도: 여성들의 도전'을 주제로 워크숍을 열었다. 이 워크숍에서는 '파란 하늘을 원한다' 운동뿐 아니라, 환경활동을 통한 상가의 활성화라든가 창업과 같은 여성의 환경과 경제를 연결시킨 활동을 소개했다. 또한 뉴욕의 저팬 소사이어티 본부에서도 워크숍을 열어 세계에서 모여든 사람들에게 기타큐슈 여성의 환경활동을 소개했다.

이렇게 KFAW에 의한 '환경·개발·여성'의 활동은 국제사회의 움직임과 연동하면서 넓어졌다. 예전에 고향창생사업에 선정되었을 때 스에요시 시장이 시내에 한정하지 말고 전국구를 목표로 활동하라고 했었는데, 어느새 세계를 목표로 활동을 전개하게 된 것이다.

5. 아시아의 NGO와 네트워크 강화

(1) 아시아태평양환경여성회의와 그 결과

KFAW에게 2000년은 환경과 젠더에 관심을 갖는 NGO와의 관계를 심화시켰고, NGO로서 국제회의에서 커다란 역할을 했다는 점에서도 기념할 만한 해였다. 같은 해 9월 기타큐슈시에서 개최된 제4회 아시아태평양환경장관회의(MCED)와 병행하여, KFAW는 '아시아태평양환경여성회의'를 개최하고 NGO포럼의 사무국에도 가담했다.

아시아태평양환경여성회의에서는 아시아개발은행의 지원도 얻었고, 국내외의 다채로운 토론자를 초대해 지역 활동을 보고했으며, 지속가능한 사회를 만들기 위해서는 무엇이 중요한가에 대해 이야기도 나누었다. 참가자 800명이라는 회의의 성과는 KFAW 대표가 장관회의에서 보고했다. 이 환경여성회의의 성공을 통해 KFAW는 아시아태평양 지역의 환경 NGO 사이에서도 알려졌으며, 다음 단계로 나아갈 수 있었다.

그 하나가 2001년 서울에서 열린 '동아시아환경여성회의'에 참가한 것과 거기서 일본 대표의 역할을 맡은 것이다. 이 회의를 주최한 한국환경여성네트워크(KWEN)는 전년도 기타큐슈에서의 회의에 10명이나 되는 참가자를 보낸 바 있다. 이 회의를 통해 동아시아여성환경네트워크가 결성되었고 KFAW도 그 중심적 존재가 되었다. 그리고 2002년 KFAW는 제2회 동아시아환경여성회의의 주최가 되었다.

다른 하나는 2002년의 요하네스버그 정상회담에 준비모임 단계부터 참가한 것이다. 정상회의 바로 전해부터 시작된 일련의 준비모임에는 '의제21'에서 손꼽힌 주요 그룹의 적극적인 참가가 장려되었다. KFAW는 아시아태평양환경여성회의의 성공 덕분에 '여성 그룹'을 대표하는 일본의 NGO로서 초대되었는데, 세계의 환경 NGO와의 네트워크도 넓어졌다.

요하네스버그 정상회담을 위한 준비모임에 참가하기 앞서, KFAW는 기타큐슈와 도쿄에서 원탁회의를 개최했다. 환경 NGO와 여성 NGO가 자리를 같이한 이 모임에서는, 환경과 남녀공동참가가 어떻게 관련되는지에 대해 참가자의 이해를 심화시킬 수 있었다. 또한 이 모임의 성과는 회의 결의로 정리한 뒤, 요하네스버그 정상회담의 준비모임을 통해 세계에 알렸다.

(2) 요하네스버그 정상회담으로 더욱 넓어지다

사진10-6 요하네스버그 정상회담 NGO 포럼의 워크숍에서 <파란 하늘을 원한다>에 대해 참가자와 이야기하는 당시의 하라(原) 회장, 미쓰미(三隅) 이사장

요하네스버그 정상회담은 국제연합의 환경에 관한 세계정상회의며 1992년의 지구 정상회담 이후 10년간의 성과를 검증하기 위한 것이었다. KFAW는 여태까지의 활동을 인정받아 여성 그룹의 대표로서 정부대표단 고문에 가담했다. 또한 요하네스버그에서는 지속가능한 개발에 젠더의 관점을 넣도록 세계의 NGO와 함께 활동했다. 그리고 독자적으로 워크숍을 열어 '파란 하늘을 원한다' 운동을 소개했고, 동아시아여성환경네트워크와 함께 워크숍을 개최하기도 했다.

(3) 베이징 이후 10년—아시아의 환경과 젠더 NGO의 핵으로서

이렇듯 환경과 젠더에 관한 세계적인 NGO 활동에서 일익을 담당하게 된 KFAW는 그 식견을 기타큐슈에서의 활동으로 살려내면서 새로운 활약을 했다. 그 하나가 제9장에서 서술한 요하네스버그 정상회담의 성과에 이은 기타큐슈 ESD협의회의 결성이다.

2005년은 베이징+10이라 하여, 1995년 베이징여성회의가 열린 지 10년이 되는 해다. 이 10년간의 베이징회의의 성과를 검증하기 위한 회의가 국제연합 여성의 지위위원회를 확대해 열렸다. 세계의 NGO들은 전년부터 정부의 검증작업에 의견을 반영시키기 위해 모임을 갖고 보고서를 작성하는 등 다양한 활동을 했다. KFAW도 이런 활동에 참여해 계속 환경 분야를 담당해왔다. 예를 들어 2004년에 개최된 아시아태평양 NGO 포럼에서 KFAW는 환경 영역의 코디네이터로서 의견을 모았다. 또 세계 150개국의 목소리를 집약한 NGO의 리포트 「베이징은 외면당했다(Beijing Betrayed)」를 만드는 작업에도 동아시아 대표로 참가해 리포트를 완성했다.

창립 이래 세계의 흐름과 연동하며 달렸고, 소정의 성과를 올린 KFAW는 지속가능한 사회를 만들기 위해서는 남녀공동참가도 실현되어야 함을 강조해왔다. 그러나 지구온난화처럼 공평하고 지속가능한 사회를 만들기 위한 과제는 여전히 무겁다. 남녀공동참가를 추진하면서 어떻게 풀어나가야 할지는 앞으로 남은 큰 과제다.

6. 공평하고 지속가능한 사회 구축을 지향하며

(1) 남녀공동참가사회는 왜 필요한가?

공평하고 지속가능한 사회란 정치·경제·문화·지역 등의 사회환경과 자연환경 모두에 안정성이 넘치고, 여러 활동이 원활하게 순환되며, 사람들 사이에 불평등이 없는 상태일 것이다. 이 절에서는 특히 사회환경을 젠더의 관점에서 고찰하고, KFAW의 '공평하고 지속가능한 사회' 만들기를 향한 앞으로의 목표에 대해 서술하겠다.

일본의 남녀공동참가는 1975년 국제 부인의 날, 1985년 여성차별철폐조약 추진, 1999년 「남녀공동참가사회기본법」(이하 「기본법」) 제정을 거치며 착실하게 나아갔다. 남녀공동참가사회란 "남녀가 사회의 대등한 구성원으로서 자신의 의사에 의해 사회 모든 분야의 활동에 참여하는 기회가 확보되며, 이로써 남녀가 균등하게 정치적·경제적·사회적·문화적 이익을 누릴 수 있고, 또한 함께 책임을 져야 하는 사회"(「기본법」 2조)이다. 이러한 사회에서는 '남자는 일, 여자는 가정'이라고 당연시되어온 역할을 고정화한 삶의 방식이 아니라, 성별에 관계없이 유연한 선택이 가능하다. 남성은 일뿐 아니라 가정·지역생활에도 적극적으로 관여하고, 여성도 가정생활뿐 아니라 정치·경제활동에 참여함으로써 남녀는 함께 책임을 나누고 인적 환경은 지속가능한 상태가 된다. 게다가 남녀의 인권이 존중되는 사회는 사람들이 그 개성과 능력을 충분히 발휘할 수 있는 공평한 사회이며, 남녀공동참가사회의 형성을 지향하는 것은 '공평하고 지속가능한 사회'를 문화적·사회적·경제적·정치적으로 실현하는 것과 직결된다.

(2) 지속가능한 사회 만들기의 열쇠가 되는 것

저출산 고령화 사회에 직면한 일본에서, 남녀공동참가사회의 형성과 촉진은 특히 안정적 사회의 지속성이라는 점에서 시급한 과제다. 현재 일본은 심각한 노동력 부족 시대가 예측되고 있으며 여성·외국인·고령인의 취업 참가가 기대되고 있는데도, 일하는 방식이나 삶의 방식이 한정된 현재로서는 특히 여성의 다양한 능력을 살리지 못하는 상황이다. 따라서 일본사회의 관행이었던 장시간 노동을 재검토할 필요가 있다. 저출산 대책이면서 남녀공동참가사회의 추진책도 되는 것이 바로 워크 라이프 밸런스(Work & Life Balance)라는 삶의 방식이다. 이것은 인생의 각 단계에 맞게 일과 생활의 조화를 취하는 것으로, 다양한 삶의 방식을 선택하고 실현할 수 있는 것이며, 기타큐슈시도 이를 적극적으로 시도하기 시작했다.

(3) 해외와 더욱 두터워진 연대·지역의 연결

남녀공동참가사회를 형성하고 촉진하기 위해 일본이 외국 여러 나라에서 배워야 할 것은 아주 많다. 이웃 나라인 한국에서는 남녀공동참가를 위해 근원적으로 법을 개정하고, 국가의 예산과 결산에 젠더 관점을 반영하거나 통계정책에서 성별통계를 의무화하는 등 젠더 주류화의 움직임이 눈부시다. 또한 워크 라이프 밸런스 선진국인 북유럽이나 프랑스 등에서는 노동생산성이 올라가고 저출산이 개선되었다는 통계도 나오고 있다. 「기본법」 제7조는 남녀공동참가사회 형성이 국제사회의 활동과 밀접한 관계를 갖고 있으므로 국제적 협조하에 이뤄져야 한다고 언급한다. KFAW도 국제연합을 중심으로 외국 여러 나라와의 연대를 한층 강화할 필요가 있다.

설립 후 17년이 경과한 지금, KFAW는 더욱 광범위한 교류와 조사연구를 목표로 제2단계 전략을 전개하려 한다. 지금까지의 교류와 조사연구 활동이 '점'이라면 앞으로는 그 점을 '면'으로 확대하기 위해서, 아시아에 몇 개의 정보근거지 등을 만들어 해외의 젠더 관련 단체와 남녀공동참가에 관한 정보를 교환하며 적극적인 교류를 도모하고자 한다. 또 KFAW는 매년 뉴욕 국제연합본부에서 열리는 여성의 지위위원회에 참관인으로 출석하여 세계 각국의 젠더 주류화 정보를 즉각 입수해서 알리고 있다. 이를 잘 활용해 앞으로도 세계 동향과 연계한 활동을 전개하고, 기타큐슈시립 남녀공동참가센터 등을 통해 시민에게도 적극적으로 환원하며, 이로써 공평하고 지속가능한 사회 만들기에 공헌하고자 한다.

환경수도 기타큐슈·남녀공동참가·시민활동
하라 히로코(原ひろ子) 조사이(城西)국제대학 객원교수

환경문제도 남녀공동참가도 시민이 행정기관에 힘을 써서 진전되어온 분야이다. 실로 '지방의 시대'에 딱 어울리는 분야라고 할 수 있을 것이다.

환경수도 기타큐슈에 물결을 일으킨 초석은 1950~1960년대의 여성과 시민의 운동이었다. '파란 하늘을 원한다'라는 시민운동의 기록은 이제 일본 전국을 넘어, 아시아와 세계의 관심 있는 사람들의 뇌리에 남았다. 종종 국제연합 회의에 모인 관료나 NGO 관계자들 사이에서 '기타큐슈! 블루 스카이!'라는 말이 오가는 광경이 보인다. 제9장의 서두에서 밝혔듯, 그것은 1950년대 기타큐슈에서 환경과제에 주목한 여성시민들이 '과학적인 데이터를 수반한 학습'을 하고, 또 '학습한 결과를 시민 전체의 문제로서 사회적 전개를 도모'했으며, 남녀공동으로 기타큐슈의 환경문제에 참여하는 초석을 만들었다는 점이 세상 사람들을 감동시킨 것이다.

세계 각국에서 일상생활을 통해 주변 환경을 주시한 여성들의 깨달음이 커다란 운동과 사회일반의 인식변화로 전개되어간 예는 많다. 1962년 획기적인 『Silent Spring』을 써서 화학물질의 위험성을 역설한 미국의 레이철 슨(1907~1964)은 많은 탄압과 공격 속에서 신념을 지켜냈고, 1992년 브라질에서 열린 국제연합 환경개발회의(지구 정상회담)에서 마침내 정당한 평가를 받게 되었다. 2004년 노벨 평화상을 수여한 왕가리 마타이(1940~)는 1977년에 케냐의 사막화를 막기 위한 식림활동을 제창하며 그린벨트무브먼트를 창립했고, 1981년에는 그것을 확대해 아프리카 그린벨트네트워크로 전개했다. 그녀가 방일했을 때 자극을 받아 제창된 '모타이나이(MOTTAINAI)' 운동은 세계로 퍼져나가고 있다.

도요타재단은 1979년 가을부터 1997년까지 연구사업인 '주변 환경을 주시하자'라는 시민운동 조성 프로그램을 운영했고, 나는 1984년부터 1990년까지 심사원으로서 이 연구사업에 참가했다. 많은 그룹에서 과제를 이해하고 행동으로 옮기며 성실하게 기록하는 것은 여성이었고, 응모할 때 대표자가 되는 것은 남성이라는 패턴을 볼 수 있었다.

이번 장에서 살펴보았듯 환경에 대한 관련성은 남녀가 반드시 같은 것이 아니다. 환경악화의 영향을 받는 방식도 성별에 따라 다르다. 환경에 관계된 의사결정에 참가하는 데도 남녀 차가 있다.

여성은 인류의 반을 차지한다. 여성 생활인들은 일상생활을 통해 환경에 관한 풍부한 지혜와 지식을 갖고 있다. 여성의 관점을 고려한 여성의 참여

없이는 문제 해결도 있을 수 없다. 앞서 살펴본 것처럼 여성들은 많은 제언과 운동, 실천을 해왔다. 그러나 환경문제에 관한 중요한 의사결정의 장에 여성의 모습은 흔치 않다.

국제적으로는 1985년 나이로비에서 개최된 국제연합 제3회 세계여성회의를 시작으로, 1992년 리우에서 열린 지구 정상회담에 이어 여러 지역의 환경을 둘러싼 남녀공동참가의 움직임을 엿볼 수 있다.

2007년 12월 11일 인도네시아 발리 섬에서 개최된 COP13에서는 여성 환경장관들과 여성 NGO(the Global Gender and Climate Alliance, 전 세계의 젠더와 기후변동에 관한 연합체)들 간의 모임이 열려, 국제연합기관(UNDP, UNEP)과 국제자연보호연맹(IUCN: The World Conservation Union), 여성환경발전기구(WEDO: Women's Environment & Development Organization) 등의 NGO가 함께 움직이는 체제가 마련되었다.

2008년 1월 10일에 도쿄 아오야마(靑山)의 환경파트너십오피스에서 열린 2008년 G8 정상회담 NGO포럼에서는 환경유닛 연속연구회(제7회)로서 특별공개토론회인 '여성·환경·개발'이 개최되었고 도모토 아키코(堂本曉子, 치바현 지사), 이마이 미치코(今井道子, 지구환경·여성연락회 대표), 하라 히로코가 주제발표를 맡았다. 참가자 중에서 미스미 요시코(三隅佳子) 씨가 지명되어 기타큐슈의 선구적인 사례를 소개했고, 이는 당일 참가자 전원에 의해 채택된 선언문에도 언급되어 있다. 이것 또한 국제적인 활동으로 이어질 것이다. 환경수도 기타큐슈를 향한 기타하시 겐지(北橋健治) 시장의 더욱 왕성한 활동도 기대한다.

제11장

자치단체이기에 가능한 환경 국제협력

지방에서 세계로

1. 공해도시에서 국제협력도시로 전환

(1) 사람과 지구와 차세대를 위해서

JR 야하타역 근처에서는 같은 제복을 입고 걸어가는 외국인들을 자주 볼 수 있다. 그들은 중국이나 남미, 중동 등 개발도상국에서 온 연수생으로, 야하타히가시구 히라노(平野)에 있는 국제협력기구(JICA) 규슈국제센터에 수개월간 체류하며 생산기술과 환경대책 노하우를 배운다.

이러한 국제연수의 근거지가 된 것이 바로 (재)기타큐슈국제기술협력협회(KITA)이다. JICA 연수의 수용시설로 발족한 KITA는 원래는 민간이 구상하고 운영해온 조직이다. 스에요시 시장이 지역진흥으로 이어지는 행정시책으로서 환경 국제협력을 받아들였을 때, 그 분야에서 이미 활동하고 있던 KITA와 연대하는 것이 이득이라고 판단한 선배들이 지혜를 짜내고 시간을 들여 조정에 힘썼다고 한다.

현재는 KITA와 기타큐슈시가 연대하여 국제연수만이 아니라 전문가 파견이라든가 환경 프로젝트 실시, 환경 컨설팅, 시내기업의 환경국제비

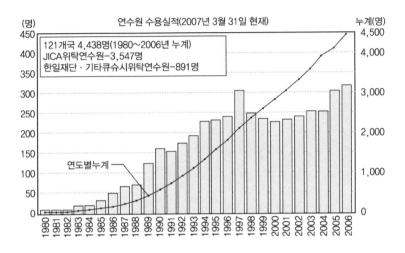

그림 11-1 해외연수생 위탁실적

(명) 연수원 수용실적(2007년 3월 31일 현재) 누계(명)

121개국 4,438명(1980~2006년 누계)
JICA위탁연수원-3,547명
한일재단 · 기타큐슈시위탁연수원-891명

연도별누계

즈니스 지원, 국제회의 개최 등 폭넓게 사업을 전개하고 있다. 여기서
활용되는 것이 KITA가 보유한 산업계와의 긴밀한 네트워크와 행정기관
이 보유한 환경보전, 폐기물 관리, 에코타운사업 등 실제로 경험해서 실적
을 쌓아온 도시환경관리의 노하우이다. 지구 전체가 환경대책에 착수해야
하는 지금이야말로 지역에서 갈고닦아온 우리의 기술이 필요한 것 아닌가.

이번 장에서는 기타큐슈시가 독자적으로 진행해온 환경 국제협력의
활동을 소개하겠다. 우선 기타큐슈시의 국제협력에 없어서는 안 되는
KITA에 대해 가와노 다쿠오(河野拓夫) 이사장이 소개한다.

(2) 민간 주도로 시작된 국제협력

(재)기타큐슈국제기술협력협회 가와노 다쿠오 이사장

人和보다 나은 것은 없다

사진 11-1 연수 모습

　KITA의 현재를 생각할 때, '천·지·인'이라는 말이 떠오른다. 당시를 돌아보면, 실로 하늘이 돕고[天時] 땅에서 이로움을 얻었음[地利]에 틀림 없다. 하지만 무엇보다 KITA의 오늘날이 있기까지 '인화(人和), 사람의 힘'이 컸다고 절실히 느낀다.

　1970년대 후반이 되자 공해대책은 진척되었고, 기타큐슈에도 겨우 맑은 하늘이 보이기 시작했다. 반면 오일쇼크, 엔화 강세 그리고 장기화되는 불황 속에 산업계를 비롯해 시내 전체에는 무거운 공기가 흐르고 있었다. 어떻게 하면 이 마을에 새바람을 불어넣어 건강한 도시로 만들 수 있을까? 청년회의소와 상공회의소, 서일본공업클럽이 중심이 되어 거듭한 뜨거운 논의의 끝에 도달한 것이 "기타큐슈가 갖고 있는 재산은 과거 100년간 축적한 기술과 경험, 그리고 이것들을 전승하는 풍부한 인재"라는 내용이었다. 이것을 세계에 전하고 국제사회에 공헌하는 것이야말로 산업발전으로 야기된 공해를 힘들게 극복한 기타큐슈의 사명이라는 결론에 이르렀다.

　여기서 젊은 청년회의소 구성원들의 열정과 에너지가 지역경제, 행정기관, 일반시민의 마음을 흔들었고, 기금 4,300만 엔의 작은 재단 '기타큐슈국제연수협회[현재의 국제기술협력협회(KITA)]'가 설립되었다. 1980년의 일이다.

　기금 각출의 경우 대기업은 당연하고 꽃집, 미용실, 꼬치구이집까지 퍼져, 이것이 그 후 재단의 기본적인 성격을 결정했다. 당시에는 NPO

나 NGO라는 말도 모른 채 모두 아득히 먼 저편에 떠도는 이상을 지향하며 단지 앞만 보고 가는 것밖에는 생각하지 않았다. 그때 KITA가 갖고 있던 것은 고매한 정신과 선의에 넘치는 주위의 따스한 지원뿐이었는데, 생각해보면 이것이 4반세기가 넘도록 꾸준한 활동을 지속시킨 큰 원동력이었던 것 같다.

KITA는 폐기물의 출구처리에 중점을 둔 종래의 환경대책이 아니라 생산 공정 전체를 통틀어 쓸모없는 작업·공정을 생략하고, 고품질의 제품을 효율적으로, 또한 시장의 요구에 맞는 양만큼 제조하는 데 착수했다. 굴뚝으로 내보내는 것은 수증기뿐이었고, 폐열·매진·유황산화물도 기술을 다해 회수·이용했다. 고품질·고생산성·자원 절약·에너지 절약·폐기물 감소를 동시에 달성하는 생산방식, 이것이 바로 청정생산(CP)이다. 자원이 부족한 일본에서는 CP야말로 산업발전의 요체였으므로 기타큐슈의 각 기업은 부지런히 노력을 거듭해왔다. 덕분에 세계일류 수준에 도달할 수 있었다. 이제 개발도상국만이 아니라 많은 국가와 지역에서 이 기술에 기대하고 있다.

또 KITA에서는 현지기업의 OB가 봉사자로 연수의 코스리더를 담당하고, 시내 200개 이상의 기업과 대학, 행정기관 등이 강의와 견학시찰을 맡았다. 다양한 현장과 연계한 실천적인 KITA의 연수는 차츰 좋은 평가를 얻어, 1989년에는 정부개발원조(ODA)의 실시기관인 국제협력사업단[현재의 국제협력기구(JICA)]의 규슈센터를 유치하면서 사업의 큰 기둥이 되었다.

또한 세계의 환경수도를 목표로 하는 기타큐슈시와의 연대도 궤도에 올라, 현재 KITA에서는 연간 400명이 넘는 연수생을 받아들이고 있으며, 지금까지 120개국 4,400명이 넘는 기술자와 행정관이 공업기술·환경기술·행정시책을 습득한 뒤 귀국했다. 대체로 그들은 각 나라의 엘리트로서 기타큐슈에서 배운 지식과 경험을 살려 모국에서 활약하며 지속가능한 개발에 공헌하고 있다.

2007년의 노벨 평화상은 <불편한 진실> 등으로 세계적인 계몽활동을 펼친 앨 고어 전 미국 부통령과 국제연합의 '기후변동에 관한 정부간 패널'에 수여되었다. 또 호주에서는 교토의정서를 적극적으로 지원하는 노동당이 정권을 잡는 등 세계 각지에서 일어나는 환경보전에 대한 큰 물결을 피부로 느낄 수 있다. 시민 속에서 태어나 그 토양에서 자란 KITA는 당초부터 환경문제를 중요한 주제로 삼아왔는데, 이러한 세계의 새로운 움직임에 용기를 얻음과 동시에 설립 당시의 초심을 잊지 말고 착실하게 전진해가는 것이 지구환경보전에 공헌하는 일이라고 마음을 새롭게 다지고 있다.

(3) 민관연대의 국제협력에 국제평가는 순풍

민간 주도로 진행하는 KITA의 활동에 대해 시 행정은 측면 지원에 그치고 있었다. 그러나 JICA 규슈국제센터의 유치에는 민관이 단결해 움직였고, 1989년의 개설 기념 국제심포지엄에서는 시 관계 부국의 직원을 총동원해 지원하며 힘을 쏟았다. 이 회의에 출석한 국제연합 환경계획의 간부에게 글로벌500(세계적 수준에서 환경 개선에 공헌하고 칭찬할 만한 활동과 업적을 올린 개인 또는 단체에 주어지는 상)에 응모해보자는 권유를 받고는 겁내면서 응모했는데, 멋지게 수상하기도 했다. 그것은 일본의 지방자치단체로서는 처음 거둔 쾌거였다.

또한 1992년 리우데자네이루에서 개최된 지구 정상회담에서는 일본에서는 유일하게 국제연합 자치단체표창을 수상했다. 구름 위의 존재였던 국제연합으로부터 두 차례나 표창을 받은 것이다. 이로써 '부(負)의 유산을 정(正)의 재산으로'바꾸자는 환경 국제협력이 지역 특성을 살린 정책으로서 전면에 부각되었다. 자치단체이기 때문에 국가의 ODA처럼 큰일은 못하지만 개발도상국에서는 지방 차원의 대책조차 진척되고 있지 않으므로 기타큐슈시의 경험을 살린 협력이 효과가 있으며, 모든 섹터에 의한 사람·대상·정보의 교류는 장기적으로는 지역경제의 활성화로도 이어진다고 생각한 것이다.

1992년에는 KITA 내에 KITA 환경협력센터를 설치했다. 시 직원을 파견하고 개발도상국의 환경상황 파악과 여기에 기초한 적절한 협력을 연구·실시하게 되었다. 민관이 유기적으로 연대한 기타큐슈시만의 독자적인 국제협력 기반이 정비되었다. KITA와 시는 각각의 입장과 능력을 이용하여 어떤 때는 NGO의 얼굴로 지역과 밀착하고, 어떤 때는 행정의 이름으로 중앙정부와 기업을 안심시키며, 또 어떤 때는 기업 OB의 전문기술을 비장의 카드로 삼아 착실하게 환경 국제협력을 전개해갔다.

2. 도시 간 교류가 ODA로

(1) 우호도시 다롄

중국 다롄시와는 1979년에 우호도시 제휴를 맺은 이래, 문화·스포츠·경제 등 다방면에 걸친 교류를 계속하고 있다. 다롄시는 아카시아꽃이 피는 아름다운 도시이면서, 시가지에 제철소나 화학공장이 혼재하는 공업도시이기도 하다. 1995년 겨울 환경교류 세미나로 다롄을 방문했을 때에는 석탄보일러에서 뿜어져 나오는 연기, 흩어져 있는 쓰레기, 그을린 가로수, 삶은 만두뿐인 점심, 웃지도 않는 웨이트리스, 무한한 대지에서 끓어오르는 듯한 기묘한 에너지 등 중국의 현실을 체험한 기분을 느꼈다.

1990년대가 되자 환경 분야의 교류가 활발해져서, 1993년에는 다롄

사진 11-2 1994년의 다롄   사진 11-3 현재의 다롄

시에서 '다롄·기타큐슈 기술교류 세미나'가 개최되었다. 당시 시노하라 료타(篠原亮太) 환경국 주간(현 구마모토현립대학 교수)을 중심으로 환경기술 관련 중국어 교과서를 수작업으로 작성했고, 세미나에는 시내의 산·관·학 총인원 약 50명이 참가했다. 이 세미나의 실시업무를 시에서 위탁받은 당시 KITA의 미즈노 이사오(水野勳) 이사장은 몇 차례 다롄을 방문하면서 아이디어 하나가 떠올랐다고 한다. 미즈노 씨는 1993년 12월, 기타큐슈시를 방문한 쑹젠(宋健) 중국 국무위원에게 다롄시를 환경모델지구로 지정할 것을 제안했다. 쑹젠 위원이 이 제안에 찬성하고 국가환경보호국에 검토를 지시한 결과, 1994년 다롄을 환경모델지구로 하는 것이 국가환경보호 중점사업에 포함되었다.

(2) 다롄시 환경모델지구계획

다롄시는 정부의 지시를 받아 '다롄시 환경모델지구 건설계획' 수립작업에 착수하고 기타큐슈시에 협력을 구해왔다. 문제는 자금이었다. 기타큐슈시는 기술을 제공할 수는 있어도 대규모의 조사, 하물며 하드웨어 사업에 출자할 수는 없었다. 양측 시는 ODA의 개발조사를 우선 이용하려고 했다. 외무성과 JICA, 그리고 중국 정부도 처음에는 전혀 상대해주지 않았지만, 서서히 지방자치단체 간의 환경협력 계획안을 이해해주었

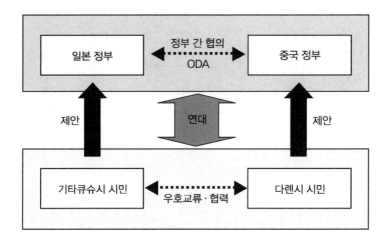

그림 11-2 **지방도시와 연대한 정부개발원조**

다. 드디어 1996년, 다롄시 환경모델지구정비계획의 개발조사가 ODA
에 채택되었다. 이 조사는 국가·정부기관과 지방도시의 연대에 의한 새
로운 ODA의 본보기로서 주목을 받았다.

다롄시 환경모델지구계획이란 다롄시에서 환경대책을 집중적으로 실
시해 2010년까지 기타큐슈시 수준으로 개선시키고, 이를 모델로 하여
중국 전역에 보급시킨다는 계획이다. 2000년에는 마스터플랜을 작성하
여 개발조사가 종료되었다.

계획은 대기오염, 수질오탁, 폐기물 등의 공해대책에서부터 공장 이전
등의 도시계획에 이르기까지 총괄하며, 시설정비와 같은 하드웨어 정비
와 함께 조직정비라든가 인재 육성과 같은 소프트웨어 정비도 포함한
것이 특징이다.

이 계획에 근거해 네 건의 엔 차관 사업이 채택·실시되었고, 기타큐슈
시내 기업의 전문가가 CP 지도를 담당하는 등, 실시단계에서도 기술협
력이 이루어졌다.

한편 다롄시 정부는 새롭게 자동차공해나 폐기물을 관리하는 부서 등

을 설치함과 동시에 직원 900명을 증원하며 조직의 충실을 꾀했다. 현대적인 생태형 도시(에코시티)를 목표로, ① 환경교육을 강화하고 시민 환경의식의 향상과 참가를 촉진한다, ② 환경종합전략을 수립하는 기구를 구성하여 환경관리 수준을 향상시킨다, ③ 환경과학기술의 새로운 시스템 도입과 환경보호산업을 진흥시킨다, ④ 많은 기관으로부터 환경보호자금을 조달한다 등의 조치를 취했다. 이렇게 하여 다롄시의 환경은 대폭 개선되었고 2001년 국제연합 환경계획으로부터 글로벌500을 수상하기에 이르렀다.

3. 동남아시아로 진출

(1) 환경협력 파트너를 어떻게 선택하는가

다롄시와의 협력 성공에 힘을 얻어, 도시 간 협력에 중점을 둔 환경협력을 동남아시아 지역에서도 전개하기로 했다. 협력대상 도시는 ① 기타큐슈시의 경험을 살릴 수 있는 같은 규모의 산업도시, ② 국제협력에 수동적이지 않고 환경대책에 의욕이 있는 도시, ③ 국제항이나 공항이 있어 물류가 왕성한 도시라는 조건을 고려했다. 인도네시아의 스마랑시와 수라바야시, 필리핀의 세부시와 바탕가스시, 베트남의 호치민시, 말레이시아의 페낭 섬 등이 해당되었다. 1997년에는 이들 4개국 6개 도시를 초청하여 국제회의를 개최하고 아시아 환경협력도시 네트워크를 설립했다.

아시아통화위기 등의 영향으로 6개 도시 모두와 협력을 계속해가는 것은 어려웠지만, 인도네시아와 필리핀에서는 인재교류와 환경 개선 프로젝트를 실시할 수 있었다. 순조롭게 진행된 요인은 오로지 든든한 파트너 덕분이었다.

(2) 두부를 좋아하는 인도네시아인

사진11-4 두부제조기술 지도

1998년 네트워크 도시인 인도네시아 스마랑시와의 환경협력을 구체적으로 진행하기 위해 현지에서 세미나를 개최했다. 스마랑시와는 회의 전부터 교류가 있었고, 당시에는 두부공장과 관련된 협력을 수행하고 있었다.

인도네시아인은 두부를 즐겨 먹는다. 마파두부처럼 볶기도 하고 국물에 넣기도 하지만 물두부나 날두부는 먹지 않는 듯하다. 한 말 들이 통에 넣은 두부를 저울에 메고 걸어 다니며 판다. 강가에는 중소형 두부집이 죽 늘어서 있고, 윗옷을 벗은 채 작업에 힘쓰는 남자들을 볼 수 있다. 가게들이 강가에 위치한 이유는 대량의 배수를 강에 버리기 위해서다. 강은 수질오탁이 진행되고 있었으며, 스마랑시와 주민 모두 이를 문제로 인식하고 대책에 고심하고 있었다. 두부집 주인 중에는 배수를 지하수조에 모아 혐기발효시켜 발생한 메탄가스를 연료로 사용하는 발명가도 있었다.

스마랑 세미나에서는 CP와 환경교육을 소개하고 기업경영자, NGO, 행정기관으로 나뉘어 토론을 했다. 일방적으로 강의를 하는 주입식이 아니라 대화형이었던 점, 스마랑 측도 아이들이 손수 만든 문방구를 준비하는 등 주체적으로 참여했다는 점에서 참가자들에게 상당히 호평을 받았다. 스마랑시의 담당자는 감동에 벅차 눈물을 글썽거리며 전문가의 손을 잡고 놓지 않았다.

그러나 언제까지나 감동만 할 수는 없었다. 그 후 시내 두부사업자의 협력을 얻어 효율적인 제조방법, 배수를 줄이는 기술 등을 실제로 보여주거나 지도하는 것 외에도, 신제품 개발 착수와 주민계발 등에 관한 정보를 제공했다. 스마랑시는 주민과 함께 하천청소를 하는 등 환경 개선에 나서기 시작했다.

그리고 근본적인 수질개선을 위해 KITA
가 JICA 개발 파트너사업의 계획안을 이용
하여 두부배수처리시설을 건설했다. 현지에
서 관리할 수 있는 기술을 채용했기 때문에
일본 시설만큼의 처리 능력은 없으나 환경
개선에는 효과를 거두고 있다. 이왕 시설을
만들 거라면 두부배수만이 아니라 주택의 잡배수 등도 포함한 하수처리
시설로 건설해야 하는 것이 아니냐는 의견도 있었다.

사진11-5 배수처리시설

(3) 국제협력의 이모저모

지방자치단체의 국제협력은 자매우호도시 교류의 일환으로 이뤄지는
경우가 많고, 자금의 부족분은 대부분 자기부담이다. '저것을 원한다', '이것
을 해주었으면 한다'라는 상대도시의 요청에, 친절한 자치단체는 중고 분석
기기라든가 쓰레기수거차를 양도하기도 한다. 그러나 일방적으로 주기만
하는 원조를 무한정 계속할 수 없어 국제협력을 그만두는 자치단체도 있다.

기타큐슈시의 경우 다롄시라든가 스마랑시와의 협력사업에서 JICA
등과 함께 협력해온 경험을 바탕으로, 다양한 정부 원조기관과의 연대를
강화하고 있다. 2000년경부터 ODA 사업의 재평가라든가 원조에 대해
활발하게 논의했고, 국민참여형 ODA의 계획안도 증가했다. 2002년에
는 자치단체로는 처음으로 국제협력은행(JBIC)의 제안형 안건형성 조사
를 실시하여, 중국 충칭(重慶)시와 인도네시아 수라바야시에서 폐기물의
적정처리에 관한 조사를 했다. 수라바야의 조사는 다음단계로 이어졌으
나, 충칭 시와는 연이 없었는지 그뿐이었다.

또 필리핀 세부시에서는 JICA, JBIC와 공동으로 계발 세미나를 개최

사진11-6 수라바야시 폐기물 구성
요소조사

사진11-7 세부시 400명의 하천청소

했고 기타큐슈시민도 참가한 400명의 하천청소 등을 실시했다. 이러한
활동을 계기로 세부 지역의 행정, 대학, NGO, 기업 등으로 구성된 메트
로세부 환경협의회가 조직되었고, 그 후의 지역 활동을 리드해가는 핵심
적 존재로 커갔다.

(4) 세계로부터 인정받은 도시 간 협력

2000년, 국제연합 아시아태평양경제사회위원회(이하 ESCAP)의 '환경
과 개발에 관한 각료회의'가 기타큐슈시에서 개최되었다. 5년에 한 번
열리는 이 회의는 방콕 이외의 도시에서는 처음 개최되는 것이었고, 43
개국·지역의 환경장관과 33개 국제기관의 대표 약 500명이 참가했다.
기타큐슈시에서는 여태까지 수많은 환경국제회의를 개최해왔으나 장
관급 국제연합회의를 개최하기는 처음이었다. 이는 기타큐슈시의 환경
활동과 국제협력을 평가받고 어느덧 유치하기에 이르렀음을 말해준다.
유스 코커스(Youth Caucus)나 NGO 회의 등의 부대행사도 개최되어, 아
시아태평양 지역에서 다수의 관계자가 찾아왔다.

(5) '기타큐슈 이니셔티브'의 채택

이 회의에서 '깨끗한 환경을 위한 기타큐슈 이니셔티브'(이하 KI)가 채

택되었다. KI의 '기타큐슈'는 회의 개최지의 이름을 붙인 것이지만, 기타큐슈시의 공해극복과 국제협력 등의 활동을 모델로 했다는 의미도 담겨 있다. 아시아 지역에서는 환경문제가 심각해지고 있으므로, 국가의 법 정비나 계획수

사진 11-8 국제연합 ESCAP 환경과 개발에 관한 각료회의

립과 병행하여 도시 차원의 구체적인 활동을 활성화하는 것이 필요하다. KI는 의욕 넘치는 도시가 네트워크를 만들어 환경대책 관련 기술이나 정보를 공유하자는 프로그램이다. 2007년 11월 현재 KI 네트워크에는 아시아태평양 지역의 18개국 62개 도시가 참가하고 있으며, (재)지구환경전략연구기관(IGES) 기타큐슈사무소가 사무국이 되어 세미나와 시범사업 등 다양한 활동을 수행하고 있다.

2002년, 리우 정상회담 이후 10년 만에 개최된 남아프리카 요하네스버그 정상회담에서는 공식적으로 채택된 정부 간 합의문서에 KI가 실질적인 환경 개선에 유효한 접근방법으로 명기되었다.

2005년의 ESCAP 환경장관회의에서 KI는 2010년까지 활동을 계속하는 것으로 결정되었다. KI 가맹도시 중에서 특히 괄목하게 환경을 개선한 두 개의 우수한 도시를 소개하겠다.

(6) 타이 논타부리시―환경국장의 훌륭한 리더십

첫 번째 도시는 논타부리시다. 인구 27만 명인 중핵도시인데, 방콕 시의 북쪽에 인접해 있기 때문에 베드타운으로서 급속히 발전하고 있다. 논타부리시는 타이 환경장관의 지명으로 KI에 참가했고, 이를 좋은 기회로 여긴 환경국장 폰스리 씨가 적극적으로 환경대책에 착수했다.

2001년에 두 개의 지역공동체에서 재활용 촉진과 쓰레기 감소의 시범사업을 시작했고, 1년 만에 재활용률이 종전 5% 전후에서 24%와 37%로 상승했다. 이듬해에는 30개 지역공동체, 2007년에는 83개 지역공동체로 사업이 확대되었고, 시 전체의 재활용률은 22%로 상승했다. 재활용이 가능한 쓰레기는 반투명봉투에 넣어 각 가정의 문에 매달아놓았다가 정기적으로 회수해 매입업자에게 판매한다. 봉투는 무료로 각 가정에 몇 장씩 배포되며 회수는 하지 않는다. 판매이익은 광장의 정비라든가 가로등의 형광등 교체와 같은 지역공동체 전체의 목적에 사용한다. 2010년까지 재활용률 30% 달성이 목표이다.

사진 11-9 재활용가능 쓰레기 회수용 반투명봉투

실은 KI 네트워크회의 참석차 기타큐슈시를 방문한 폰스리 국장이 속이 들여다보이는 쓰레기봉투를 보고는 좋다고 생각해 논타부리시로 돌아가서 만든 것이 반투명봉투이다. 논타부리시의 휘장이 찍힌 반투명봉투를 보면서 그들에게 무엇이 도움이 되는가는 우리가 판단해 결정할 일이 아니라고 느꼈다.

2004년에는 EU의 원조로 퇴비공장을 건설하고 청과물시장에서 발생하는 음식물 쓰레기의 퇴비화사업을 시작했다. 음식물 쓰레기의 양은 하루 약 6m³으로, 한 달 약 5톤의 퇴비를 생산하여 판매하고 있다. 이 사업은 폰스리 국장이 EU의 아시아도시프로그램에 이메일로 응모하고 채용되어 12만 유로(약 2,000만 엔)를 획득하여 추진된 사업이다. 그는 가정의 음식물 쓰레기는 회수효율이 나쁘기 때문에 손을 대지 않겠다고 잘라 말한다.

2005년에는 쓰레기수거차에 GPS를 부착해 중앙에서 운행상황을 관리하게 했더니, 회수를 잊고 지나치는 사례가 줄어들었다.

2006년에는 5,400만 바트(약 1억 7,000만 엔)의 시 경비를 투자해 분뇨처리공장을 건설했다. 이것은 왕이 장려하는 국왕 개발계획의 가이드라인을 마히돈대학의 지원을 받아 실천한 것이다. 분뇨를 28일간 소화탱크에 모아두었다가 윗물은 액비, 진흙은 건조시켜 퇴비로 판매한다. 시

사진 11-10 분뇨처리시설

설은 청결 그 자체이며, 냄새도 없고 파리 한 마리 날아다니지 않는다. 가정의 하수대책으로는 하수도나 정화조 밖에 없다는 고정관념에 이러한 기술은 강한 충격이다. 다른 자치단체에서 견학하러 줄지어오는 것도 충분히 이해가 간다.

KI 네트워크에서도 논타부리시의 활동과 기술의 유효성에 대한 정보를 내보내고 있으나, 제2의 논타부리는 좀처럼 나타나지 않고 있다.

(7) 인도네시아 수라바야시―다카쿠라는 지역공동체의 유명인사

두 번째 도시는 KITA가 기술협력을 한 수라바야시이다. 수라바야시에서는 폐기물의 적정처리에 관한 조사를 하고, 일반폐기물의 40% 이상을 차지하는 음식물 쓰레기를 분리해 퇴비화할 것을 제안했다. 이에 2005년부터 2007년 사이에 KITA가 환경재생보전기구 지구환경기금을 조성 받아 기술협력을 하게 되었다. 이때 시내 기업인 (주)제이펙 와카마쓰 환경연구소의 다카쿠라 고지(高倉弘二) 소장대리가 전문가로서 협력해주었다. (주)제이펙은 전원개발(電源開發)(주)의 관련 기업으로서 시내 주민조직과 협력해 음식물 쓰레기 퇴비화 모델사업을 진행하고 있었고, 다카쿠라 씨는 발효식품을 이용한 퇴비화 기술의 개발자이다. 다카쿠라 씨의 협력이 없었더라면 수라바야의 퇴비화사업은 성공하지 못했을 것

이다. 다음에서는 현장에 밀착해 음식물 쓰레기와 격투를 벌인 다카쿠라 씨의 글을 소개하겠다.

(8) **개발도상국에 알맞은 기술, 보급방법**

(주)제이펙 와카마쓰환경연구소 다카쿠라 고지 소장대리

사진 11-11 수라바야의 지역공동체에서 지도하는 다카쿠라 씨

"할 거면 끝까지 해봅시다! 키워드는 저에너지, 저비용, 단순기술, 지역의 기후풍토와 습관."

음식물 쓰레기 퇴비화 기술협력은 이 말에서 시작되었다. 현지에 정착해 자립적으로 퍼지는 기술협력을 하기 위해 무엇이 가능한지, 무엇이 필요한지를 생각한 끝에 나온 말이었다. 이 말을 마음에 품고, 기술협력을 받는 측인 현지 NGO 대표와 이야기한 결과, "우리는 이미 퇴비화 센터를 갖고 있고, 최고의 기술로 음식물 쓰레기를 퇴비로 만들어 판매도 하고 있다. 일본에게 배울 것은 없다. 음식물 쓰레기 퇴비화에 어려움을 겪고 있다면 우리가 일본에 가서 기술을 지도해줄까?"라는 대답이 돌아왔다. 상대방과 같은 눈높이로 접근하겠다는 것이 그만 "우리 기술을 제공하겠다"라는 일방적인 자세가 되어버린 것이었다.

현지에서는 지금까지의 기술에 자신과 자부심을 갖고 있었으므로, 상대의 기술을 먼저 인정해주는 것이 출발점이라는 것을 배우며 반성했다. 그 후로는 상대의 마음속에 들어가 기술지도만이 아니라 노래도 부르고 웃어가며 마지막까지 일했다. 나중에 NGO 대표가 "시간 관리 및 사용

방식과 근면함을 실제로 보여주어서 퇴비화 기술 이외에도 많은 것을 배웠고 존경할 만한 기술자이다"라고 털어놓자 눈물이 흐르기도 했다.

발효균은 전통적인 발효식품 텐페(대두의 발효물) 등 지역에 자생하는 균으로 조정하고, 발효용기 등의 자재는 모두 현지에서 간단히 구입할 수 있는 물건으로 했다. 불가능하다고 여겼던 음식물 쓰레기 퇴비화가 사실 "누구든 간단히 빨리 냄새도 없이 위생적으로 할 수 있는 것"임을 알게 되었고, 지금은 1만 8,000세대 이상이 놀라움과 감동과 미소 띤 얼굴로 참여하고 있다. 이 방식은 뜻밖에도 '다카쿠라 방법(TAKAKURA METHOD)'으로 명명되었다. 퇴비화에 따른 음식물 쓰레기의 감량화·자원화만이 아니라 주거환경의 위생 개선, 커뮤니케이션의 강화, 일자리 제공 등도 도모되었다. 그리고 이 방식은 부인회 조직을 중심으로 한 지역공동체, NGO, 행정기관의 협동에 의해 자립적으로 확대되어갔다.

필자는 민간기업의 사회적 책임(CRS)으로서 음식물 쓰레기 퇴비화의 해외기술협력에 관여했다. 기후풍토, 습관, 대상에 대한 견해, 사고방식이 모두 다른 상황에서 함께 무언가를 달성하려 할 때, 무엇이 필요할까? 그것은 바로 속 깊은 의사소통을 꾀하면서 강한 신뢰관계를 쌓고 상대에게 정말 소중한 것을 이해하는 것이다.

음식물 쓰레기 퇴비화는 수라바야시를 넘어 인도네시아 전국으로 확대되어가고 있다. 이는 단순한 기술혁신이 아니라, 사회 시스템의 혁신이라는 의미도 부여할 수 있다. 기업의 사회적 책임이 지방정부 차원의 외교로 이어지도록 협력할 수 있었음을 의미한다.

4. 환경 국제협력의 포인트

환경 국제협력을 본격적으로 시작한 지 20년, 동남아시아 개발도상국과 협력한 지도 10년이 흘렀다. 국제교류는 스포츠 행사나 대표단의 방문과 같은 인적 교류로 친목을 쌓고 상호 이해를 촉진하는 것이 그 목적이다. 한편 환경협력은 자치단체의 경험을 살려 상대측의 환경 개선에 공헌하는 것이 목표이지만, 동시에 이쪽에도 이득이 있어야 한다.

이득 중에 첫 번째는 국제적인 평가를 받아 환경수도 기타큐슈의 이름을 세계에 널리 알릴 수 있다는 것이다. 두 번째는 방문객 유치산업의 하나로 연수나 시찰을 많이 받아들이는 것이 지역 활성화로 이어진다는 것이다. 세 번째는 해외 도시의 정보와 인적 네트워크가 지역기업의 해외 비즈니스 전개에 도움이 된다는 것이다.

이러한 이득을 조금이라도 더 창출해내기 위해 다음과 같은 점을 고려하여 환경 국제협력을 실시하고 있다.

(1) 능력 있는 도시를 선택한다

협력 상대를 고를 때에는 상대측 시장에게 환경 개선의 의욕이 있는지, 담당 조직·직원이 있는지, 협력이 종료된 후에 자주적으로 사업을 계속할 수 있는 예산과 능력이 있는지가 중요한 요소이다. 개발도상국에서 환경대책에 진척이 없는 이유를 물어보면 항상 "예산이 없다, 기술이 없다, 사람이 없다"라고 답한다. "이번에는 무엇을 줄 것인가, 줄 거면 최첨단 기술이 좋겠다"고 하는 수동적인 도시는 상대하고 싶지 않다.

자치단체의 협력에 큰 예산은 따르지 않으므로, NGO처럼 현지에 주둔하듯이 오래 지속되는 협력도 힘들다. 연수와 같은 인재 육성이나 시범사업을 2, 3년간 실시하는 것이 고작이다. 그 사이에 효과가 있는 것이 밝혀지면, 그 다음은 상대 도시가 나름대로 연구해 계속 진행해나가게 된다. 거기다가 다른 도시를 가르치는 데까지 이른다면 기타큐슈 브랜드 협력기술의 완성이라 할 수 있다.

(2) 관계국, 시민·NGO, 기업 등과의 연대를 강화한다

개발도상국의 환경문제는 다양하다. 중국에서는 공장에 기인한 대기오염이나 화학물질오염, 아시아의 대도시에서는 자동차 배기가스, 공통과제로는 생활배수에 의한 수질오염과 폐기물 처리, 위생환경의 악화 등이 있다.

이러한 과제에 대해서는 환경국만이 아니라 건설국 하수도하천부와 수도국, 보건복지국 등이 담당업무에 맞게 연수 관련 업무 등을 분담한다. 또 후쿠오카시와 시모노세키(下關)시, 미나마타(水俣)시 등 인근 자치단체와는 각각 자신 있는 분야를 활용한 연대를 진행해가고 있다.

시민·NGO 관계자에게는 하천청소라든가 환경교육 등 지역 활동의 경험을 토대로 협력 프로젝트와 세미나 등에 참가해줄 것을 부탁한다. 또한 기업의 현장연수는 기타큐슈시의 주요 사업이며, 많은 시내기업의 협력을 받고 있다.

(3) 항상 경제교류의 가능성을 생각한다

'세계 공헌에 만족해서는 안 된다. 경제적인 교류로 연결시켜라.' 이것이 지금 우리에게 주어진 과제이다. 확실히 우리가 환경협력을 통해 구축한 국가·지방정부 차원의 인맥이나 각국 법제도의 정비 상황, 현지의 요구라든가 이미 진출한 법인기업의 정보 등은 해외진출을 생각하는 기업에게는 도움이 될 것이다.

그래서 시내기업의 해외 비즈니스를 지원하기 위해 중국과 한국에 비즈니스 사절단 파견, 전시상담회 출전 기획, 해외정보 제공 등을 시행하고 있다. 2005년에는 시내의 환경 관련 기업 3사가 중국으로 진출했다. 다만 현실적으로 과제도 많고 본격적인 해외전개에는 아직 시간이 걸릴

듯하다.

KITA 환경협력센터의 나카조노 데쓰(中薗哲) 부소장은 '최근 러시아 제철소와 폐기 슬래그를 재이용하는 사업에 합의했다. 앞으로도 지역기업의 힘을 비즈니스 기회로 삼고자 한다. 또 스라바야의 퇴비화 사업을 아시아 각 도시로 확대해가는 구조를 만들고 싶고, 과제를 완수하면 자치단체와 협력해 청정개발체제(CDM: Clean Development Mechanism) 프로젝트 등 새로운 사업을 전개하고자 한다.

(4) 일본 정부의 원조동향에 민감해진다

환경 국제협력의 예산은 가능한 한 외부자금을 이용하도록 하고 있다. 국제협력은 국가의 업무이고, 시의 예산투입은 최소한으로 해야 한다는 의견이 쉽사리 바뀌지 않기 때문이다.

그래서 JICA 등의 위탁사업, 자치단체·NGO의 국제교류 추진을 목적으로 하는 보조사업 등에 제안서를 제출하는 것인데, 항상 국가의 원조동향에 신경을 써서 어느 나라에서 어떤 분야의 원조를 계획하는지를 지켜보는 것이 중요하다. 구체적으로는 실시 중인 원조사업과 국가 차원의 협력으로는 해결할 수 없는 도시를 대상으로 한 내용 등을 강조해 제안한다. 말은 이렇지만, 사실 이것은 아주 힘들다. 경쟁상대는 다른 자치단체와 NGO뿐만이 아니라, 때에 따라서는 민간 컨설턴트라든가 대학인 경우도 있다. 컨설턴트는 각각 자신 있는 분야와 대상국이 있고 풍부한 지식과 경력을 갖춘 전문가를 보유하고 있어서 '자치단체가 뭘 하겠나'라며 무시한다. 그들은 행정 OB를 고용해 노하우도 갖고 있다. "내용은 좋아도 컨설턴트가 하는 것처럼 쓰지 않으면 좋아하지 않는다"라는 말을 듣기도 한다. 그래도 우리는 민간 컨설턴트와는 성격이 다른 자치단체이기에 우리만이 할 수 있는 활동을 전개해나가고 싶다.

5. 환경을 배우려면 기타큐슈로 가자

2006년도부터 착수하고 있는 사업이 바로 '아시아의 환경 인재 육성 근거지형성사업'이다. 연수사업은 기타큐슈시의 환경 국제협력의 원점이며, 환경대책의 풍부한 경험과 산·학·민·관의 연대를 활용해 더욱 확충할 계획이다. 지금까지 연간 250명 정도였던 연수생을 400명 이상으로 늘려서, 2010년까지 5년간 2,000명을 받아들이는 것이 목표다. 그러나 ODA예산의 감소로 연수기간이 짧아지고, 연수 수탁경비로 운영하고 있는 KITA의 경영도 곤란한 상황이다. 새롭게 순환형 사회 형성 코스와 사우디아라비아 하수도 연수가 신설되었고 지방행정관의 환경대책 능력 향상 코스 등 신규 연수도 제안하고 있다. 거기다가 중동협력센터 등 JICA 외의 스폰서로부터도 연수를 위탁받게 되었고, 엔 차관으로 하수도정비를 하고 있는 중국 도시로부터 하수도 관리자 코스를 직접 수탁하는 등 새로운 연수의 개척에 나서고 있다.

아시아 지역에서는 환경문제에 착수하기 위해 실천적인 인재의 육성이 급선무이며, 연수 수요는 앞으로 점점 더 증가할 것으로 예측된다. 연수를 비즈니스로 발전시키면 지역 활성화에도 공헌할 수 있으리라 생각한다.

자치단체에게 환경 국제협력의 최대 성과는 국제적 지명도의 향상일 것이다. 제삼자에게 평가받는 것이 기타큐슈시민의 자부심과 자신감으로 연결된다면 기쁜 일이다. 아시아 환경 개선에 공헌할 뿐만 아니라, 시민이 자랑할 수 있는 환경 국제협력이기를 바란다.

도시 간 환경 국제협력을 선도한다
히로노 료키치(廣野良吉) 세이케이(成蹊)대학 명예교수

올해는 KITA 설립 28주년이 되는 해다. 우리를 둘러싼 환경문제는 해마다 다양해지고 그 해결책도 다면화되는 동시에, 최근에는 생물 다양성의 감소, 해양오염, 기후변동 등 지구환경 문제가 한층 심각해졌다. 도카이 만과 욧카이치(四日市)의 예에서 볼 수 있듯이, 40년 전만 해도 환경문제는 특정 원인에 의한 특정 지역의 산업공해문제가 중심이었다. 그렇지만 그 이후에는 승용차의 보급이나 화물량의 비약적인 확대로 인한 대기오염, 소음의 격화, 게다가 가정배수로 인한 수질오염, 불연성쓰레기의 급증, 유해폐기물에 의한 토양오염 등 모든 지역에서 직면하는 광역문제로 변질되었다.

1980년대가 되자 아시아 지역의 개발도상국도 경제발전, 공업화, 도시화와 더불어 똑같은 환경문제에 직면하게 되었다. 이런 상황을 눈앞에서 지켜보며 기타큐슈지역이 보유한 청정생산 기술, 환경 개선·보전기술, 환경과 양립하는 지역개발정책으로 개발도상국의 공업화와 환경문제의 해결에 도움을 주려는 목적하에 산업인, 자치단체, 연구자가 공동으로 설립한 것이 바로 기타큐슈국제연수협회(현재의 국제기술협력협회: KITA)이다. 똑같이 지역개발·환경문제에 직면한 도시지역은 많지만, KITA처럼 산·관·학이 일체가 되어 개발도상국의 환경문제 해결에 공헌하고자 하는 단체는 없으며, 현재도 초지일관 산·관·학이 일치단결하여 움직이는 모습은 국내외에서 경외의 대상이 되고 있다. 여기에는 KITA 설립에 중심적인 역할을 해낸 당시 신니혼제철 부사장 겸 야하타제철소 소장인 고 미즈노 씨와 그에 공감한 역대 시장, 특히 스에요시 시장의 지도력에 힘입은 바가 컸다.

기타큐슈시와 KITA에 대해 언제나 경의를 표하는 것은, 수많은 어려움에도 친환경적인 지역개발을 국내외에서 진행하려는 불굴의 정신과, 그것을 지탱하는 환경수도 수립을 향한 기타큐슈시민의 의지이다. 후쿠다 정권이 들어서자 마침내 일본에서도 환경모델도시 구상이 나왔지만, 기타큐슈시야말로 그 첨단을 달리는 도시라 해도 좋을 것이다. 지방도시의 활성화를 외치고 지구환경의 악화 속에서 친환경적인 마을만들기를 외친 지 오래되었지만 지지부진한 것이 현재 상황이다. 그러나 기타큐슈시에서는 다른 전국 자치단체에 앞서 1980년 민간의 힘으로 KITA가 설립되었고 국제협력기구(JICA)의 개발도상국 행정관의 연수사업에 전면적으로 협력해왔을 뿐만 아니라, 기타큐슈시의 청소년 환경의식 향상과 시민의 국제화에 공헌하고, 나아가 아시아 개발도상국의 도시환경 개선, 주민의 환경의식 향상, 아시아 환경보전도시 간 네트워크 형성에 전력해온 것은 참으로 칭찬받을 만하다. 1990년에는 일본의 자치단체로서는 처음으로 국제연합 환경계획(UNEP)의 글로벌500을 수상하고, 또한 리우데자네이루에서 개최된 1992년의 지구 정상회담에서는 국제연합 자치단체표창을 일본의 자치단체로서는 유일하게 수상한 것도 납득이 간다. KITA가 이러한 수상을 계기로 KITA 내에 환경협력센터를 설립하고, 1996~2000년 '다롄시 환경모델지구정비계획'의 ODA 개발조사를 실시한 데서 볼 수 있듯이, 전국도시에 앞서서 국가·정부기관과 자치단체의 연대에 의한 새로운 ODA 사업을 전개하며, 본격적으로 아시아의 개발도상국 도시에 성과를 중시하는 환경협력사업을 단행한 것은 더욱 기쁘다.

앞으로는 기타큐슈시·KITA가 구축해온 아시아의 도시 간 환경협력 실적을 소중히 여기며, 기타큐슈가 비교우위에 의거해 기존에 추진해온 청정생산과 에너지 절약기술의 개발·전파, 자연재해 방지·복구, 지구온난화 방지·경감·적응 등 새로운 분야에서의 연수협력사업 확보, 대학·연구기관과의 연대에 의한 환경·협력 인재 육성사업의 확대, 외부 민간자금을 활용한 협력사업의 발굴·촉진 등 기타큐슈시의 지속적인 발전과 시민의 기대에 부응하는 환경 국제협력에 매진하기를 바란다.

제12장   **지향하라! 아름다운 세계의 환경수도**

지속가능한 도시를 만든다

1. 세계를 리드하는 '지속가능한 도시'를 만든다

(1) 환경수도 콘테스트 1위

2007년 3월 말, 기타큐슈시는 '일본의 환경수도 콘테스트에서 종합 1위'를 수상했다. 이것은 일본의 환경 NGO 네트워크가 주최하는 것으로, 다른 도시를 크게 따돌리고 역대 최고점을 받았다. 그리고 2008년 3월에도 2년 연속 1위에

사진12-1 환경수도 콘테스트 표창식

빛났다. 그랜드 디자인 만들기, 시민과의 협동에 의한 폭넓은 종합적 활동, 거기에 예산이나 조직 만들기 등 환경수도가 되겠다는 강한 의지를 평가받은 것이었다. 또한 국제협력과 환경 인재 육성계획 등 다른 자치단체에서는 볼 수 없는 극히 이색적인 여러 사업에 주최자들도 놀랐다. 다니(谷), 스에요시 등 전 시장들을 비롯해 수십 년에 걸친 많은 관계자들의

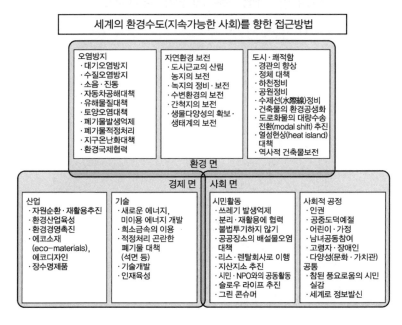

그림 12-1 지속가능한 사회를 향한 종합적 접근방법

세계의 환경수도(지속가능한 사회)를 향한 접근방법

환경 면

오염방지	자연환경 보전	도시·쾌적함
·대기오염방지	·도시근교의 산림	·경관의 향상
·수질오염방지	농지의 보전	·정체 대책
·소음·진동	·녹지의 정비·보전	·하천정비
·자동차공해대책	·수변환경의 보전	·공원정비
·유해물질대책	·간척지의 보전	·수제선(水際線)정비
·토양오염대책	·생물다양성의 확보·	·건축물의 환경공생화
·폐기물발생억제	생태계의 보전	·도로화물의 대량수송
·폐기물적정처리		전환(modal shift) 추진
·지구온난화대책		·열섬현상(heat island)
·환경국제협력		대책
		·역사적 건축물보전

경제 면 **사회 면**

산업	기술	시민활동	사회적 공정
·자원순환·재활용추진	·새로운 에너지,	·쓰레기 발생억제	·인권
·환경산업육성	미이용 에너지 개발	·분리·재활용에 협력	·공중도덕예절
·환경경영촉진	·희소금속의 이용	·불법투기하지 않기	·어린이·가정
·에코소재	·적정처리 곤란한	·공공장소의 배설물오염	·남녀공동참여
(eco-materials),	폐기물 대책	대책	·고령자·장애인
에코디자인	(석면 등)	·리스·렌탈회사로 이행	·다양성(문화·가치관)
·장수명제품	·기술개발	·자산지소 추진	공통
	·인재육성	·시민·NPO와의 공동활동	·참된 풍요로움의 시민
		·슬로우 라이프 추진	실감
		·그린 콘슈머	·세계로 정보발신

축적된 노력을 실감할 수 있었다.

(2) 세계의 환경수도란, '지속가능한 도시'

기타큐슈시가 지향하는 세계의 환경수도는 모두가 계속 살고 싶다고 느끼는 '지속가능한 도시'이다. 그래서 영어로는 'World Capital of Sustainable Development'라고 표현하고 있다. 지속가능한 도시를 지향하면서 우리가 헤쳐 나가야 할 과제는 매우 폭넓다. 좁은 의미의 '환경'만이 아니라, '경제적 측면'과 '사회적 측면'에 이르는 시책을 종합적으로 진행해가야 하기 때문이다.

기타큐슈시의 경우 선인들의 과감한 시도를 통해 환경·경제적인 측면에서는 다른 도시를 압도하는 성과를 올려왔다. 남은 과제는 사회적 측면에 있다고 생각한다. 그 목표는 공평하고 질이 높으며 정신적으로 풍요로운 생활을 실현하는 것이다. 구체적으로는 안심할 수 있는 자녀양육 및 교육환경의 정비, 문화적 다양성의 확보, 나아가서는 정책과정에 대한 민주적인 참가기회를 보장하고 지역의 유대와 시민력을 키우는 것이다.

(3) '아름다운'에 담은 마음

필자는 앞으로의 환경정책의 새로운 관점을 표현하기 위해 '아름다운'이라는 형용사를 사용한다.

지금까지 기타큐슈시의 도전적인 시도는 국내외에서 높이 평가받아왔다. 특히 외국인들에게 "기타큐슈시는 환경도시네요"라고 칭찬받을 때가 많다.

사진 12-2 타임지에서 소개(2006년 10월)

예를 들면 중국이나 동남아시아 도시의 시장과 만날 때는 거의 대부분 환경을 화제로 삼는다. 또 미국의 ≪타임(Time)≫ 등 주요 해외언론에서 '환경 개선의 표본'이나 '환경수도를 지향하는 도시'로 다뤄지는 일도 적지 않다.

물론 이런 평가는 매우 자랑스럽게 생각한다. 그러나 솔직히 말해 '시민의 실감'이라는 측면에서는 아직도 과제가 많다고 느낀다. 예를 들면 경관을 훼손하는 무분별한 대형 광고간판, 교차로나 번화가 등에서 쓰레기를 함부로 버리는 행위, 널려 있는 쓰레기 등의 문제가 그러하다. 이전과 비교하면 훨씬 깨끗한 거리가 된 것은 틀림없지만, 일상 속에서 더욱 아름다움이 느껴지는 거리로 만드는 것이 시민의 입장에서는 특히 중요하다고 생각한다.

그래서 2008년 3월, 일정한 강제성을 띤 새로운 도시경관 정비의 방식도 검토 중이다(도덕심 향상을 위해 벌칙을 도입한 조례를 제정했다).

(4) 키워드는 시민 환경력—새로운 환경기본계획

2007년 9월에는 환경수도 그랜드 디자인을 행정계획으로 구체화한 새로운 환경기본계획을 수립했다. 그 키워드는 '시민 환경력'이다. 구체적으로는 '지역에서 세계로 퍼지는 기타큐슈시민의 환경력 강화'를 중심으로, ① 지역에서 지구온난화 대책의 추진, ② 순환형 생활양식·산업구조로의 전환, ③ 풍요로운 자연환경과 쾌적한 생활환경의 확보라는 세 가지 정책목표를 내세웠다.

2. 시민과 함께 살고 함께 만든다

(1) 시민력과 행정력의 협동

앞으로의 지역 만들기에서는 '건강하고 책임 있는 시민력'과 '간소하고 효율적인 행정력'이 협동하여 새로운 공공 영역을 책임진다는 사고방식이 중요하다. 이러한 협동은 분권시대의 지역 간 경쟁의 열쇠이기도 하다.

기타큐슈시는 과거의 역사 때문에 행정 주도·대기업 주도의 도시라고 야유 받는 일이 많았다. 그러나 최근에는 급속하게 NPO가 증가해 환경 분야에서만 약 30개가 넘는다(제9장 참조). 또 기업과 노동조합의 사회적 공헌으로 환경활동도 활발해졌다.

아름다운 세계의 환경수도 만들기의 본질은 모두가 주역인 마을만들기에 있다.

(2) 넘치는 시민 환경력

현재 기타큐슈시의 여러 곳에서는 머리를 짜 고안해낸 활동들이 진행되고 있다.

야하타니시구(八幡西區)에서는 가정의 음식물 쓰레기를 퇴비화하고, 지역 전체가 하천가에 튤립이

사진 12-3 꽃피는 거리 운동

나 코스모스를 키워 봄·가을마다 축제를 성대하게 실시하고 있다. 에코타운기업이 많이 입지한 히비키나다 지구에서는 30만 그루를 목표로 식수운동을 시작했다. 마을 여기저기에서는 '꽃피는 거리 운동'이 전개되고 있다. 그 외에도 이 책에서 소개한 가정쓰레기 분리·감량(제3장), 유채꽃 프로젝트(제6장), 우리 마을 환경자랑(제9장) 등이 있다. 시민에 의한 이런 활동이야말로 환경수도 만들기를 지탱하는 지속적인 힘이다.

(3) 환경에 대해서는 무엇이든 배울 수 있는 마을

기타큐슈시는 아마 일본에서 환경교육 체계가 가장 잘 갖춰져 있는 도시일 것이다. 대기나 수질의 공해문제, 순환형 사회, 환경산업, 유해폐기물의 처리, 재생 가능 에너지, 자연환경, 모노즈쿠리, 개발과 여성, 국제협력 등 무엇이든 배울 수 있다. 실제로 이러한 하드웨어나 소프트웨어를 주제로 매우 다양한 환경교육이 이루어져왔다. 이것이 지속가능한 개발을 위한 교육(ESD)의 지역근거지(RCE)로 인정받은 중요한 배경이기도 하다(제9장).

시민단체가 중심이 되어 설립된, ESD를 추진하는 조직인 '기타큐슈 ESD협의회'가 인재를 키우는 횡단적인 구조로서 앞으로 활약할 것을 기대한다.

(4) 여성의 힘

2007년도의 기타큐슈시 환경상 대상은 방글라데시의 무함마드 유누스 씨에게 수여되었다. 그는 2006년 노벨 평화상 수상자인데, 농촌의 빈곤층 구제를 위해 상호 부조 시스템에 의한 소액 무담보 융자사업을 시작했고 여성의 능력 활용에 크게 기여하고 있다.

한편 기타큐슈는 곧잘 '남자의 도시'라 불린다. 필자는 여성이 더욱더 활약하기를 바란다. 기타큐슈의 공해극복은 부인회가 내디딘 한 걸음에서 시작되었다. 또한 (재)아시아여성교류·연구포럼의 활동과 세계적 네트워크는 기타큐슈시가 자부할 만한 보물이다(제10장). 현대의 환경문제에 대한 접근방법에는 여성의 시각이 필수다. 시민운동의 장에서도 정책결정의 장에서도 남녀공동참가를 실현하여 여성의 감성이 도시를 크게 바꾸는 힘이 되기를 바란다.

(5) 기타큐슈 환경학 검정제도

지금 준비 중인 것은 기타큐슈시의 환경에 관한 지식과 지금까지의 폭넓은 활동의 역사에 관한 검정시험제도이다. 환경에 관심을 갖는 시민의 저변을 넓히고, 단계에 알맞게 지역이나 세계에서 통용되는 인재배출의 계기가 되었으면 한다.

3. 환경으로 경제를 개척한다

(1) 모노즈쿠리의 DNA와 환경기술

모노즈쿠리의 도시, 산업의 도시. 이 정체성이 오랫동안 기타큐슈시의

DNA였다. 에코타운으로 대표되는 환경산업은 실로 기타큐슈시 특유의 강점을 살린 정책이다. 앞으로는 부가가치가 높은 사업, 예를 들면 희소 금속의 회수, 처리곤란한 폐기물의 무해화, 도시형 바이오 매스의 활용 등에 힘을 쏟을 계획이다. 그러나 서서히 모노즈쿠리의 연구·개발에 대한 중요성이 높아지고 있는 것도 사실이다.

이미 제7장에서 에코프리미엄으로서 많은 사례를 소개했는데, '오래 가다', '에너지 소비가 적다', '관리·유지가 용이하다' 등 환경부하가 낮은 제품이나 서비스의 개발이 앞으로 더욱 중요해질 것으로 예상된다. 대기업은 시대의 동향에 민감하게 반응하고 스스로 환경·에너지 문제를 내재화하는 힘이 있다. 실제로 하이브리드카는 이제 환경을 생각하는 사람이 타는 차로 여겨지고 있다.

(2) 환경의식이 높은 중소기업에 대한 지원 강화

그러나 중소기업은 좀처럼 그렇게 되지 않는다. 중소기업에 대한 계발·지원 사업을 해나가는 것은 행정의 역할이다.

현재 힘을 쏟고 있는 것은 간편한 환경규격인 EA(Eco Action, 에코액션) 21의 취득이다. 기타큐슈 중소기업단체연합회의 사카모토 마사루(坂本勝) 회장이 그 열성적인 추진자이다. 환경에 열심인 중소기업이 거래처로 우선 선택되는 그런 시대가 와야 한다고 생각한다.

(3) 학술연구도시, 기업군의 큰 가능성

2000년 문을 연 기타큐슈 학술연구도시는 기타큐슈시립대학, 규슈공업대학, 와세다대학이 같은 캠퍼스에 입지해 전국에서도 보기 드문 사례다. 여기서는 차세대 연료로 주목받는 DME(다이메틸에테르, dimethylether)와

사진 12-4 기타큐슈 학술연구도시

고효율 태양전지, 환경 센싱, 나노테크 등 환경배려형 모노즈쿠리와 관련된 다양한 연구가 진행 중이다.

또 2007년에 개설된 '카 일렉트로닉스 센터'에서는 자동차 제조회사와 공동으로 환경기술을 포함한 의욕적인 연구가 시작되었다.

기타큐슈시에는 TOTO, 덴소기타큐슈 등 환경경영을 하는 기업들이 많이 집적해 있다. 야하타제철소에서는 하이브리드카에 사용되는 전기강판이 생산되고, 태양전지용 다결정실리콘의 제조도 시작되었다. 야스가와(安川)전기의 로봇기술에서는 미래의 큰 가능성을 느낄 수 있다.

한편 현지의 중견기업이 모여서 결성한 '기타큐슈환경비즈니스연구회(KICS)'는 에코타운과 거의 비슷하게 10년의 역사를 갖는다. 약 40개 회사의 회원들이 매월 정례회를 계속해왔고, 지금까지 에코타운사업에 참가하거나 해외에서 환경 비즈니스를 전개한 기업도 있다. 이는 회원의 고양된 의식과, 이 연구회의 창설 이래 대표간사를 맡아왔던 환경테크노스의 사장 쓰루타 아키후미(鶴田曉) 씨의 독특한 리더십의 성과이다.

이러한 기업군에서, 또한 지식의 근거지로서의 학술연구도시에서, '아름다운 세계의 환경수도 기타큐슈'발 프리미엄 기술 및 제품이 계속해서 나오기를 꿈꾼다.

(4) 기업유치와 환경정책

최근 시내에는 기업입지와 공장증설이 잇따르고 있다. 환경 관련 산업 외에도 자동차, 반도체, 나아가 소재 관련 기업 등이 많은데, 이들 기업의 진출 이유 중의 하나로 기타큐슈시가 환경에 열심이라는 점을 들 수 있다.

세계의 환경수도를 지향하는 환경도시에 입지하면 당연히 제대로 된 간접적인 이득을 얻을 수 있다. 즉 기타큐슈시의 기업이라는 이유로 상당한 신용상의 이득을 얻을 수 있고, 기업의 국제적인 활동에도 매우 유리하다. 또한 거기에서 일하는 종업원과 그 가족에게도 긍지를 심어준다.

특히 중소기업의 경우, 이러한 목소리가 작지 않다. 세계의 환경수도를 지향하는 것은 일종의 사업정책이기도 하다.

4. 도시의 지속가능성을 높인다

(1) 저탄소화 사회에 도전

2008년 마침내 교토의정서의 목표달성 기간에 돌입했다. 포스트 교토의정서의 국제적 논의가 열기를 띠었다. 일본에서도 2006년에 결정된 환경입국전략에서는 '자연공생사회', '순환형 사회'와 나란히 '저탄소화 사회'가 큰 과제로 거론되고 있다.

온난화 대책의 다음 세계목표는 수% 감소가 아니라, 수십% 감소일 가능성이 높다. 따라서 사회와 도시구조의 근본적인 변혁이 불가피하다.

온난화는 지구 전체의 문제이며 국가적인 대책과 틀을 마련하는 것이 중요하다. 그러나 구체적인 대책 및 해결의 열쇠는 지역에도 있다. 환경수도 그랜드 디자인에도 "우리의 생활을 바꾸고 마을을 바꾸는 것이 일본을 바꾸고 그리고 세계를 바꿔나가는 것이라고 믿습니다"라고 적혀 있다.

저탄소 사회는 지역에서 만들어가는 것이기도 하다. 기타큐슈시는 공해극복의 성과가 '기타큐슈 이니셔티브'로 불리는 모델이 된 것처럼, 환경 국제협력, 에코타운에 이은 환경정책의 중점목표로서 저탄소화 사회

실현에 도전해나가야 한다.

(2) 더 많은 녹음을! 100만 그루 식수운동

사진 12-5 히비키나다 매립지의 식수활동

기타큐슈시는 공업도시로서의 측면이 강조되기 쉽지만, 사실 아름다운 자연이 풍부한 곳이다. 이미 제5장에서 소개한 것처럼 필자는 이 도시를 녹음이 더욱 우거진 도시로 만들고 싶다.

예전에 기타큐슈시에서는 성년식을 맞은 젊은이들에게 묘목을 나눠주었다. 여러 가지 행사나 기념식전에서 묘목을 심고, 개인의 생일에도 집 정원에 식수하며, 또 기업이나 행정기관이 시민이 식수할 수 있는 장을 마련했다.

약 2년 전부터는 와카마쓰구 히비키나다의 살풍경인 매립지에서 '새가 지저귀는 녹음의 회랑' 만들기가 시작되었다. 시민이 규슈전력 등 민간기업의 협력을 얻어 매년 1만 그루의 나무를 심고 있다. 규슈 최북단의 이 지구는 일본을 남북으로 종단하는 철새에게 알맞은 휴식지이다.

자연을 보호·육성하는 것은 겉보기나 환경만이 아니라, 사람의 마음까지 온화하게 만든다. 기타큐슈시에 그런 온화한 기질이 퍼져나가기를 바라면서 '100만 그루 식수운동'을 앞으로도 진행하고 싶다. 물론 그것은 이산화탄소 흡수를 통해 지구온난화 방지로도 이어진다.

(3) 초고령화 사회와 '걸으면서 살 수 있는' 도시

기타큐슈시는 2007년 고령화비율이 30%를 넘는 정정[町丁, 행정구역구(區) 이하의 시가구분 단위]의 수가 전체의 28%에 이르고 있다. 2030년에는 시 전체의 고령자 수가 25만 명, 비율로는 32%에 이를 전망이다. 이러한 상황을 생각하면 도시의 구조 자체를 초고령사회에 걸맞은 방향으로 조정해나가야 한다.

사진12-6 쾌적한 도심의 보행 공간인 고쿠라 키타구(小倉北區)

즉, '걸으면서 살 수 있는 마을 만들기'가 되어야 하는 것이다. 시내 거주를 희망하는 고령자에게는 주택이나 공공시설, 복지시설, 상업시설 등의 복합화를 고려해야 한다. 교외에서도 시민센터를 중심으로 하는 우수한 편리성을 제공할 필요가 있다. 걷기 편한 보도 정비, 배리어프리(barrier-free)화 역시 공통과제이다.

그리고 이동성(mobility)의 확보가 무엇보다도 가장 중요한 과제이다. 이동수단이 없다면 고령자는 어쩔 도리가 없다. 버스교통이 이용자 감소와 노선 감소의 악순환에 빠진 것처럼 대중교통의 재생이라든가 궤도계 인프라의 정비가 쉽지만은 않겠지만 지혜를 짜내야 한다. 이러한 대책은 사람과 환경에 친화적인 마을을 만드는 것이다. 고령자 교통수단의 확보는 도시 내 에너지 소비의 억제로도 연결된다.

5. 아시아 속에서

(1) 광화학스모그

2007년 5월 27일 시내 한 초등학교의 운동회가 갑작스럽게 중지되었다. 10년 만에 광화학스모그주의보가 발령되었기 때문이다. 아이들의 실망한 표정이 눈에 선하다. 또 현지기업의 조업에도 영향을 주었다.

규슈대학과 국립환경연구소가 실시한 시뮬레이션에 따르면 중국으로부터의 월경오염 가능성이 강하게 지적되고 있다. 국가 차원의 발 빠른 대응이 필요하다.

(2) 시민의 시선에 선 환경감시체제

기타큐슈시의 환경감시체제는 긴 역사를 지니면서 독특한 방식을 찾고 있다. 대부분의 자치단체에서는 대기, 수질, 폐기물 같은 '감시대상물'이나 '법률'마다 조직을 편성한다. 기타큐슈시에서는 2005년도부터 대상 사업장마다 종합적으로 감시하는 체제를 마련했다. 담당자는 많은 법률과 조례를 공부해야 해서 힘들지만, 좀 더 시민의 입장에 선 구조라고 할 수 있다.

그러나 아무리 감시체제를 궁리해도 역시 월경오염에는 얼른 손쓸 도리가 없다. 광화학스모그의 원인 규명 조사를 위해 국가는 물론 후쿠오카현이나 후쿠오카시와의 연대를 지금보다 더욱 강화해나가고자 한다.

(3) 동아시아경제교류추진기구

기타큐슈시의 (재)국제동아시아연구센터는 설립 이래 약 20년간 동아시아의 환경 및 경제문제를 연구해왔다. 이 센터가 1992년에 제창한 '환황해권(環黃海圈)'의 개념은 그 후 사람들에게 회자되었으며, 현재 한·중·일 연안 10개 도시에 의한 '동아시아경제교류추진기구'로 발전했다.

이 기구에서는 '관광', '물류', '모노즈쿠리'와 더불어 '환경'을 주제로 한 공동사업을 추진하고 있다. 환황해를 환경모델지역으로 하기 위해 상호 기술협력, 연구자 정보 교환, 환경 비즈니스 교류 등을 추진하는 것이다. 2007년 가을, 한국 울산에서 열린 회의에서는 '하늘과 바다의 클린 캠페인'이라는 이름으로 광화학스모그, 해안 표착 쓰레기에 대한 공동대처 방안이 논의되었다.

(4) 칭다오 시와의 협력 시작

2007년 9월, 중국 칭다오 시에서 에코타운협력사업 실시에 관한 각서가 조인되었다. 이 사업은 일본의 경제산업성과 중국의 국가발전개혁위원회가 합의한 '일·중 순환형 도시 협력계획'에 기초한 것으로, 국가 차원에서 실시된다. 중국의 환경 개선(나아가서는 지구환경보전)에 협력하는 것은 실로 '세계의 환경수도'로서 중요한 역할이다.

(5) '암묵지'의 '형식지'화를─아시아의 환경 인재 육성근거지를 지향하기 위해

제11장에서 소개한 것처럼 KITA가 중심축이 된 기술연수는 이미 27년의 역사를 갖는다. 최근의 연수 요청은 종래의 수질, 대기와 같은 공해 분야 외에 하수도, 자원 순환, 환경 비즈니스 등 광범위하다. 앞으로 매년 400명 정도 받아들일 예정이다.

그런데 기타큐슈시의 공해극복 경험은 『기타큐슈시 공해대책사』등에 상당 부분 정리되어 있으나, 1980년 이후의 국제협력이나 순환형 사회로의 활동으로 축적된 지식은 체계화되어 있지 않다. 풍부한 경험에 뒷받침되어서 산·학·관·민에 분산 축적된 '암묵지(暗默知)'[1]를 즉각 '형

---

1) 암묵지란 인간이 암묵 중에 얻은 지식으로 언어나 문자로 표현하기 어려운 것을 뜻하며, 이와는 대조적으로 형식지란 언어나 문자로 표현한 지식을 뜻한다(역자 주).

식지(形式知)'화하는 것이 앞으로의 환경 국제협력을 위해 필수적이다.

(6) 광역연대에 의한 국제협력체제

필자는 국제적인 환경협력을 제각기 행하고 있는 일본의 자치단체들이 더욱 연대해야 한다고 항상 느낀다. 규슈의 경우를 보더라도, 예를 들면 후쿠오카시에는 저기술·저비용으로 유명한 폐기물매립기술이나 해수담수화시설, 지역열공급시설 등이 있다. 규슈대학에서는 수소에너지 연구도 진행되고 있다. 한편 기타큐슈시에도 공해대책기술이나 자원 순환 관련 사업소, 연구시설이 풍부하다. 미나마타시도 독자적으로 인재 육성사업을 실시하고 있다. 연대를 본격화하여 이를테면 '(가상의) 규슈 환경대학'과 같은 조직을 가동해 규슈의 종합력으로 아시아의 연수생을 받아들이는 것은 어떠한가?

(7) 참으로 풍요로운 아시아로

거대한 아시아 시장. 한국에서 규슈를 찾는 관광객이 크게 늘고 있다. 그리고 머지않아 중국 대륙과의 인적 교류도 활발해질 것이다. 한·중·일이 자동차 부품을 서로 공급하는 시대가 다가오고 있다. 베트남, 인도의 경제 성장에도 놀라운 면이 있으며 일본과의 문화·경제교류도 본격화될 것이다.

아시아에 사는 사람들끼리 문화, 역사, 기술의 독자성과 다양성을 서로 인정하고 지식을 공유하면서 각자가 참된 풍요로움을 느끼는 도시 만들기, 나라 만들기를 해나가야 한다.

필자 역시 시민 한 사람 한 사람을 소중히 여기고, 사는 보람과 온화함이 넘치며 마음이 풍요로운 생활을 영위할 수 있는 마을을 만들어가기 위해 시민, 기업과 함께 매진하고자 한다.

시민 환경력
아사노 나오히토(淺野直人) 후쿠오카대학 교수

제1장과 제12장에서 살펴보았듯이, 기타큐슈시는 2004년 10월 9일 세계의 환경수도를 지향하며 '환경수도 그랜드 디자인'을 공표했다. 이것은 기타큐슈시 시민대표에 의해 조직된 환경수도창조회의가 토의를 거듭해 정리한 것이며, '지속가능한 도시'로서의 기타큐슈시의 모습과 거기에 필요한 활동기준, 행동원칙을 제시하고 있다. 이 가운데 기타큐슈시민이 생각하는 지속가능한 도시에 대해 살펴보면, "사람과 사람이 시대를 넘어서, 그리고 지구상의 모든 사람과 함께 살아갈 수 있는 '진정한 풍요로움'이 넘치는 도시다"라고 정리되어 있으며, 그랜드 디자인에는 이러한 도시를 육성하고 미래세대에 계승해가자는 기타큐슈시민의 결의가 나타나 있다. 이러한 의식은 2006년 4월에 수립된 국가의 제3차 환경기본계획에 나와 있는 향후 일본의 환경정책 이념을 앞지르는 것이라 할 수 있다.

기타큐슈시는 그 후 2007년 4월, 이 환경수도 그랜드 디자인에 나와 있는 내용을 행정계획으로 정리하는 형태로 새로운 환경기본계획을 수립했다. 이는 시민의 발의에 의해 만들어진 환경정책 방향을 행정계획으로 다시 체계화하는 시도로서, 지역 환경정책·시책의 수립에 관한 당연한 형태를 나타낸 것으로 평가받아도 좋다.

그런데 일본에서는 1994년 최초의 환경기본계획이 수립되었을 때, 환경정책의 장기적인 목표를 '순환', '공생', '참가', '국제적 대처'라는 네 가지 주제어로 표현하게 되었다. 당시에는 수치목표를 내세우려고 해도 환경정책의 방향성을 대표적·정량적으로 나타낼 수 있는 적당한 항목을 찾지 못했으므로 목표를 문장으로 나타내는 것이 적절하다고 생각되었다. 또한 국가 최초의 환경기본계획에서는 이 네 가지 키워드가 핵심적인 용어로 활용되었다. 「공해대책기본법」을 폐지하고 「환경기본법」이 막 제정되었으며, 환경정책이라 하면 대기오염이나 수질오탁이라는 용어가 얼른 떠오르던 그 시기에, 자연보전과 환경오염 방지를 환경정책의 과제로서 종합적으로 취급하고 새로운 체계를 정리한다는 것은 꽤 힘든 일이었다. 그래서 환경오염방지계의 시책은 '순환'이라는 말로, 또한 자연보전계의 시책은 '공생'이라는 말로 정리하는 방법을 생각해낸 것도 어쩔 수 없는 일이었을 것이다. 그러나 그 당시에 이미 앞을 내다볼 줄 알았던 사람들이, 본래 '공생'이 먼저가 아니냐는 의견을 내놓았던 것도 기억해야 할 것이다(그리고 제3차 계획에서는 마침내 그러한 방향이 나타났다).

여기서의 '공생'은 우선, 선진국 사람도 개발도상국 사람도 지금의 지구에서 함께 살아야 하는 것, 또한 미래세대 사람과 우리가 함께 살 수 있도록 해야 하는 것을 의미한다. 그래서 사람과 자연, 사람과 환경이 공생해야 할 필요성도 나타낸다. 「환경기본법」 3조에서 말하는 환경정책의 궁극적인 목적도 실은 이것을 나타낸다. 이것을 빨리 깨달은 기타큐슈시의 그랜드 디자인은 '한 사람 한 사람이 움직이는 것, 그리고 이 마을이 바뀌는 것이 세계도 움직이는 것, 사회는 모든 사람이 공생하는 장이며 함께 이것을 만들어가는 것'이라고 하면서, 이러한 새로운 공공의 사고방식을 토대로 각자가 환경을 위해 행동할 권리가 있음을 선언하고 있다. 환경의 권리라는 말은 종종 지켜달라는 소극적인 의미로 사용된다. 그러나 그랜드 디자인은 개발도상국 사람들이나 미래세대 사람들과 '공생'하기 위해서는 스스로 행동하겠다는 결의가 중요함을 나타내며, 이러한 선견성이 시민 사이에 깊이 정착하도록 노력해야 할 것이다.

5개 시 합병이라는 획기적인 과정을 거친 기타큐슈시는 지금까지 기업이나 행정기관 등을 중심으로 수많은 선진적인 활동에 도전하고 성공해왔다. 그러나 시민이 주역인 활동은 그 횟수에 비해 두드러지지 않았다. 아마도 일찍 정령지정도시가 된 어느 도시보다도 지역의 유대(지역공동체의 결속)가 강하다는 특색을 지닌 기타큐슈시이기에, 오히려 지역 속에서 활동이 매몰되어버린 것이 아닌가라는 생각도 든다. 그러나 강력한 시민력은 기타큐슈시의 크나큰 재산이다. 2005년, 2006년, 2007년 매해 에코라이프 스테이지의 활발한 전개, 우리 마을 환경자랑 선정사업 등을 통해 이미 다양한 활동이 정식 무대에 등장하고 있다. 이렇듯 궁리 끝에 나온 방법들을 더욱 발전시켜, 숨어 있던 활동이 공식적으로 등장함으로써 새로운 발전의 에너지가 되는 이른바 환경=경제=사회의 전반에 걸친 선순환이 실현되기를 기대한다. 거기에 필요한 소재가 시내에 무수히 존재한다는 것을 시민, 사업자, 연구자, 행정관계자는 인식해야 할 것이다. 그리고 그랜드 디자인이 나타내는 '시민의 환경행동 10원칙'이 언제든(Anytime), 어디서든(Anywhere), 누구든(Anyone) 확인되는 도시가 되었을 때, 기타큐슈시는 진정 '트리플 A(AAA)' 등급을 얻은 환경수도가 되었다고 말할 수 있지 않을까?

■ 감수

• 나가타 가쓰야(永田勝也): 와세다대학 이공학부 교수/환경종합연구센터 소장

■ 엮은이

• 기타큐슈시 환경수도연구회
• 가키사코 히로토시(垣迫裕俊): 기타큐슈시립대학 대학원 매니지먼트연구 과 특임교수
• 히쓰모토 레이지(櫃本禮二): 기타큐슈시 환경수도추진실장

■ 지은이

• 스에요시 고이치(末吉興一): 와세다대학 고문교수/외무성 참여/전 기타큐 슈시장(제1장)
• 시키타 히로시(敷田寬): 환경국 설계과 순환형 사회 추진계장(제2장)
• 야마시타 고타로(山下耕太郎): 환경국 환경산업정책실 에코타운사업조정 담당계장(제3장)
• 사쿠카 데쓰로(作花哲朗): 환경국 환경정책부 담당과장(제4장)
• 모리모토 요시오(森元義男): 산업경제국 농림과 농림계획계장(제5장)
• 시바타 다이헤이(柴田泰平): 환경국 도시환경관리과 에너지정책계장(제6장)
• 히라이시 준이치(平石順一): 환경국 환경산업정책실 에코타운사업추진 담 당계장(제7장)
• 하야시 다카마사(林孝昌): (주)NTT 데이터경영연구소 시니어매니저(제8장)
• 모리모토 미스즈(森本美鈴): 환경국 환경과학연구소 시험·연구담당과장(제 9장 제1·2·3절)
• 모로후지 미요코(諸藤見代子): 와노마나비공방(環の學び工房) 플래너(제9 장 제4절)

- 이즈미 유카리(泉優香里): 기타큐슈시 환경자랑 심사위원(제9장 제5절)
- 세키 노부아키(關宣昭): NPO 사토야마를 생각하는 모임(里山を考える會) 대표(제9장 제6절)
- 미스미 요시코(三隅佳子): (재)아시아여성교류·연구포럼 회장(제9장 제7절, 제10장 제2·3·4절)
- 오다 유키코(織田由紀子): (재)아시아여성교류·연구포럼 주석연구원(제10 장 제1·5절)
- 요시자키 구니코(吉崎邦子): (재)아시아여성교류·연구포럼 이사장(제10장 제6절)
- 사사키 게이코(佐佐木惠子): 환경국 환경경제부 담당과장(제11장)
- 기타하시 겐지(北橋健治): 기타큐슈시장(제12장)

■ **옮긴이**

• 김진범
 일본 쓰쿠바대학 대학원 도시 및 지역계획학 박사
 현 국토연구원 책임연구원

• 진영환
 미국 코넬대학교 도시 및 지역계획학과(박사)
 현 국토연구원 선임연구위원

■ **기획**

• 국토연구원 │ www.krihs.re.kr
 국토연구원(KRIHS, Korea Research Institute for Human Settlements)은 국
 토자원의 효율적인 이용과 개발 및 보전에 관한 정책을 종합적으로 연구·발전
 시켜 각급 공간계획의 수립에 기여함을 목적으로 1978년 설립된 정부출연 연
 구기관이다. 국토 전반에 걸쳐 폭넓은 연구를 수행하고 있으며, 기본 및 수시
 연구보고서를 비롯해, 월간 ≪국토≫, 학술지 ≪국토연구≫와 ≪건설경제≫,
 ≪Space & Environment≫, ≪국토정책 Brief≫, ≪도로정책 Brief≫ 등의 다
 양한 정기간행물을 발간하고 있다.

• 도시재생지원사업단 │ ubin.krihs.re.kr
 도시재생지원사업단은 지방자치단체의 역량강화 및 시민참여 확대를 통한 도
 시의 혁신적인 발전을 지원하기 위해 설립되었다. 지역 중심의 도시발전을 위
 해 지방자치단체에 대한 자문 및 교육지원, 국내외 주요도시 DB 축적 등을
 통한 디지털 라이브러리 운영, 시민단체 및 일반시민에 대한 학습기회 제공과
 함께 도시재생관련 정책연구를 수행하고 있다.

한울아카데미 1205

환경수도 기타큐슈시
녹색도시로 소생시키기 위한 실천과정

ⓒ 국토연구원, 2009

엮은이 • 기타큐슈시 환경수도연구회
옮긴이 • 김진범 · 진영환
펴낸이 • 김종수
펴낸곳 • 도서출판 한울
편집책임 • 이교혜
편집 • 이가양

초판 1쇄 인쇄 • 2009년 11월 2일
초판 1쇄 발행 • 2009년 11월 23일

주소 • 413-832 파주시 교하읍 문발리 507-2(본사)
      121-801 서울시 마포구 공덕동 105-90 서울빌딩 3층(서울 사무소)
전화 • 영업 02-326-0095, 편집 02-336-6183
팩스 • 02-333-7543
홈페이지 • www.hanulbooks.co.kr
등록 • 1980년 3월 13일, 제406-2003-051호

Printed in Korea.
ISBN 978-89-460-5205-5 93330 (양장)
      978-89-460-4192-9 93330 (학생판)

* 가격은 겉표지에 있습니다.
* 이 책은 강의를 위한 학생판 교재를 따로 준비했습니다.
  강의 교재로 사용하실 때에는 본사로 연락해주십시오.